清华法律评论

TSINGHUA LAW REVIEW

U0797486

第十一卷　第一辑

《清华法律评论》编委会　编

法律出版社 LAW PRESS · CHINA

清華大學法學院

TSINGHUA UNIVERSITY SCHOOL OF LAW

清华法律评论

TSINGHUA LAW REVIEW

第十一卷　第一辑

《清华法律评论》编委会　编

法律出版社 LAW PRESS · CHINA
北京

目　录

清华法律评论(第十一卷第一辑)
第1~3页

卷首语

社会主义生态文明建设关系国民福祉、关乎民族未来,已经被纳入统筹推进中国特色社会主义建设“五位一体”的总体布局中。法治是生态文明建设的有力保障。在全面推进依法治国方略的顶层设计下,生态环境法治作为新时期社会主义法治建设最前沿的一部分而展开。尤其是近几年,生态环境法治的实践与理论密切互动,试图回应人们的诉求与时代的追问。在这个过程中,浮现出诸多重要的命题,催生出更多可能的答案。为此,《清华法律评论》第十一卷第一辑特设“生态环境法治的新发展”专题,并结合备受学界关注的其他重要理论问题,共精心甄选了10篇佳作刊发,以期对中国法学繁荣发展有所助益。

“生态环境法治的新发展”专题栏目共刊发论文3篇。程玉助理教授的《环境刑事判决已确认事实在生态损害民事诉讼中的效力规则》通过借鉴各国经验,并结合生态损害民事诉讼的特殊性,对环境刑事判决已确认事实在生态损害民事诉讼中的效力规则进行了体系化和精细化建构。李海棠助理研究员的《长三角饮用水水源保护生态补偿法律形塑》,以长三角地区重要的跨界河流太浦河为例,对长三角地区生态补偿制度的权利义务主体、生态补偿法律标准、生态补偿法定方式、生态补偿管理机构、生态补偿产权法定以及纠纷解决机制等问题进行了深入研究。李一丁副教授的《农民权视域下的我国生物安全立法》,通过种质资源安全将农民权与生物安全这两个处于不同话语体系术语联系起来,论证了如何在凸显种质资源安全前提下,加强对农民群体选择或拒绝选育、繁殖、生产、销售生物技术种质资源及产品权利,参与生物技术及产品听证、决策权利,选育、繁殖、生产、使用含生物技术种质资源及产品损害救济权利等权利的保障。

“评论”栏目共有5篇论文。尹志强教授的《我国〈民法典〉自甘风险规则的理解与适用》对《民法典》自甘冒险规则的适用范围、规范性质、构成要件和法律效果进行了深入研究。李承亮教授的《〈民法典〉第1207条“产品责任中的惩罚性赔偿”评注》以评注的形式,对《民法典》第1207条产品责任惩罚性赔偿规范的立法沿革、正当性基础、构成要件、计算基数、惩罚性倍数、举证责任等问题进行了精细化研究。杨宁讲师、冯悦超的《轻罪时代下免予刑事处罚制度的重构》通过对我国免予刑事处罚现有判决的实证分析,发现了我国“免予刑事处罚”规范现有的问题,提出了免予刑事处罚的适用应是一个逐层过滤过程,“犯罪情节轻微”和“不需要判处刑罚”分别用来衡量责任刑情节和预防刑情节,在适用上应严格遵循先后顺序。李定邦同学的《论担保制度现代化下〈民法典〉流担保规范的矛盾属性》,认为《民法典》流担保规范存在理念更新与具体内容守旧的矛盾属性,使现行流担保规范在理论和实践上均未臻完善,并对如何完善流担保规范提供了可行建议。刘星同学的《行政知识嵌入行政法学的路径选择》,以CLSCI中的15种期刊为样本,统计2005~2021年行政法学文章中的行政学文献引用情况,发现并证实行政学对于行政法学的三重功能:背景上的描述解释功能、概念上的前置整合功能以及研究视角上的平衡功能。

“实务研讨”栏目有2篇论文。何龙博士的《动态IP“秒拨”服务提供行为性质之法教义学分析》,指出了实践中将动态IP“秒拨”服务提供行为认定为“提供侵入、非法控制计算机信息系统程序、工具罪”“非法经营罪”“帮助信息网络犯罪活动罪”等的处理模式存在严重缺陷,认为动态IP“秒拨”服务提供行为,其本质上是对被提供者信息网络违法犯罪预备行为的帮助,原则上成立非法利用信息网络罪。李佳凝博士、韩璐讲师的《美国长臂管辖对中国涉外企业的影响与应对研究》,揭示了长臂管辖聚焦负面认知、指向性明显和政治化加剧的特征,提出了一个提高各方对长臂管辖问题的认识和应对能力、强化各主体之间应对长臂管辖问题的合作机制的多层次、多主体、多角度的立体解决途径的初步方案。

《清华法律评论》秉承“新百年、新清华、新法学”的理念,以清华法学的学术思想、学术风气和学术情怀为引领,不断努力与奋进,已经成为具有鲜明特色的学术刊物。在《清华法律评论》的发展中,虽有办刊的不易,但我们也在对困难的克服中收获了更多的感动。感谢清华大学法学院各位领导、老师的大力支持,正是有你们这样的坚强后盾,我们才能无所畏惧、勇往直前;感谢我们的各位作者,正是你们的厚学深见才提升了我们刊物的整体水平,你们是繁荣社会主义法学的真正力量;感谢一直以来关心与陪伴我们的众多读者朋友,你们的支持与厚爱尽管让我们诚惶诚恐,但也更加坚定了我们要将刊物办好的决心;感谢在本辑的审稿、校对工作中倾注了诸多心血与付出的编委会同仁,也感谢法律出版社高山老师、曲杰老师的有益建议和辛勤编辑。没有你们,就没有《清华法律评论》。在此,谨向诸位表示衷心的感谢,也期盼诸君能够继续关照成长中的《清华法律评论》!

【专题】

生态环境法治的新发展

清华法律评论(第十一卷第一辑)
第3~29页

环境刑事判决已确认事实在生态损害民事诉讼中的效力规则

程　玉*

目　次

摘　要　刑事判决已确认事实在民事诉讼中的效力是刑民交叉诉讼中最为典型的程序性难题之一。对于刑事判决已确认事实在民事诉讼中效力的法律属性,我国学界有特殊既判力、预决力、免证效力、争点排除、证明效力等多种学说。既有学说对效力的范围、对象和强度的理解虽有不同,但均强调立法者需要在考虑多种因素基础上平衡个案正义与司法效率。生态环境案件的

* 程玉,北京航空航天大学法学院讲师,法学博士。

复杂性和科学性特征,使得环境刑事判决已确认事实在牵连性生态损害民事诉讼中的效力问题更为复杂。《最高人民法院关于审理生态环境损害赔偿案件的若干规定(试行)》第8条沿袭了我国立法上的“免证效力”规则,其内容过于粗糙,易导致实践困境。基于生态损害民事诉讼的特殊性,环境刑事判决已确认事实在生态损害民事诉讼中的效力规则建构应当趋向体系化和精细化。

关键词 环境刑事判决 生态损害民事诉讼 已确认事实 既判力 免证效力

刑事判决已确认事实在民事诉讼中的效力是刑民交叉诉讼中最为典型的程序性难题之一。[①] 按照统一法秩序原理,犯罪和民事侵权具有“包容性关系”,对民事侵权的认定是构成特定犯罪的必经之路和必要步骤。[②] 由于环境犯罪行为同时造成刑事违法性和生态损害后果,进而引发环境犯罪刑事控诉和生态损害民事侵权救济。在现代法治国家,环境犯罪刑事控诉和生态损害民事救济申请被视为不同诉因,它们可以被独立提起,亦可合并提起。在刑民诉讼分立模式下,环境犯罪刑事审判和生态损害民事审判依赖于同一生态损害事实,加之考虑到保证司法权威、节省司法资源和提高诉讼效率,使立法者迫切需要解决环境刑事判决已确认事实在生态损害民事诉讼中的效力问题。具言之,即在生态损害民事诉讼中,双方当事人对环境刑事判决已确认事实是否需要举证证明、法院是否可以直接认定以及是否须作一致认定的问题。[③] 对此问题,学界讨论至今尚未真正阐明其应有机理,研究的理论张力犹存,仍有进一步探讨之必要。本文以现有法律规则、司法实践和比较法经验为切入点,从实证和规范两个层面探讨环境刑事判决已确认事实在生态损害

---

① 本文采纳“刑事判决已确认事实”概念主要是要和判决主文的法律结论相区分。一般而言,判决理由部分的判断有三种,即事实认定、对事实认定的法律适用以及作为结果的法律关系成立与否。法律适用以及相关法律解释当然对后诉法具有影响力,因为法官将判例集等其他资料作为同种案件中法律判断的参考并无不妥。而判决理由中对具体法律关系的判断本身不会对后诉产生影响,因为法律关系存否的判断需要依托具体事实,其本身又并非最终判断结果,仅是衔接要件事实与法律效果的纽带而已。因此,本文所关注之已确认事实实际上是指前诉刑事判决中围绕事实认定的判断,即以证据为基础认定事实的部分。

② 参见陈瑞华:《行政不法事实与犯罪事实的层次性理论:兼论行政不法行为向犯罪转化的事实认定问题》,载《中外法学》2019年第1期。

③ 参见江伟、常廷彬:《论已确认事实的预决力》,载《中国法学》2008年第3期。

民事诉讼中的效力规则的实然与应然，着重聚焦于以下问题。第一，刑事判决已确认事实在民事诉讼中效力究竟是何种法律属性？第二，我国环境刑事判决已确认事实在生态损害民事诉讼中的效力规则样态如何？有哪些困境？第三，结合生态损害民事诉讼的特殊性，环境刑事判决已确认事实在生态损害民事诉讼中的效力规则应当如何完善？

一、论证起点：刑事判决已确认事实在民事诉讼中的效力

在刑民交叉案件中，基于案件基础事实的牵连性，很多事实会同时成为民事诉讼和刑事诉讼的审判对象。刑事犯罪构成条件与民事侵权构成要件不同(导致二者对不同事实在审判中的重要性的认知不同)，加之刑事诉讼对非法取证行为的严格限制，对证明标准的“最高证明程度”要求，导致刑事诉讼就特定事实所作认定结论的可靠性更强。从域外立法例来看，尽管具体规则可能不同，但对刑事判决已确认事实在后续牵连性民事诉讼中的效力都设计了妥当规则。

(一)三种规则进路

1. 争点排除

在英美法系国家，刑事判决已确认事实在民事诉讼中的效力问题是判决效力制度的组成部分。为了实现“一致性、公平和富有效率的司法公共政策”，英美法系国家的司法实践允许法院生效判决对后诉产生两种拘束力。④其一，当法院对当事人所争议诉讼标的作出最终判决后，同一诉讼当事人不得再以任何理由就同一事实提起诉讼。⑤ 该效力规则亦称直接禁反言规则，请求排除规则，类似于大陆法系的既判力规则。其二，对于法院在前诉程序中已经实际审理过的事实争点，如满足特定条件，则禁止当事人和利害关系

④ 参见[美]史蒂文·苏本：《美国民事诉讼的真谛》，蔡彦敏等译，法律出版社2002年版，第256～266页。

⑤ 参见纪格非：《论刑事判决在民事诉讼中的效力》，载《当代法学》2015年第4期。

人就此争点在后诉中再行争议。[⑥] 该效力规则亦被称为间接禁反言规则,争点排除规则。争点排除规则与请求排除规则不同,其适用并不以前后诉当事人和诉讼标的发生重合为条件。刑事判决已确认事实在民事诉讼中的效力主要适用争点排除规则。以美国《第二次判决重述》为例,其第 85 节对于刑事判决已确认事实在民事诉讼中的效力问题进行了规定。适用争点排除规则并不区分判决主文和理由,只要事实是前后两诉的“争点”且“争点”满足特定要件即可。从效力对象来看,相互性原则(第三人不能援用刑事判决已确认事实)在很多民事案件中被突破,司法实践逐渐支持与前诉当事人有牵连关系的第三人援用刑事判决。但未参与过刑诉程序的当事人除非自愿援引,否则不受拘束。[⑦] 关于效力强度,如果适用“争点排除规则”,则刑事判决已确认事实具有终局性效力,当事人不得推翻。此外,对于无法满足争点排除规则(例如,民事诉讼当事人均非刑事诉讼当事人)但符合《美国联邦证据规则》的情形,法院也可将刑事判决已确认事实认定为法定证据,此时允许当事人推翻。

2. 特殊既判力

法国以既判力规则来解释刑事判决已确认事实在民事诉讼中的效力。“刑事判决,以‘法律的不可反驳之推定’的效果,被视为是‘对事实真相的表达’。”[⑧]为充分利用刑事判决已确认事实的“真相表达能力”,法国有关刑事判决已确认事实的效力规则应运而生。根据适用对象是刑事诉讼还是民事诉讼,刑事判决已确认事实(既判事由)会产生两种效力。第一种效力是刑事判决已确认事实对刑事诉讼的“消极既判力”,这种效力会使公诉消灭。第二种效力是刑事判决已确认事实对民事诉讼的“积极既判力”,该效力虽不能使民事诉讼消灭,但要求审理民事诉讼法院所作判决不得与刑事法官已就公诉

---

⑥ 《判决重述》(第 2 版)将“争点排除”的适用要件总结为三个方面:其一,该争点事实在前后诉中是同一争点。判断依据包括:该事实在前后诉都构成基础性事实;前后两诉当事人对该争点的证明责任一致;前后两诉所适用之基本法律规则一致。其二,该争点的判定对前诉有必要性和实质性,即终局裁决以对该争点的事先判定为必要,且对该争点的判定结论将会实质性地影响终局裁决的结果。其三,该争点已于前诉中获得充分讼争和审理,即被当事人当作重要的事实进行争执,也为法院充分审理并在判决书中作出明确判断。参见齐树洁主编:《美国民事司法制度》,厦门大学出版社 2011 年版,第 371 页。

⑦ 参见胡军辉:《美国民事既判力理论研究》,北京师范大学出版社 2015 年版,第 169 页。

⑧ [法]贝尔纳·布洛克:《法国刑事诉讼法》,罗结珍译,中国政法大学出版社 2009 年版,第 562 页。

作出的裁判相矛盾。[⑨] 为了避免矛盾裁判,促进民事诉讼充分利用刑事诉讼已确认事实,法国刑事诉讼法构建了一套专门的细化规则。根据这一规则,刑事判决已确认事实仅对与犯罪具有牵连关系(本义上的民事诉讼为标的,或者因犯罪引起的民事诉讼)的民事诉讼具有既判力,但是效力范围仅限于法国刑事判决所作终审(或者不可撤销的)刑事判决确认的具有刑事性质的,确定的、必要的事实。此外,从效力对象来看,刑事判决不仅对曾是刑事诉讼当事人的人有对抗效力,而且对参加民事诉讼的人也具有对抗效力——即使参加诉讼的人处于刑事诉讼之外。[⑩] 最后,关于刑事判决已确认事实的效力强度,尽管法国法规定司法机关不得主动适用既判力规则(以刑事判决对民事诉讼的既判力作为抗辩,如当事人未提出,不能由检察院援用,也不得由法官依职权作出),但效力是绝对的既判力,不允许当事人争议。因此,法国刑事诉讼法确立的刑事判决已确认事实对民事诉讼的效力已远非法国《民法典》第1351条项下既判力规则所能涵射,可称之为"特殊既判力"。这是因为,第1351条中既判力规则的适用情形极其有限。根据法国《民法典》第1351条规定,既决事由的效力,仅及于诉讼标的表明的事由,请求的诉讼标的应为同一物,诉讼请求应是基于同一原因,且诉讼应当在相同的当事人间进行,并应当是同一原告对同一被告。因此,既判力只能约束案件的双方当事人,且效力范围仅限于诉讼标的。但刑民两讼在诉讼标的和诉讼主体方面均不同一,不符合既判力的作用条件,且既判力及于判决理由中对争点事实的认定。

3. 公文书证证明力

对于刑事判决已确认事实在民事诉讼中的效力问题,同属大陆法系的德国和日本却采取了与法国不同的规则进路。与法国《民法典》第1351条既判力规则类似,德国《民事诉讼法》建构起来的既判力规则无法直接用来解决刑事判决已确认事实在民事诉讼中的效力问题。[⑪] 但与法国不同,德国并未创设新规则来解决问题,而是借用证据制度中关于公文书效力的规定,赋予刑

---

⑨ 参见[法]贝尔纳·布洛克:《法国刑事诉讼法》,罗结珍译,中国政法大学出版社2009年版,第562页。

⑩ 参见[法]贝尔纳·布洛克:《法国刑事诉讼法》,罗结珍译,中国政法大学出版社2009年版,第568页。

⑪ 德国《民事诉讼法》第322、325、326条。

事判决已确认事实以较高证明力。[12] 在德国民事诉讼法中,公文书证可分为处分性公文书证和报道性公文书证。[13] 由于报道性公文书证仅是制作机关对于某种事实状态的说明,至于内容是否正确难以保证,德国民事诉讼法据此为报道性公文书证和处分性公文书证设定了不同的证据效力(证据效力可分为形式证据力和实质证据力)。[14] 首先,两类公文书证都被赋予了相同的形式证据力推定规则,当法官对该公文书证存疑时可依职权询问。[15] 其次,两类公文书证被设定了不同的实质证据力推定规则,对于报道性公文书证允许当事人提供相反证据推翻,而处分性公文书证则不允许。[16] 这一规则被德国 2003 年《司法现代化法》第 415a 条第 1 款确认,即刑事案件和违警行为的生效判决对其中已证明的事实提供完全的证明。[17] 由于缺乏精细化的规则安排,刑事判决(处分性公文书证)已确认的无论是何种层次、何种重要程度的事实都对后续民事诉讼产生绝对效力,其效力对象也不区分是当事人还是案外人。[18]

日本采取了与法国规则相类似的规则进路。根据日本《民事诉讼法》第 114 条第 1 款规定,"确定判决,只限于包括主文之内的内容有既判力",既判力规则无法适用于刑事判决已确认事实在民事诉讼中的效力问题。日本同样选择借道证据规则。与德国《民事诉讼法》第 437 条规定类似,日本《民事诉讼法》第 228 条规定了公文书的形式证据力推定规则。但日本法并未规定刑事判决的实质证据力,导致民事法官对刑事判决已确认事实之实质证据力的判断依赖于自由心证,除了口头辩论笔录对该辩论是否遵循法定的程序。[19]

---

[12] 参见纪格非:《论刑事判决在民事诉讼中的效力》,载《当代法学》2015 年第 4 期。

[13] 处分性公文书证是通过书面方式来实施法律上行为而形成的书证(如判决书、票据和遗书等);报道性公文书证是记载有文书制作人见闻、意见、感想等内容的其他文书(如各种笔录、户籍簿、商业账簿、诊断书、日记等)。参见[日]新堂幸司:《新民事诉讼法》,林剑锋译,法律出版社 2008 年版,第 447 页。

[14] 形式证据力和实质证据力是对书证证据力进行判断的两阶段,即该书证所表达的思想是不是某人的思想(形式证据力);如果是某人的,该陈述具有什么样的证明力(实质证据力)。参见[日]兼子一、竹下守夫:《民事诉讼法》,白绿铉译,法律出版社 1995 年版,第 125 页。

[15] 参见《德国民事诉讼法》第 437 条。

[16] 参见《德国民事诉讼法》第 48、415、417 条。

[17] 参见[德]罗森贝克、施瓦布、戈特瓦尔德:《德国民事诉讼法(下)》,李大雪译,中国法制出版社 2007 年版,第 886 页。

[18] 参见纪格非:《论刑事判决在民事诉讼中的效力》,载《当代法学》2015 年第 4 期。

[19] 参见高星阁:《民事诉讼中公文书证之证据效力研究》,载《证据科学》2016 年第 5 期。

在自由心证主义之下,判决虽可成为证据原因,但判决的证明力尚不足以成为事实上推定的基础。[20] 自由心证主义将法官的事实认定从证据法则中解放出来,在民事诉讼的事实认定中,同一案件即便存在刑事判决,也不受其事实认定拘束。自由心证规则在日本司法实践中获得了广泛适用,例如,即使刑事判决中认定债权存在,也不妨碍民事判决中认定其不存在;刑事判决中即使否定了过失,民事判决也未必要作出一致判断。[21] 与德国法类似,因缺乏精细化规则安排,日本刑事判决已确认事实无论是否重要,无论是谁援用均只对民事诉讼法官认定事实产生一定书证影响,其并不具有德国法上的"推定为真实"的"免证效力",其证明力强弱非为法定,而是由法官通过自由心证进行评价。

(二)我国的规则与学理

我国刑事诉讼立法并未涉及刑事判决已确认事实在民事诉讼中效力的问题,并且我国《民事诉讼法》并未对此作出明确规定,相关规则主要见诸各项司法解释。1992 年《最高人民法院关于适用〈中华人民共和国民事诉讼法〉若干意见》(以下简称《民诉意见》)第 75 条规定,已为人民法院发生法律效力的裁判或者仲裁机构的生效裁决所确认的事实,当事人无需举证。这是我国法上关于刑事判决已确认事实在民事诉讼中效力问题的最早规定。为了弱化前述绝对化的效力规定,2001 年《最高人民法院关于民事诉讼证据的若干规定》(以下简称《证据规定》)第 9 条在《民诉意见》第 75 条的基础上,增加了"……当事人有相反证据足以推翻的除外"一款。随后,2015 年《最高人民法院关于适用〈中华人民共和国民事诉讼法〉的解释》(以下简称《新民诉法司法解释》)第 93 条第 1 款第 5 项规定基本照搬了《证据规定》第 9 条的内容,2020 年和 2022 年《新民诉法司法解释》两次修正案并未对该条作出修改。2019 年新修订《证据规定》第 10 条关于"已为人民法院发生法律效力的裁判所确认的基本事实"的规定亦无异于原《证据规定》第 9 条的规定。这些规定框定了我国有关刑事判决已确认事实在民事诉讼中的效力规则。其他专门性法律领域中的规定基本上是对前述类似规定的重述,例如,2016 年《最

[20] 参见段文波:《预决力批判与事实性证明效展开:已决事实效力论》,载《法律科学》2015 年第 5 期。

[21] 参见段文波:《预决力批判与事实性证明效展开:已决事实效力论》,载《法律科学》2015 年第 5 期。

高人民法院关于审理消费民事公益诉讼案件适用法律若干法律问题的解释》第16条第1款和2019年《最高人民法院关于审理生态环境损害赔偿案件的若干规定(试行)》(以下简称《生态环境损害赔偿规定》)第8条第1款。与美、德、日、法的规则有所不同,我国规则的实质是赋予刑事判决已确认事实(不区分事实类型、不区分当事人)在民事诉讼中的一种“免证效力”,即任何人都可援引或提供反证推翻刑事判决已确认的任何事实。

我国学界在解读我国法上的这种“免证效力”规则时,均会或多或少援用域外国家法的规则理论。早期学者在解读我国法上刑事判决已确认事实效力的法律属性时,或者引入既判力规则,或者引入争点排除规则,或者比照公证事项、公文书证载明事实理解,还有学者将之归为司法认知。近年来,更多学者主张将这种效力定性为预决力。但预决力概念自提出以来,与域外法惯常使用的既判力、争点效等概念紧密联系,导致其概念定义、法律属性和适用条件等问题始终面临争议。其一,效力的本质究竟为何?是既判力遮断效,法定证明效,还是免证效力?其二,预决力是不容置疑,绝对不允许当事人以相反证据推翻,还是区别不同情形有两种效力,即“绝对效力”和“相对效力”?其三,效力可否涵摄既判力,还是与之并列?效力范围可否从“已确认事实”扩展至“判决主文”,还是与既判力的适用范围“井水不犯河水”?其四,效力的主体条件必须是前后诉当事人相同,还是可以有条件地扩展至刑事诉讼的案外人?

学理不清直接导致法律制定者的态度也不明朗。有关前述司法解释的不同官方诠释文件中,对效力概念的理解也不一致,包括既判力,公文书的证明力,甚至是司法认知。[22]

(三)评析

综上所述,尽管不同国家就如何在牵连性民事诉讼中妥当和充分地使用刑事判决已确认事实以高效推进民事审判方面的态度一致,但不同国家选择的视角有别,导致各国就刑事判决已确认事实的效力对象、范围和强度等细节性问题设计了不同的规则。即使是同样采纳了公文书证规则的德日,在具体的效力强度方面也存在差异。从具体规则的角度来看,本文所选取样本国

---

[22] 参见王学棉:《民事诉讼预决事实效力理论基础之选择》,载《国家检察官学院学报》2020年第1期。

家的效力规则可分别置于由弱势影响到强势影响的连续光谱之中。最强影响当属德国,其效力规则是不区分刑事判决已确认事实的类型,对刑事诉讼当事人和案外人都有绝对不可推翻的效力。其次是法国,其区分刑事判决已确认事实的类型,但这些事实对刑事诉讼当事人和案外人都有绝对的效力。然后是英美法系,其区分刑事判决已确认事实的类型,符合客观要件的事实对案件当事人有绝对不可推翻的效力,而对于刑事诉讼案外人,除非自愿援引否则不受拘束。最弱影响是日本,其虽然也将刑事判决列为处分性公文书证,但由于日本民事诉讼法并未规定实质证据力的推定规则,导致当事人或案外人仅能将之作为一般证据,已确认事实是否认定受制于自由心证主义。之所以存在差异,主要是因为各国立法传统有别(例如,更重视案件的真实,还是更重视国家统一法秩序;采纳了职权主义还是辩论主义司法模式),并且各国立法者在提高司法效率,避免矛盾判决,当事人程序保障和刑事审判的质量和证明标准等方面因素的考虑不同。㉓

我国学者在分析刑事判决已确认事实在民事诉讼中的效力问题时,多侧重于从理论角度界定这种效力的法律属性。然而,在具体分析时,既有研究或不顾制度语境而一厢情愿地套用既有的既判力、争点排除、公文书证证明等理论,或在诉讼法和证据法之间来回穿梭,将免证效力和判决效力混同。笔者认为,探寻刑事判决已确认事实在民事诉讼中效力的理论基础固然重要,甚至是当代诉讼法必须解决的难题,但更重要的是从如何指导实践的角度切入,在证据法中设计具体的效力规则样态,即承认何种刑事判决已确认事实对何种主体起到何种程度的拘束力。事实上,即使是采纳了不同理论基础的国家,也在借鉴对方的制度经验。大陆法系的日本引入美国间接禁发言规则,发展了争点效规则。

二、实践困境:我国环境刑事判决已确认事实的效力规则

具体到环境诉讼案件,同一损害事实的基础促使环境民事诉讼和环境刑

㉓ 参见刑会丽:《刑民交叉案件中刑事判决的效力问题研究》,载《河北法学》2019 年第 6 期。

事诉讼在案件事实认定和法律结论方面具有很大程度的共通性。[24] 由于环境案件的复杂性和科学性特征,环境民事诉讼审判法官受限于侦查和调查手段的局限性,很难根据证据认定有关生态损害、违法行为以及损害的量化评估等事实问题,因此实践中的环境民事诉讼法官多倾向于在环境刑事判决生效之后再进行审判。举证能力相对薄弱的环境民事诉讼原告也更愿意直接援引生效刑事判决中的已确认事实来支持自己的主张。事实上,环境民事诉讼被告在特定情况下也愿意援引生效环境刑事判决的既判事实。例如,被告主张其民事损害赔偿应仅限于刑事判决确定的损害结果,被告以并非刑事判决认定的犯罪人或者刑事判决未确定其承担刑事责任为由而主张不需要承担损害赔偿责任等。由此,环境刑事判决已确认事实在生态损害民事诉讼中是否具有以及具有何种程度的证明效力,是环境诉讼规则设计迫切需要解决的问题。《生态环境损害赔偿规定》第 8 条第 1 款规定了环境刑事判决已确认事实在生态环境损害赔偿诉讼中的效力,"已为发生法律效力的刑事裁判所确认的事实,当事人在生态环境损害赔偿诉讼案件中无须举证证明,但有相反证据足以推翻的除外。"该规定第 8 条第 2 款同时规定:"对刑事裁判未予确认的事实,当事人提供的证据达到民事诉讼证明标准的,人民法院应当予以认定。"但第 8 条规定存在两方面的局限,一是适用范围局限于生态环境损害赔偿诉讼,刑事判决已确认事实在其他生态损害民事诉讼(环境民事公益诉讼)中的效力问题,应当适用《证据规定》第 10 条和《新民诉法司法解释》第 93 条。二是在规范内容上,《生态环境损害赔偿规定》第 8 条与《证据规定》第 10 条和《新民诉法司法解释》第 93 条一致。由此,环境刑事判决已确认事实在生态损害民事诉讼中的效力规则也无法挣脱我国传统刑事判决已确认事实在民事诉讼中的效力规则面临的结构性缺陷。换言之,与其他国家的效力规则比较,我国法中有关环境刑事判决已确认事实在生态损害民事诉讼中的效力规则过于"一刀切",没有区分情形作细致规定,这种笼统的规范模式容易引发实践难题。其一,刑事判决已确认事实在民事诉讼中的效力可能被过度行使,对于刑民两诉仅有某些间接事实或者仅有证据存在部分重合的情形,法律并未明确禁止刑事判决已确认事实发挥效力。其二,刑事判决

---

[24] 参见刘伦善、姚品超:《环境民事公益诉讼与刑事诉讼的互补与衔接》,载《中华环境》2016 年 6 期。

中不同层次、不同重要程度的已确认事实，在后续民事诉讼中均有同等证明效力，易导致刑民审判权的边界发生模糊，甚至造成刑民判决结果发生矛盾。其三，对刑事诉讼案外人程序权利的保障并不充分，这有可能会违背民事诉讼的辩论原则，有违程序公正理念。其四，允许民事诉讼当事人反驳所有已确认事实，极有可能导致刑事判决已确认事实的效力被低估，并带来不稳定的司法裁判。

这些理论问题在中国环境司法实践中是否存在，有赖于法律实证研究。笔者以"生效刑事判决""环境侵权"为关键词，先后在"中国裁判文书网""无讼网""北大法宝"等裁判文书网站上进行检索，梳理了 31 则典型案例。其中，生态环境损害赔偿诉讼 3 件，环境民事公益诉讼 28 件。仔细分析这 31 则案件，为了证明"侵权行为是否成立""因果关系是否成立"以及"损害事实是否成立及其范围"，双方当事人均可能会援引生效刑事判决作为本方诉讼主张的支持证据。从整体结果上来看，31 则案件均采纳了刑事判决的事实认定结论，对于被告质疑生效刑事判决已确认事实的主张，法院均未支持。这一现象表明，环境刑事判决已确认事实在民事诉讼中取得了优势地位，当事人推翻生效环境刑事判决已确认事实认定的可能性微小。但综合研究这些案件可以发现，不同地方法院对刑事判决已确认事实的效力存在认知分歧。

首先，不同地方法院对刑事判决已确认事实在民事诉讼中效力的性质认识不统一。例如，在博罗县加得力油料有限公司、刘某环境污染责任纠纷案中，法院认为从证据效力来看，生效刑事判决已确认事实具有既判力。同样，重庆市第一中级人民法院在重庆市人民政府、重庆两江志愿服务发展中心诉重庆藏金阁物业管理有限公司、重庆首旭环保科技有限公司生态环境损害赔偿、环境民事公益诉讼案中认为，刑事判决已确认事实具有既判力，无须再在本案中举证证明，除非被告提出相反证据足以推翻原判决。而在江苏常隆农化有限公司与泰州市环保联合会财产损害赔偿纠纷案中，一审法院确认了刑事判决已确认事实，但理由却是书证效力大于证言。

其次，不同法院对环境刑事判决已确认事实的效力范围存在不同理解。已有地方法院意识到要将环境刑事判决已确认事实区分为犯罪构成要件事实和非犯罪构成要件事实，主张对后者进行实质审查，并从民事诉讼角度认定其证据效力。例如，在中华环保联合会与浙江新安化工公司等环境污染纠纷案中，就双方争议的危险废物处置费用价格问题，法院最终并未采纳原告提交的刑事判决结论(该判决认定被告正常处理危险废物处理合同价为每吨2700元),而是采纳了物价局关于危废处置的批复,确定每吨处置费用为2000元。类似案件有江苏省环保联合会与德司达(南京)染料有限公司环境污染民事公益诉讼案。有关危险废物处置费用价格的事实并非犯罪构成要件事实,因此后续民事诉讼不受其拘束。至于构成要件事实,一般是指有关犯罪成立或者加重的事实,从本文搜集到的案例来看,可能涉及犯罪行为、因果关系、损害结果等事实。具言之,第一,对于犯罪行为是否成立的事实,法院均一致认定其能够拘束民事诉讼,除非被告能提出相反证据推翻,如博罗县加得力油料有限公司、刘某环境污染责任纠纷案。此外,广东省环境保护基金会与余某发、夏某林水污染责任纠纷案中的民事诉讼法官还直接认定了以共同犯罪事实来证明共同侵权行为事实。第二,对于因果关系,地方法院一般会以刑事因果关系的存在认定民事因果关系的存在。例如,在鲍某萍、王某山环境污染责任纠纷案中,法院在两被告对此未提出异议的情形下,依据刑事判决认定的事实确认两被告实施的污染环境行为与所造成的环境污染损害后果之间存在因果关系。但湖南省岳阳市中级人民法院认为,刑事因果关系的认定结论并不能拘束民事诉讼审判法官,即刑事因果关系不存在并不能直接导出民事因果关系不存在。第三,对于损害事实,不同法院在是否直接认定刑事判决已确认损害事实时的态度并不一致。例如,在母某林环境污染责任案中,法院直接认定了被告母某林的主张(被占林地中有一条旧公路及部分页岩地应当扣减),因为前述事实和理由在另案生效刑事判决中已经得到了考虑并有论述。而在中山市海洋与渔业局与彭某权、冯某林案中,被告袁某胜主张其仅需对刑事判决认定的200立方米废胶纸承担损害赔偿责任。对此事实,广州海事法院并未直接确认,相反,在综合分析了一系列刑事证据(包括刑事侦查大队出具的说明、袁某胜的陈述、“恒辉20”轮船员陈某兰、温某发的陈述)并考虑到原告未提交新证据推翻的基础上,法院认定袁某胜仅对其参与倾倒的200立方米废胶纸承担赔偿责任。实践中与本案类似的案件还有:李某明、东莞市沙田镇人民政府固体废物污染责任纠纷案,江阴华美热电有限公司、陆某生等纠纷案,青岛海来运冷轧薄板有限公司民事侵权案,以及重庆市人民政府重庆两江志愿服务发展中心与首旭环保公司藏金阁公司环境污染责任纠纷案。

再次,法院对刑事判决已确认事实对刑事判决案外人的效力存在合理界限。在环境民事诉讼中,原告普遍选择以刑事判决来证明特定被告应当承担民事责任,被告也常以其并非刑事判决中的加害人为由主张不承担民事责任。对于这类事实认定,法院态度相对一致。例如,在中山市环境科学学会与李某祥、苏某新环境污染责任纠纷案中,法院一方面依据刑事判决,在四被告未提供充分证据推翻的情形下,支持原告中山市环境科学学会关于李某祥、万某均等四人构成环境侵权的主张;另一方面,对于原告主张的刑事判决案外人胡胜栋和慈航公司应承担侵权责任的问题,法院结合公安机关询问笔录等材料,对其侵权责任予以认定。同样,在上海市松江区叶榭镇人民政府诉蒋某祥等水污染责任纠纷案中,法院一方面依据刑事判决已确认事实(确认蒋某、董某承担刑事责任的事实)确认蒋某、董某承担侵权责任,另一方面对于另一被告某公司的民事责任问题,法院主张要重新考察某公司是否向当地环保主管部门申报危险废物、填写危险废物转移单、取得有审批权的环保主管部门批准转移的同意等情况。类似案件有安徽海德化工科技有限公司与江苏省人民政府环境污染责任纠纷案,江阴市环境保护局与王文峰、马某勇水污染责任纠纷案,以及重庆市人民政府重庆两江志愿服务发展中心与首旭环保公司藏金阁公司环境污染责任纠纷案。[25] 由此,对于刑事判决并未确认为加害人的案外人,法院并不会直接确认相关事实对其具有拘束效力,相反,法院会在综合分析其他证据的基础上,认定案外人是否应当承担侵权责任。

最后,关于环境刑事判决已确认事实在民事诉讼中的效力强度。《生态环境损害赔偿规定》第 8 条、《证据规定》第 10 条和《新民诉法司法解释》第 93 条奠定了我国环境刑事判决已确认事实在相应生态损害民事诉讼中的效力强度规则——生效环境刑事判决所确认的事实都具有同等的“免证效力”。换言之,无论是环境刑事判决中何种性质的事实认定,只要一经生效环境刑事判决的认定,即对后续生态损害民事诉讼发生确定的、同等程度的免证效力。并且这种效力是一种普遍效力,无论是生态损害民事诉讼的原告,还是

㉕ 在重庆市人民政府重庆两江志愿服务发展中心与首旭环保公司藏金阁公司环境污染责任纠纷案中,对于藏金阁公司主张其并非刑事判决确认的加害人因而无须承担侵权责任问题,法院认为藏金阁公司与首旭公司构成环境污染共同侵权的证据已达到高度盖然性的民事证明标准,根据该案事实和证据,应当认定藏金阁公司和首旭公司对于违法排污存在主观上的共同故意和客观上的共同行为,二被告构成共同侵权。

被告;无论是否为刑事诉讼当事人,都可以主张刑事判决中的已确认事实。但普遍效力并非意指效力是绝对的,其仍然需要接受异议。《生态环境损害赔偿规定》第8条、《证据规定》第10条和《新民诉法司法解释》第93条都规定,当事人可以通过提供足以推翻的证据的方式异议。因此,在本文搜集到的样本案例中,法院尽管在理解刑事判决已确认事实的效力属性时存在争议,但均一致将环境刑事判决已确认事实视为当事人提交的证据,并赋予其"免证效力"。实践中,无论是原告还是被告,要想异议其真实性,必须提供足够的证据予以推翻。一旦当事人未提供新证据或者提供的证据不足以推翻原有事实认定,法院将直接认定刑事判决中的已确认事实。从本文搜集的案例样本来看,大多数民事诉讼案件当事人只提出异议未提供证据,仅山东省环境保护厅与山东金诚重油化工有限公司等土壤污染责任纠纷案和中山市围垦有限公司、苏某新土壤污染责任纠纷案中的当事人提供了证据,但法院在未阐释"足以推翻"应当遵循的证明标准的基础上,即认定质疑证据并不充分并据此驳回。

总之,尽管地方法院就环境刑事判决已确认事实在生态损害民事诉讼中的效力问题积累了一些实践经验,例如,区分案件重要事实和非重要事实的效力,区分刑事判决已确认事实对当事人和案外人的不同效力。但这些经验都是零散个案,尚未在规范层面获得提炼。事实上,受限于既有笼统的"免证效力"规则,环境刑事判决已确认事实在生态损害民事诉讼中的应用存在诸多不足。比如,部分法院径直以刑事判决未判决或未生效为由中止生态损害民事诉讼审判,严格遵循"先刑后民"原则,有可能会忽视及时救济生态损害的需求,并阻碍或者拖延民事诉讼的正常进行;㉖部分法院混淆了刑民因果关系,例如,鲍某萍、王某山环境污染责任纠纷案;部分法院对犯罪构成要件事实认定进行重新审查,例如中山市海洋与渔业局与彭某权、冯某林案;部分法院未详细论证缘何当事人提供的证据不足以推翻环境刑事判决已确认事实,例如,山东省环境保护厅与山东金诚重油化工有限公司等土壤污染责任纠纷案;法院普遍允许生态损害民事诉讼当事人、案外人对刑事判决已确认事实进行质疑。如此种种困境的突破,都有待于我们对既有规则进行修正。

㉖ 在中山市环境科学学会与李某祥、苏某新环境污染责任纠纷案中,关于李某祥、苏某新中止审理的申请,因刑事判决已生效,故不存在案件中止审理的法定事由,故法院亦不予采纳。

三、制度修正:建立健全精细化和层次化的效力规则体系

从法教义学的角度来看,厘清有关刑事判决已确认事实的效力属性至关重要。但立足于实用主义维度,以何种视角(既判力、争点效、证明效、预决力等)来解释环境刑事判决已确认事实在牵连性生态损害民事诉讼中的效力并不是问题的关键,重点是要对当前概括、宽泛的证据效力规则进行制度改良。环境刑事判决中的已确认事实是多样复杂的,经历的程序争议程度不同,对案件真实的揭示能力不同,导致不同的环境刑事判决已确认事实对牵连性生态损害民事诉讼中相应待证事实的认定具有不同证明效力。由此,环境刑事判决已确认事实的效力规则应当体系化。

(一)环境刑事判决已确认事实在民事诉讼中效力的影响因素

承认刑事判决已确认事实在民事诉讼中的效力,无疑有利于节约司法资源,避免矛盾判决,增强司法信赖,维护统一法秩序。但这些功能优势无法完全证成刑事判决已确认事实之所以能对民事诉讼发生效力的法理依据。对此,目前学界主要有两种学说,第一种学说是"程序公正说",即"刑事判决已确认事实已经为正当证明程序所证实"。[27] 该学说的核心观念是,既然刑事判决已确认事实已经过正当程序(当事人充分参与且得到公正保障的诉讼程序,意味着系争事实经过了"充分争执和实质审判"),在民事诉讼审判过程中,当事人不得再次提出不同主张,这也是为何英美法系国家"争点排除规则"亦称为"间接禁反言"的缘由。对于大陆法系国家,虽然并未直接强调"充分争执和实质审判",但其突出"程序经过即发生效力",这决定了二者在以程序保障作为刑事判决已确认事实方面共享同一个原则。[28] 第二种学说是"法律真实说",即"刑事判决已确认事实已经达到了法律意义上的真实"。[29] 在笔者看来,"法律真实说"和"程序公正说"并非二元对立,二者事实上互为因果:之所以说刑事判决已确认事实具有法律真实性,是因为这些事实是刑

---

[27] 参见邵明:《诉讼中的免证事实》,载《中国人民大学学报》2003 年第 4 期。

[28] 参见吴英姿:《预决事实无需证明的法理基础与适用规则》,载《法律科学》2017 年第 2 期。

[29] 参见石春雷:《前诉裁判确认事实对后诉的预决效力:环境民事公益诉讼司法解释第 30 条的释义及其展开》,载《政治与法律》2017 年第 9 期。

事法官遵循法定诉讼程序,运用各种诉讼规则确认的事实。换言之,法官的认识能力有限且真理具有相对性,客观真实已无法彻底还原,因此只能退而求其次,依法律真实判断,但法律真实自身也是一个抽象概念,必须依赖于其他客观标准进行判断,程序公正恰可扮演此角色。

然而,“以程序公正推定法律真实”只是一种服膺于客观现实的次优选择,其本身并不完美,甚至极有可能引发实质的不正义。这是因为对于诉讼能力和经验不足的当事人,对于奉行法官职权主义而非辩论主义的国家,所谓的程序公正保障容易流于形式,导致法律真实与客观真实之间的距离差之千里。鉴于此,应当以“程序公正”作为判断刑事判决已确认事实能否在牵连性民事诉讼中发生效力的基准。但同时,即使对于已经通过“程序公正闸门”的已确认事实,也应当尽量避免赋予其绝对效力。具言之,以效率牺牲真实其实是一种无奈之举,我们不能由此绝对剥夺民事诉讼当事人寻求客观真实的权利,更何况有很多民事诉讼当事人并未参与刑事诉讼程序。

以“程序公正”作为判断刑事判决已确认事实在民事诉讼中效力的基准,意味着审判程序和判决类型均应当成为效力的影响因素。一般而言,一审生效判决经过的程序最少,当事人受到的程序保障相对最少,二审生效判决处于中间状态,再审生效判决的程序保障最强,因此三种判决已确认事实对客观真实的揭示能力递增,其对民事诉讼的效力程度也依次递增。此外,相较于缺席判决,对席判决一般经过了充分且激烈的诉讼攻防,在民事诉讼中应具有更高效力,而缺席判决则相反,甚至可以认为缺席判决没有效力。最后,采纳不同刑事审判程序的判决也应当具有不同的效力。经过刑事普通程序和简易程序形成的判决,相较于经由刑事速裁程序形成的判决,在民事诉讼中具有更高的效力,后者甚至只能作为一般书证。[30] 以“程序公正”为标准还可有助于判断刑事判决中特定的已确认事实在民事诉讼中是否具有效力。例如,在英美法系国家的“争点排除规则”中,经过当事人充分争执和实质审

---

[30] 经刑事速裁程序形成的裁判未能达到刑事程序正当性及证明严格性的底线要求,不应被视为具有权威证明作用的刑事判决。其一,速裁程序适用以被告人认罪认罚为前提,难免有一定程度的控辩协商,从而使刑事诉讼程序软化,更接近于民事诉讼的调解和权利处分。其二,速裁程序虽有“案件事实清楚,证据确实、充分”的原则要求,但其特别突出效率价值,案件审理一般不进行法庭调查和法庭辩论,实行法官独任审判。简易程序虽以“简”为名,但仍要求控辩双方辩论,组成合议庭,基本达到刑事诉讼程序的正当性及证明严格性要求。参见龙宗智:《刑民交叉案件中的事实认定与证据使用》,载《法学研究》2018 年第 6 期。

判的事实应具有效力,对于刑事诉讼案外人(民事诉讼当事人)不直接发生效力的原因也是其程序权利在刑事诉讼中未得到保障;在法国,“必要的事实”才具有效力,这类事实属于刑事诉讼严格证明的对象,刑事诉讼程序为其证明提供了必要的攻防条件。换言之,要判断特定的已确认事实是否在民事诉讼中有效力,得确认该事实是否在刑事诉讼中经过了充分争执和审理(经过了正当诉讼程序)。同理,确定已确认事实是否对特定当事人产生效力,就要判断在认定该事实的过程中,当事人的正当程序权利(例如参与权和异议权)是否得到了保障。

环境案件具有特殊性,导致环境刑事判决已确认事实在牵连性生态损害民事诉讼中效力的影响因素不独为“程序公正”,还与生态损害民事诉讼中原、被告依法应当负担的举证责任有关。我国生态损害民事诉讼采取部分举证责任倒置规则是为了平衡原、被告之间诉讼地位不平等的客观现实。㉛ 地位不平等,是因为存在“原告对举证存在障碍”(例如,收集证据的能力有限)以及“被告对某种事实的存在与否存在证明的可能性”(例如,排污数据)的情形。㉜ 尽管有学者基于环境民事公益诉讼和私益诉讼的差异提出环境民事公益诉讼不应当再适用举证责任倒置规则的观点,㉝亦有部分地方法院在环境民事公益诉讼中拒绝适用举证责任倒置规则,比如中国生物多样性保护与绿色发展基金会与华北路桥建设集团有限公司等公司侵权责任纠纷案。但笔者不予认可,理由是即使是行政机关和检察机关作为原告的生态损害民事诉讼,二者在证明排污行为和生态损害之间因果关系的能力方面,相较于普通公民(以及环保组织)并无更多优势,尤其是具有风险不确定性的污染或者破坏。而不承担责任或者减轻责任属于抗辩理由,本身就属于被告的举证责任。此外,在环境案件中,原告完成现有举证责任分配规则下的举证责任(例如,有关公益是否受损、损害结果量化等)也并非易事。因此,在我国环境诉讼尚处于发展阶段,环境问题的“因果”尚未完全为科学所知晓时,不宜贸然否定生态损害民事诉讼的举证责任倒置规则。由此,在立法者有意平衡原、

㉛ 规定了举证责任倒置规则的法律和司法解释文件,包括:2015 年《环境民事公益诉讼司法解释》第 8 条,2018 年《检察公益诉讼司法解释》第 14 条,2019 年《最高人民法院关于审理生态环境损害赔偿案件的若干规定(试行)》第 6 条,以及 2020 年《民法典侵权责任编》第 1230 条。

㉜ 参见王利明:《论举证责任倒置的若干问题》,载《广西社会科学》2003 年第 1 期。

㉝ 参见王秀卫:《我国环境民事公益诉讼举证责任分配的反思与重构》,载《法学评论》2019 年第 2 期。

被告诉讼地位而重新分配举证责任的背景下,如果对刑事判决已确认事实不区分原告、被告的举证责任,一律赋以相同效力,就会打破立法者特意营造的两造平衡。在此意义上,2015 年《最高人民法院关于审理环境民事公益诉讼案件适用法律若干问题的解释》(简称《环境民事公益诉讼司法解释》)第 30 条可视为对此现实的关照。

总之,要确定环境刑事判决中已确认事实是否具有效力以及具有何种强度的效力,需要同时考虑已确认事实是否符合“程序公正”原理以及生态损害民事诉讼原、被告就使用已确认事实意图证明之待证事实的举证责任配置情况。对于前者,生态损害民事诉讼法官需要充分审查刑事判决及附随材料,确定某事实是否经过充分争执和实质审查。而对于后者,生态损害民事诉讼法官需同时结合原、被告的举证责任配置以及该事实对原、被告利益状态的影响决定。一般而言,同一环境刑事判决已确认事实对原告、被告利益状态的影响具有互斥性。如果对一方当事人有利,就会对另一方当事人不利。对于原告负举证责任的事实,如果对原告有利,则该事实对被告具有绝对效力;如果对被告有利,则只对原告有相对效力。对于被告负举证责任的事实,如果对原告有利,则该事实对被告只有相对效力;即使对被告有利,其亦无权主张。

(二)环境刑事判决已确认事实在民事诉讼中的效力规则体系

从效力的内涵要素来看,我们可以结合效力范围、效力对象和效力强度角度,探讨不同类型的环境刑事判决已确认事实在牵连性生态损害民事诉讼中的效力规则。刑事判决已确认事实一般分为两类,即“定罪事实”和“非定罪事实”。学界普遍认为,区分前述两种事实的一个可行的判断标准是“对该事实的证明是否符合《刑事诉讼法》第 53 条所确认的‘排除合理怀疑证明标准’”,即“该事实是否是有关环境犯罪成立或加重的关键事实”。[34]

1. 定罪事实

在污染环境罪中,定罪事实包括主观要件和客观要件。其中,客观要件,主要包括“违法性要件”“行为或结果要件”和“因果关系要件”;主观要件是指行为人的主观过错,污染环境罪具有特殊性,其主观要件具有复合性,故意

---

[34] 柴云乐:《修复生态环境的法律定性、分解与司法路径选择》,载《环境法评论》2020 年第 2 期。

和过失两种罪过形态均可以成立犯罪。[35]

首先,违法性要件。违法性要件是犯罪的必备要件,由于刑法以罪刑法定为基本原则,因此是否具有违法性应以是否违反法律明确规定作为判断基准。根据《刑法》第96条规定,"违反国家规定",是指违反"全国人民代表大会及其常务委员会制定的法律和决定,国务院制定的行政法规、规定的行政措施、发布的决定和命令"。我国污染环境罪的成立以"违反国家规定"为前提,明确了"违法性要件"。对于生态侵权而言,违法性要件虽被我国环境法学界通说排斥,但无论是理论还是实践都开始倡导要确立违法性要件。[36] 实践中有很多法院在审理环境侵权案件时,援引环境管制标准对污染行为施加否定性评价,认定其有法律上的可责性,比如沈海俊与机械工业第一设计研究院噪声污染责任纠纷案。《民法典》有关生态环境修复责任构成要件的规定明确采纳了"违法性要件",[37]生态环境修复责任成立以"违反国家规定"为前提。但《民法典》中"违反国家规定"的判断基准不同于刑法,违反法律明文规定仅是一种情形,违反国家政策、部门规章、地方规定,以及基于此等规定制定的具体排放标准、控制指标等,甚至政策意义上的规定,没有直接法律效力的技术规范都可能成立违法性。[38] 事实上,加害人是否采取了防治措施,是否符合一般人忍受限度和通常习惯,社会一般评价等也可在个案中作为违法性的判断基准。诚如有学者所言,民法违法性是实质违法,而刑法违法性是形式违法。[39] 由此,如果环境犯罪刑事判决认定污染者行为"违反国家规定",则其在民事诉讼中应否发生效力?笔者认为,如果刑事判决认定违法性要件成立,因该事实经过了充分的刑事诉讼程序,应当赋予其绝对效力,被告不可反证;如果违法性要件不成立,对被告有利,应当赋予原告反证权利,这是因为民事侵权中违法性要件判断基准比刑法更加宽泛。对于那些未参加

㉟ 从理论上来看,现行《刑法》第338条对于污染环境罪的罪过究竟是故意还是过失抑或故意或过失皆可未作明确的规定,从而导致我国刑法学界在此问题上纷争不断,使得我国刑法学界关于污染环境罪的罪过形式存在多种学说。但从实践上来看,污染环境罪的罪过形式应当是"复合罪过说",既包括故意又包括过失。参见田国宝:《我国污染环境罪立法检讨》,载《法学评论》2019年第1期。

㊱ 参见刘超:《环境侵权行为违法性的证成与判定》,载《法学评论》2015年第5期。

㊲ 参见《民法典》第1234条。

㊳ 参见张新宝:《侵权责任编之焦点:在修改中推动绿色发展》,载《民主与法制周刊》2020年第21期。

㊴ 参见史尚宽:《债法总论》,中国政法大学出版社2000年版,第106页。

刑事诉讼程序的原告,更应如此。

其次,"行为或结果要件"。对于侵权责任,"侵权行为+损害结果"是其必备要件,可以说,无损害就无所谓侵权。而在犯罪构成中,只有在结果犯的场合才以损害结果的发生作为犯罪构成的必备要件。2016年《最高人民法院、最高人民检察院关于办理环境污染刑事案件适用法律若干问题的解释》(以下简称《环境污染犯罪司法解释》)第1条将成立污染环境罪的条件分为"行为条件""结果条件"和"堵截条件"。[40] 此外,该司法解释第3条规定了污染环境罪的"结果加重情节",除第2项的"行为条件"外,其余皆为"结果条件"。由于本文关注生态损害的救济、分析,尤其侧重以生态损害结果作为犯罪构成要件,在刑事诉讼适用"结果要件"时,由于其直接关系污染环境罪是否成立或者加重,刑事诉讼审判势必对相关事实进行详细审查,给予充分的程序保障,因此它们应当在生态损害民事诉讼中发生效力。但值得注意的是,适用"结果要件"并不意味着对"行为要件"的抛弃,事实上,即使是结果要件,其与行为也须臾不可分离,准确地说污染环境罪成立应满足"犯罪行为+生态损害结果"。鉴于此,结合效力强度来看,如果刑事判决认定"行为+结果要件"成立,则对被告不利,因该事实属于原告负举证责任的事实,因此不应允许被告反证;而如果刑事判决认定"行为+结果要件"不成立,出于维护程序和实体公正的需要,原告(无论是否参与了刑事诉讼)均应有权反证,此时已确认事实仅具有相对效力。此外,刑事诉讼只关心损害结果是否达到入罪门槛(即损害结果要件最低阈值标准是否符合),有可能会为节约刑事司法资源舍弃一些关键证据,导致损害结果认定不充分。因此,有必要赋予民事审判法官重新认定已定罪之损害事实以为的"行为+损害结果"的权利,原告可以提出主张。

这里有个特殊问题值得注意,由于生态损害结果难以量化,刑事司法机关往往会直接依托司法鉴定意见来认定损害结果,而在刑事司法鉴定和民事

---

[40] 《环境污染犯罪司法解释》第1条规定的前8种情形是"行为条件",只要行为人实施了特定行为,法院就可以据此认定行为人的行为符合"严重污染环境";而第1条规定的第9~17的9种情形是"结果条件",即依据行为是否造成了人身伤害、财产损失或者生态环境损害等结果,来判定行为是否符合"严重污染环境"。第18种情形是兜底条款,被称为堵截条件。参见王勇:《论司法解释中的"严重污染环境":以2016年〈环境污染刑事解释〉为展开》,载《法学杂志》2018年第9期。

司法鉴定存在程序差异的背景下，[41]不宜赋予这些刑事鉴定中有关"行为+损害结果"的事实认定结论以绝对效力，否则有违程序和实体公正理念的要求。换言之，当事人异议时，民事审判法官应当审查这些结论是否符合民事鉴定程序，如果不符合正当性基本要求，应当否定其证据能力，必要时重新组织鉴定。[42]

再次，因果关系要件。一般而言，对于结果犯罪和侵权责任，二者都需要考虑因果关系。由于因果关系事实是污染环境罪的定罪事实，势必经过正当刑事诉讼程序的保障，因此宜赋予其在生态损害民事诉讼中的效力。但刑法和民法对于因果关系的关注重点和界定方法存在诸多差异。其一，刑法采纳了折中的相当因果关系标准，而民法采纳了客观的因果关系标准。[43] 其二，刑法上的因果关系是以一定人的危害行为为基点所截出的客观现象之间的一定因果链条；而民法上的因果关系则以一定的损害后果为基点截取因果链条，向前去追寻引起这一损害后果的特定原因。[44] 其三，相较于民事诉讼的优势证据标准，刑事诉讼中有关因果关系认定的标准更高，导致刑事诉讼中不能认定因果关系的事实判断无法直接导出民事因果关系的不存在。其四，对于生态损害民事诉讼，最明显的特征莫过于因果关系推定，而刑事审判严禁推定，也导致刑事诉讼因果关系不成立的结论也不能必然推出民事因果关系不存在。因此，刑事判决中的因果关系事实认定应区分情形具有不同效力。由于因果关系事实属于被告负举证责任的事实，笔者以为，有关因果关系事实的效力强度应做如下制度安排。如果因果关系成立，对原告有利，原告可以主张，但被告不得反证；而如果因果关系不成立，则对被告有利，此时被告不可直接主张，原告亦不受其拘束。

最后，主观要件。主观过错要件属于污染环境罪的定罪事实，因此其势必经过当事人双方的充分争执和法院的实质审判。事实上，主观过错还可能对量刑构成影响，如果行为人能证明自己已经尽到一定的注意义务，则应当按照过失量刑，相较于故意犯罪处罚更轻。从公正程序的角度来看，这些事

---

[41] 当前我国以鉴定权的职权配置和单方配置为特点的刑事鉴定程序，与以当事人参与及抗辩保障为条件的民事鉴定程序相比存在较大区别。

[42] 参见龙宗智：《刑民交叉案件中的事实认定与证据使用》，载《法学研究》2018年第6期。

[43] 参见于改之、吴玉萍：《共同侵权与共同犯罪界限论》，载《当代法学》2007年第4期。

[44] 参见纪格非：《刑事判决在民事诉讼中的效力》，载《法制与社会发展》2017年第3期。

实应当在生态损害民事诉讼中被赋予效力。然而,生态损害民事侵权的构成要件具有特殊性,其奉行的是无过错责任原则,导致的结果是这些事实在侵权成立方面作用不大,但这些事实会影响到生态损害法律责任的范围,因此民事诉讼当事人极有可能会援引这些事实来支持其有关责任范围的主张。考虑到不承担责任或者减轻责任的证明责任属于被告,因此这些事实如果有利于被告,被告不可主张,原告可反证;如果对原告有利,则原告可主张,被告不可反证。

2. 量刑事实

在环境刑事判决理由部分,刑事审判法官在确立犯罪行为是否成立之外,还要考虑很多因素,以确定最终刑罚,这些因素指向的是“量刑事实”。最高人民法院2017年发布的《关于常见犯罪的量刑指导意见》(法发〔2017〕7号),将刑事法官在量刑时要充分考虑的法定量刑情节分为多种。㊺ 此外,《环境污染犯罪司法解释》第4条还就污染环境罪量刑规定了四种从重量刑的法定情节。对于这些量刑事实,由于其对民事案件审判的重要性程度不高,因此是否赋予其效力并不重要。实际上,在这些量刑事实之外,刑事审判法官还会考查受害人或第三人的过错、所造成损害的程度以及行为的危害性等酌定情节。这些事实仅被作为酌定情节,因此刑事审判法官对于查明这些事实并不重视,其在认定损害是否存在和损害程度的大小、行为的社会危害性,以及被害人或者第三人过错等问题时,奉行的证明标准也很难达到“排除合理怀疑标准”。而在民事诉讼中,这些酌定量刑事实对于责任成立和责任范围的确立,可能会至关重要。㊻ 因此,对于环境刑事判决确认的酌定量刑事实,如果直接关系民事责任成立或责任范围等问题时,便不宜赋予绝对效力,而应允许民事审判法官重新认定。这些已确认事实可作为具有相对效力的免证证据。

3. 其他事实

除定罪事实和量刑事实外,环境刑事判决中的事实还有第三类,即既非

㊺ 这些量刑情节主要包括:未成年人犯罪,未遂犯,从犯,自首,坦白,当庭自愿认罪,立功,退赃、退赔,积极赔偿被害人经济损失并取得谅解,刑事和解协议,累犯,前科,犯罪对象为未成年人、老年人、残疾人、孕妇等弱势人员,以及在重大自然灾害、预防、控制突发传染病疫情等灾害期间故意犯罪的。

㊻ 例如,受害人过错可能是减轻或免除侵权责任的法定抗辩理由,损害程度直接关系到责任范围的大小等。

定罪事实,也不是量刑事实的事实。对于这些事实认定,立法者不宜赋予其绝对效力,因为这些事实不是必要的或基础性的事实,并且双方当事人不会就这些事实投入足够的诉讼资源进行争议,刑事审判法官对这些事实可能并未进行充分审查。例如,环境刑事判决对受害人身份的确定、对犯罪行为人是否要承担民事责任的认定。这些事实已经涉及民事审判权的行使,属于民事审判权范畴,出于维护刑民审判权相互独立的目的,立法者不应当赋予这些“非刑事性质的”事实以效力。此外,还有些在性质上不宜赋予效力的事实,例如:那些与民事案件不具有牵连性之环境刑事判决已确认事实。环境刑事判决确认事实必须与当事人主张的待证民事事实具有“内在事实上的一致性”和“法律推理上的牵连性”。[47] 因此,对于那些仅在前后刑民案中具有部分重合的事实或两案中仅有部分证据发生重合的情形,前案认定事实不应具有效力[48](见表1、表2)。

表1　环境刑事判决已确认事实的效力规则汇总表

环境刑事判决已确认事实		后续民事诉讼原告	后续民事诉讼被告
判决理由部分的定罪事实	存在违法性	可以主张	绝对效力,不可反证
	不存在违法性	相对效力,可以反证	不可主张
	存在犯罪事实(行为+损害结果)	可以主张	绝对效力,不可反证
	不存在犯罪事实(行为+损害结果)	相对效力,可以反证	不可主张
	存在因果关系	可以主张	绝对效力,不可反证
	不存在因果关系	相对效力,可以反证	不可主张
	主观过错(故意或过失)	相对效力,可主张或反证	相对效力,可主张或反证

[47] 参见石春雷:《前诉裁判确认事实对后诉的预决效力:环境民事公益诉讼司法解释第30条的释义及其展开》,载《政治与法律》2017年第9期。

[48] 例如,污染者因向土地排放污染物质致使土地受到污染而被判处污染环境罪,原先与其签订协议拟获得转让土地的买受人,便不能据此环境犯罪刑事判决事实来主张合同无效。

续表

环境刑事判决已确认事实		后续民事诉讼原告	后续民事诉讼被告
判决理由部分的非定罪事实	定罪条件之外的生态损害结果	相对效力，可主张或反证	相对效力，可主张或反证
	受害人或第三人的过错	相对效力，可主张或反证	相对效力，可主张或反证
	修复生态环境的预期费用	相对效力，可主张或反证	相对效力，可主张或反证

表 2　本文所涉案例索引

案件名称	案号
博罗县加得力油料有限公司、刘某环境污染责任纠纷案	广西壮族自治区来宾市中级人民法院民事判决书，（2018）桂 13 民初 39 号
重庆市人民政府、重庆两江志愿服务发展中心诉重庆藏金阁物业管理有限公司、重庆首旭环保科技有限公司生态环境损害赔偿、环境民事公益诉讼案	重庆市第一中级人民法院民事判决书，（2017）渝 01 民初 773 号
江苏常隆农化有限公司与泰州市环保联合会财产损害赔偿纠纷案	江苏省高级人民法院民事判决书，（2014）苏环公民终 00001 号
中华环保联合会与浙江新安化工公司等环境污染纠纷案	山东省东营市终极人民法院（2015）东环保民初 1 号
江苏省环保联合会与德司达（南京）染料有限公司环境污染民事公益诉讼案	江苏省南京市中级人民法院，（2016）苏 01 民初 1203 号民事判决书
中山市围垦有限公司、苏某新土壤污染责任纠纷案	广东省中山市中级人民法院民事判决书，（2019）粤 20 民终 6329 号
杜某年、肖某雄侵权责任纠纷案	湖南省岳阳市中级人民法院民事判决书，（2017）湘 06 民终 1428 号
鲍某萍、王某山环境污染责任纠纷案	山东省烟台市中级人民法院民事判决书，（2017）鲁 06 民初 39 号

续表

案件名称	案号
母某林环境污染责任案	四川省广元市中级人民法院民事判决书，(2019)川08民初204号
中山市海洋与渔业局与彭伟权、冯某林案	广东省广州海事法院民事判决书，(2017)粤72民初541号
李某明、东莞市沙田镇人民政府固体废物污染责任纠纷案	广东省东莞市中级人民法院民事判决书，(2018)粤19民终6238号
江阴华美热电有限公司、陆某生等纠纷案	江苏省无锡市中级人民法院民事判决书，(2016)苏02民初295号
青岛海来运冷轧薄板有限公司民事侵权案	山东省青岛市中级人民法院民事判决书，(2017)鲁02民初1062号
中山市环境科学学会与李某祥、苏某新环境污染责任纠纷案	广东省广州市中级人民法院民事判决书，(2017)粤01民初201号
上海市松江区叶榭镇人民政府诉蒋某祥、董某振等水污染责任纠纷案	上海市松江区人民法院民事判决书，(2012)松民一(民)初4022号
江阴市环境保护局诉王某峰等水污染责任纠纷案	江苏省江阴市人民法院民事判决书，(2013)澄环民初0003号
安徽海德化工科技有限公司与江苏省人民政府环境污染责任纠纷案	江苏省高级人民法院民事判决书，(2018)苏民终1316号
广东省环境保护基金会与余某发、夏某林水污染责任纠纷案	广东省广州市中级人民法院民事判决书，(2017)粤01民初220号
中国生物多样性保护与绿色发展基金会与华北路桥建设集团有限公司等公司侵权责任纠纷案	河南省高级人民法院民事判决书(2020)豫民终321号
沈某俊与机械工业第一设计研究院噪声污染责任纠纷案	安徽省蚌埠市中级人民法院民事判决书(2015)蚌民一终00679号

四、结语

目前我国有关环境刑事判决已确认事实在牵连性生态损害民事诉讼中的效力规则,实质上是一种"免证效力"规则,内容过于粗糙,给实践造成了诸多不便,亟待修正。环境刑事诉讼和生态损害民事诉讼虽具有不同的制度功能和诉讼结构,使二者对事实查明和法律评价的关注点和界定方法存在差异。然而,这并不意味着,二者之间就事实认定和法律适用结论不能通力合作,环境刑事判决已确认事实在生态损害民事诉讼中的效力规则是一种促使二者合作的桥梁。环境刑事判决已确认事实在牵连性生态损害民事诉讼中的效力具体体现为,生态损害民事诉讼审判法官是否有权变更环境刑事判决中的已确认事实并重新认定,生态损害民事诉讼当事人是否有权反驳已确认事实。在证据法的语境中,刑事判决已确认实施的效力强度可以区分为两种,即相对效力和绝对效力。立法者在确定应当赋予环境刑事判决中特定已确认事实以何种强度效力问题时,需要综合考虑两方面的因素,一是环境刑事判决中的已确认事实是否符合程序公正原理。二是环境刑事判决已确认事实在生态损害民事诉讼中旨在证明的待证事实的举证责任。本文建议立法者应当就环境刑事判决已确认事实在生态损害民事诉讼中的效力问题设计一套精细化和层次化的效力规则。从立法路径来看,当前《证据规定》第10 条、《新民诉法司法解释》第 93 条和《生态环境损害赔偿规定》第 8 条的效力位阶过低,未来立法者应当考虑在统一的证据法典或者生态环境法典中进行系统规定。此外,为促进环境刑事判决已确认事实的效力发挥,还需要完善相应的配套措施,例如,环境刑事判决书的释明制度,释明各已确认事实的审判过程和证明程度,以及认定或不予认定的理由;刑事司法鉴定过程也应当更关注当事人的参与权。

Binding Force of Confirmed Facts in Environmental Criminal Judgment in Civil Litigation for Ecological Damage

Abstract: The binding force of facts confirmed by criminal judgment in civil litigation is one of the most typical procedural problems in criminal civil cross litigation. As to the legal attribute of the binding force of the facts confirmed by criminal judgment in civil litigation, there are many theories in China, such as special res judicata, pre determination force, effect of exemption from certificate, exclusion of disputes and proving effect. Although these views have different understandings on the scope, object and intensity of binding force, they all emphasize that legislators should make a balanced choice between case justice and judicial efficiency after considering various factors. Due to the complexity and scientific characteristics of environmental cases, the binding force of the confirmed facts in environmental criminal judgment is particularly important in Civil Litigations for Ecological Damage (CLED). Article 8 of the provisions of the Supreme People's Court on hearing cases of compensation for ecological environment damage (Trial Implementation) in 2019 follows the rule of "effect of exemption from certificate". Its content is too rough and easy to lead to practical dilemmas. Legislators should learn from other countries and combine with the particularity of CLED to systematically and elaborately construct the rules for binding force of confirmed facts of environmental criminal judgment in CLED.

Key words: Environmental Criminal Judgment; Civil Litigation; Confirmed Facts; Res Judicata

清华法律评论(第十一卷第一辑)
第30~56页

长三角饮用水水源保护生态补偿法律形塑

——以太浦河为例

李海棠*

目　次

摘　要　太浦河作为长三角地区重要的跨界河流,对长三角生态绿色一体化发展意义重大。生态补偿法律调控,可有效保障太浦河流域环境正义的合理配置、稀缺利益的公平分配以及激励功能的有效实现。长三角地区生

* 李海棠(1987~),上海社会科学院生态与可持续发展研究所助理研究员,法学博士。

基金项目:2023年上海市"科技创新行动计划"软科学重点项目(23692107800);2023年度上海市决策咨询研究专项课题(2023-Z-T01)。

态补偿法律制度散见于宪法、环境保护相关法律、行政法规以及地方性法规中，生态补偿标准、补偿方式、法律责任承担等方面仍存在明显不足。长三角地区的生态补偿实践主要有水质交易、异地开发和水权交易等，但也面临诸多法律困境。因此，以太浦河为例，长三角地区流域生态补偿的法律调控，应从明确生态补偿的权利义务主体、生态补偿法律标准、生态补偿法定方式、生态补偿管理机构、生态补偿产权法定以及纠纷解决机制等方面着手。

关键词　长三角　饮用水生态补偿　法律形塑　太浦河

一、问题的提出

近年来，长三角水源水质改善有目共睹，但随着上海从太浦河取水规模和供水覆盖范围大幅扩大，导致长三角下游水源安全高度依赖上游来水。由于长三角地区跨界流域污染、沿江工业产业聚集等问题，对水源地安全带来极大隐患。造成长三角流域跨界饮用水治理困境的原因之一，在于跨界流域上下游对河流的定位不同、诉求各异，生态系统服务的供给方和需求方权利义务关系不明确，虽然有关长三角饮用水水源保护的法律制度散见于各项法律法规中，但缺乏跨界饮用水水源保护的专门规定，致使长三角跨界流域水质未得到有效改善，水源地富营养化特征明显。例如，太浦河是长三角地区涉及沪、浙、苏一市两省的典型跨界河流，其所流经的上海青浦、浙江嘉善、江苏吴江同时也是“长三角生态绿色一体化发展示范区”所属区域。作为“长三角生态绿色一体化示范区”的重要骨干河道，太浦河既是吴江等地的主要泄洪通道，也是青浦、嘉善等下游地区的主要饮用水水源地之一，①对长三角区域意义重大。但由于流域上、下游产业发展及功能定位不同，导致上、下游之间在太浦河流域保护与利用方面诉求各异。②

生态补偿法律制度，有利于打破行政区划限制，利用政府、市场、社会多元力量的结合引导长三角饮用水水源的合理配置，平衡上、下游地区的权利义务，改善饮用水水源水质和水量状况。长三角地区目前生态补偿法律制度

---

① 参见甘月云等：《太浦河水质预警联动方案实践与思考》，载《中国水利》2019 年第 11 期。

② 参见杨梦杰等：《博弈视角下跨界河流水资源保护协作机制——以太湖流域太浦河为例》，载《自然资源学报》2019 年第 6 期。

与实践主要集中于政府补偿,对市场和社会等多元化生态补偿探索较少,跨界流域饮用水水源生态保护补偿效果不显著。《长江保护法》(2020)作为首部流域立法,在一定程度上缓解了长三角饮用水水源保护法律制度"碎片化"的窘境,规定了"长江流域生态保护补偿制度",并将市场化、多元化生态补偿作为补偿方式之一,但规定较笼统、缺乏实施细则,有关跨界饮用水生态补偿的规定未纳入法律责任体系。因此,亟须建立完善的长三角饮用水水源保护生态补偿法律制度。

2020 年 11 月公布的《生态保护补偿条例(公开征求意见稿)》,将"重要水源地补偿"作为水流补偿的内容之一;2021 年 1 月公布的《上海"十四五"规划和二〇三五年远景目标纲要》提出"共护太浦河、长江口等重要饮用水水源生态安全""推动重点跨界河湖联保";2021 年 9 月发布的《关于深化生态保护补偿制度改革的意见》提出"针对江河源头、重要水源地等重点区域开展水流生态保护补偿",及"开展生态保护补偿、重要流域相关法律法规立法研究"等,以上法规政策文件的出台均为长三角跨界饮用水水源保护生态补偿法律制度的完善带来机遇。本文主要探讨如何通过法律规范化调整,激发社会资本、依靠市场机制进行跨界饮用水水源保护,以及如何在法律层面合理分配跨界流域饮用水水源保护各参与主体对水资源的增值受益。

二、文献回顾与理论分析

(一)文献回顾

国际生态补偿也叫"生态服务付费"(PES),指环境服务"购买者"自愿购买特定环境服务提供者所提供的环境服务,以有效填补其他政策空白。[③] 国际流域生态补偿制度发展相对成熟,具有代表性的有:美国纽约与流域上游农民签订具有法律效力的供水协议,购买上游生态环境服务并取得成功;[④]澳

③ 参见朱桂香:《国外流域生态补偿的实践模式及对我国的启示》,载《中州学刊》2008 年第 5 期。

④ See Pollans M. J, "Drinking water protection and agricultural exceptionalism", *Ohio St. LJ* 77, 2016, p. 1195.

人利亚将流域生态补偿以法律形式固定下来，治理成效显著；[⑤]哥斯达黎加采用立法与市场相结合的方式进行生态效益补贴。[⑥] 以上各国均以生态补偿法律调控保障其流域水质及饮用水安全。

从国内来看，跨省界流域保护的外溢特征对传统的属地管理体制提出严峻挑战，[⑦]生态补偿法律制度作为调整主体之间社会关系的有效工具，[⑧]可以平衡流域上、下游行政主体的不同利益诉求。[⑨] 流域生态补偿的主体，包括政府、生态利益减损者、生态受益者、企事业单位和个人，[⑩]补偿标准指生态补偿范围界定后所进行的生态补偿额度的核算。[⑪] 同时，还需建构生态补偿制度的权利义务体系、[⑫]生成生态补偿权利的法律样态及法律准则，[⑬]监督受偿主体不产生污染水体的行为，并建立涉水产权生态补偿制度。[⑭] 综合来看，我国在长三角流域生态补偿方面虽有丰富的研究成果和实践探索，但仍有不足：一是缺乏对跨界流域生态补偿基础理论较为全面系统的分析。二是生态补偿视角下跨界流域保护法律法规基础薄弱，适用性和操作性有待提高。三是缺乏完善的跨界流域生态补偿法律制度，生态环境权益交易流转体系未建立，难以调动相关方积极性。因此，长三角流域生态补偿应从权利义务主体、

---

⑤ Banerjee O & Bark R, "Incentives for ecosystem service supply in Australia's Murray-Darling Basin", *International Journal of Water Resources Development* 29, 2013, p. 544 – 556.

⑥ Steed B C, "Government payments for ecosystem services-Lessons from Costa Rica", *J. Land, Use & Envtl. L* 23, 2007, p. 177.

⑦ 参见王彬辉：《从碎片化到整体性：长江流域跨界饮用水水源保护的立法建议》，载《南京工业大学学报（社会科学版）》2019 年第 5 期。

⑧ 参见曹明德：《对建立生态补偿法律机制的再思考》，载《中国地质大学学报（社会科学版）》2010 年第 5 期。

⑨ 参见杜纯布：《雾霾协同治理中的生态补偿机制研究——以京津冀地区为例》，载《中州学刊》2018 年第 12 期。

⑩ 参见史玉成：《生态补偿制度建设与立法供给——以生态利益保护与衡平为视角》，载《法学评论》2013 年第 4 期。

⑪ 参见肖爱：《流域生态补偿关系的法律调整：深层困境与突围》，载《政治与法律》2013 年第 7 期。

⑫ 参见银晓丹、穆怀中：《饮用水源保护区法律制度完善研究——以辽宁省大伙房水库为例》，载《辽宁大学学报（哲学社会科学版）》2016 年第 5 期。

⑬ 参见杜群、车东晟：《新时代生态补偿权利的生成及其实现——以环境资源开发利用限制为分析进路》，载《法制与社会发展》2019 年第 2 期。

⑭ DU Q & CHE D S, "The generation and realization of ecological compensation rights in the new era: based on the limitation of development and utilization of environmental resources", *Law and Social Development* 25, 2019, p. 43 – 58.

补偿标准、补偿方式、涉水产权法定、纠纷解决机制等方面予以法律确认。

(二)理论分析

1. 跨界饮用水水源保护生态补偿法律价值

第一,保障环境正义的合理配置。正义是法的最高序列的价值。正义应遵循两项基本原则,即权利分配的“平等”和责任分担的“差别”,⑮罗尔斯的《正义论》以强调“最弱势利益最大化”为目标,⑯为生态补偿制度的建构和实践发展提供正义价值的理论支撑。法律上的正义关注的主要问题是对基本权利和义务或者利益的分配。跨界流域饮用水水源保护生态补偿的正义价值,就是按照“谁保护,谁收益”“谁受益,谁补偿”的准则,对为跨界流域饮用水的保护和改善付出成本或者增加支出的“保护者”,按照特定标准和方式进行补偿,以弥补其损失,并激励更多主体参与生态环境的保护和改善行动中。也即,正义价值是要明确生态系统服务利益相关者之间的权利和义务。基于环境正义的需要,在对长三角地区特定民众财产权和发展权予以限制并公平补偿时,法律能够在以下方面发挥作用:(1)限制和补偿同步进行。为保障长三角地区的饮用水环境质量和生态平衡,一般会对位于上游江苏吴江等地的经济发展权和财产权予以一定程度的限制,包括对超标排放的一些纺织厂和印刷厂等产业的关停等。但同时,作为获得了达标水质的下游浙江嘉善和上海青浦,在法律法规约束的范围内,应对上游的损失予以补偿。这也是流域上下游政府之间利用市场机制对跨界饮用水资源进行更加合理配置的表现。⑰ (2)保障补偿请求权有效实现。例如,针对长三角地区,需明确提出生态补偿具体实施方案,尽可能在较短时间内给与财产权和发展权受限制的民众合理补偿,同时对于已经受损的生态环境予以及时修复或恢复。(3)确定有利的补偿方式。法律有助于当事人选择最有利的补偿方式。任何限制必须于法有据,且必须辅之以合理补偿。补偿方式也应得到足够关切,相对如何核算自己的补偿数额而言,生态服务提供者更加关注能够通过何种方式得到补偿。

---

⑮ 参见李海棠:《新形势下国际气候治理体系的构建——以〈巴黎协定〉为视角》,载《中国政法大学学报》2016 年第 3 期。

⑯ 参见[美]约翰·罗尔斯:《正义论》,何怀宏等译,中国社会科学出版社 1988 年版,第 84 页。

⑰ 参见王勇:《流域水环境保护的市场型协调机制:策略及评价》,载《社会科学》2010 年第 4 期。

第二,保障稀缺利益的公平分配。利益是能够满足人类需要的客观对象,不同经济发展阶段的不同民众,需求也不同。利益的获得前提是收益大于成本。但这里的收益,不仅限于经济收益,还包含社会、环境与经济效益的统一;不仅是个人收益,还包括人类整体的利益。那些能给个人和集团带来利益,但会使社会总利益减少的生产活动,不符合生态补偿法律价值。自然资源总量的稀缺性和人类利用资源的无序性,导致人们需要对其进行重新配置,反映到利益层面就表现为利益分配的公平正义。太浦河流域生态补偿的法律规制,是对太浦河上下游地区发展权和取水权进行利益分配。但是利益分配的公平,需要借助法律制度才能得以实现。法律在利益公平分配方面的指导作用主要体现在以下方面:一是将指导分配的正义原则法治化,甚至可以具体化为法律上的权利义务关系。稀缺利益分配的法律表现是为具体的权利义务设置一定的标准。二是通过法律衡量不同利益价值以有效保障利益分配。当不同级别的利益或需求发生冲突时,按照法律参照程度的不同,法律需要在不同级别的利益之间进行选择,势必造成某些权益的特别牺牲,此时需要对这种限制所造成的损失予以合理补偿,这种合理补偿也是达到利益合理分配的一种形式。⑱

第三,保障激励功能的有效实现。激励,可以引导人们按照对社会、经济、环境发展有益的方式调整自己的行为,同时也成为目前解决生态环境问题及其影响下相关社会和经济问题的关键机制。跨界流域饮用水生态补偿制度注重上游和下游权利义务的合理分配,上游由于对土地利用和生产方式等进行了限制,积极从事生态保护活动,因而有权获得一定补偿;一旦未能从事生态保护活动,造成下游地区水生态环境的破坏或污染,使下游地区生存权和发展权受到一定限制,则需对下游地区实施补偿。跨界流域饮用水生态补偿制度激励功能体现在两方面:一是体现能动激励的基本要求。生态补偿请求权的立法确认,将改变保护者在生态补偿实践中长期的被动地位,并督促其从自身利益需求出发,实现自我约束和自我激励,积极调整自然资源利用类型和产业发展,在保障相应生态服务供给的同时,实现自身利益满足。二是体现了互动激励基本要求。长期以来,生态补偿保护者和受益者互动关系不畅的原因在于两者之间缺少互动平台,导致保护者缺少生态服务供给的

⑱ 参见王清军:《流域生态补偿标准的制度研究》,载《环境法评论》2019年第2期。

内在激励。而生态补偿请求权,通过向具体的受益者或代理人提起请求权,以启动相应的法律关系,从而改变了生态服务供给不足的现状。保护者因权利行使而获得一定利益的可能性,受益者因一定的支付行为而要求保护者必须满足一定的条件,双方权利义务通过相互博弈和讨价还价而逐渐明晰。

2. 跨界饮用水水源保护生态补偿法律正当性

跨界饮用水水源保护,归根结底主要在于流域上、下游的诉求不同。作为流域上游,发展是第一要务,因此不可避免地会使用或者过度使用流经本辖区的水域。但作为流域下游,可能该河流是其赖以生存的饮用水源,对其水质和水量均提出更高要求。为使流域上、下游利益均能合理受到保护,跨界、跨区域生态补偿是比较合理的方式之一。生态补偿法律制度的基础理论需解决的首要问题是生态补偿制度的法律正当性,而这一命题又可以分解成两个子命题:生态补偿制度的必要性和生态补偿制度的有效性。

第一,跨界饮用水水源保护生态补偿的必要性。大多数流域生态系统服务的公共物品特性,由于缺少奖励投资机制,使其同时受到过度消费和生产不足的影响。[19] 因此,商品和服务受益人或购买者没有动力向流域生态系统服务的供应者支付对价,因为一个人采取的行动或承担的成本将使其利益受损,从而导致主动或尝试"搭便车"的行动。反之,提供者也没有动力提供这些生态系统服务,因为这样做并没有得到回报。以上就是流域生态系统服务的"外部性"。外部性可分为正外部性和负外部性。一种特定活动的生产者或消费者不承担全部污染成本或其他形式的环境退化的情况,即为负外部性。流域饮用水水源破坏就是负外部性的典型例子。而正外部性是指"对公共物品的保护,不能得到充分的收益或报酬"。例如,流域提供了多种生态系统服务,包括气候稳定、饮用水水源、生物多样性和野生动物栖息地等。由于缺乏产权或其他法律手段要求支付所提供的服务,市场通常无法为这些服务支付报酬。因此,政府介入纠正了这些"市场失灵",并确保这些公共物品的供应。当环境负外部性存在的时候,就会导致市场价格失真,最后造成市场经济的无效率。

对于环境负外部性的应对之策,主要包括以下三种机制。一是市场机

[19] See Ruhl J B, Kraft S E & Lant C L, *The Law and Policy of Ecosystem Services*, Washington, DC, Island Press, 2013, p. 87.

制。即,创造一个生态服务市场。而这个市场被尝试建构以后,因为生态要素自然资源所有权的有限性,并没有体现出市场应有的竞争性,价格也往往不受供需关系调整。所有权是一个抽象人造法律概念,其边界随着人类社会生活发展而变化。目前,市场机制发挥作用的主要途径就是界定生态服务所有权,包括流域、空气等生态自净系统,如果这些生态要素的所有权无法明确界定,或者界定出来了并不实现其财产权的排他性特征,部分生态服务就无法成为独立的财产,也不能实现有效率的流通。二是政府机制。解决跨界流域饮用水水源保护的传统模式主要依靠政府的行政管理,虽然具有强制性也易于管理,但缺乏可持续性和市场活力。常见的政府管制方式有:设计标准或者技术规范;排放限额;环境质量或者基于危害的标准;产品禁令或者使用限制;计划或规划;信息公开;等等。[20] 同时,税收工具虽然是利用价值机制实现对负外部性行为的管控,但因具有一定的国家强制性,也可纳入广义上的行政工具。整体而言,这些行政工具通过直接或间接的方式将环境负外部性内部化。例如,政府设置排放限额,对流域污染物排放进行管控。三是司法机制。"生态补偿"是否包含"生态赔偿"学术界一直有争议。部分学者认为"生态补偿"应包括"生态恢复型补偿"和"生态损益型补偿",[21]而后者与"生态损害赔偿"类似,所以"生态赔偿"应属于"生态补偿"的范围,而"生态赔偿"是对过错违法行为承担的法律责任,[22]属于通过司法机制解决流域生态服务外部性的问题。但也有部分学者将"生态补偿"和"生态赔偿"作为两个概念予以界定,并认为合法行为可以或者必须(取决于对补偿性质的理解)予以补偿,违法行为必须予以赔偿。虽然学术界对于"生态补偿"的法律内涵仍未达成统一定论,但是根据《生态保护补偿条例(征求意见稿)》,生态补偿指"生态保护补偿",并不包括"生态损害赔偿",后者主要由《生态环境损害赔偿制度改革方案》规制,属于过错违法行为后的法律责任。

第二,跨界饮用水水源保护生态补偿之有效性。以政府为主的生态补偿主要以庇古理论为依据,以市场为主的生态补偿以科斯理论为依据。而政府与市场的有机结合,正是跨界流域饮用水水源保护的核心内容。

---

[20] 参见胡静:《环境法的制度工具》,载《经济师》2008年第1期。

[21] 参见郭武、张翰林:《论生态环境损害赔偿与生态补偿的适用甄别——以流域生态保护为视角》,载《云南民族大学学报(哲学社会科学版)》2021年第5期。

[22] 参见吕忠梅:《"生态环境损害赔偿"的法律辨析》,载《法学论坛》2017年第3期。

首先，以科斯定理为理论基础的生态补偿。科斯认为环境负外部性是由于行为权利和利益边界无法界定，其根本原因是产权界定不清晰。所以，要解决环境负外部性首先要明确产权，[23]具体包括以下几点：一是产权明晰的自然资源。马克思认为商品的价值在于其中凝结了人类无差别的劳动，有的生态服务作为商品并没有凝结人的劳动，而仅是因其具有稀缺性。生态服务作为商品必须排他且相互不重合，这要求一种生态要素所能提供的生态服务不会影响其他生态服务，例如，某一流域的水资源具有自我净化的功能，可以认定水源的所有者应界定为生态服务的提供者，但如果该水系强烈依赖河岸的森林或土地利用体系以维持该水系的自净化功能，那么水系自净化的生态服务商品将会非常依赖于森林或土地体系的其他生态服务。因此，某种生态服务效用的独立性会受到极大限制而难以作为商品在市场中流通，因为购买者的风险将大大增加。二是需要交易成本足够低。影响交易成本的因素很多，例如信息不对称。生态服务交易中信息的获取应当便利且双方对称。哈耶克认为，市场不仅是商品交换的场所，更是信息流通的工具。市场的繁荣不仅是商品快速流通的表现，也伴随着信息的高速扩散和协商机制的高度发达。一些市场无法有效运转也可归咎于信息获取的成本过高。而在市场化生态补偿中，往往存在信息不对称的情况，导致交易成本过高而无法实现交易。三是司法救济工具对于生态补偿制度所予以的配套支撑较为薄弱。科斯指出，如果产权明晰、交易成本足够低，市场可以自我实现资源的最佳配置，并认为侵权法本身也有实现这种功能的可行性。在此论断中，可以看出科斯对司法功能的重视。可将司法审判视为科斯定律的一种代替方法，因为司法工具往往是最后救济的一道保障。但现行生态补偿制度中，无法将生态补偿行为纳入侵权法体系并予以救济（美国司法系统有所尝试，但成本太高且效果不好），所以一旦生态服务付费项目合同无法履行，则往往无法通过司法来实现功能替代。这也是目前亟须解决的司法技术问题。

其次，以庇古税为理论基础的生态补偿。庇古税是对某种产生负外部性的市场行为予以征收税费的税种之一。该税种对负外部性行为设置等同于其社会成本的税率，目的在于矫正市场非效率资源配置。庇古认为外部性产

---

[23] 参见黄飞雪：《生态补偿的科斯与庇古手段效率分析——以园林与绿地资源为例》，载《农业经济问题》2011 年第 3 期。

生的根本原因是市场失灵,必须通过政府的直接干预实现矫正。这种干预可以分为两类,一种是针对正外部性行为予以补贴,另一种则针对负外部性行为处以成本增加。从而实现外部性生产者的私人成本等于或大于其所在社会的公共成本,最后实现整体社会福利的提升。但庇古税也存在一定的局限性,西方经济学界存在一个争议:如何给外部性行为制定一个合理的税率。在生态补偿实践中,如何对一部分行为课税,进而影响到行为者成本,通常会受诸多因素影响,所以庇古税的征收通常都存在一定的不确定性。同时,庇古税相较于科斯的市场方法,需要更多的行政权来行使,其成本也是其一大局限性。

最后,庇古型和科斯型相融合的生态补偿。如前所述,政府型生态补偿和市场型生态补偿各有不足,但是二者并不是相互对立、互不相容的关系,而是可以在一定程度上高效融合。政府型生态补偿,主要通过规范性的规章制度,也称为命令与控制,实现环境保护的最普遍和广泛使用的机制。简单来说,它设定了一个目标,并规定了为实现该目标而必须采取的、允许的和禁止的行动,并对违规行为处以罚款。由于受监管的社区平均承担着负担,因此该机制不如基于市场的机制灵活。在这种机制下,通常用于处理环境污染的两种方法是基于技术的统一标准和基于性能的标准。虽然基于技术的标准要求使用特定的技术,但是基于性能的标准设定了特定的目标,但未指定实现这一目标的手段。庇古型生态补偿与科斯型生态补偿二者单独都有不足,但二者的结合正是市场化、多元化生态补偿机制的价值追求,既考虑社会公平分配,也考虑市场性福利和非市场性福利的全面提高。单一的不依赖政府的市场手段无法实现多元化生态补偿的价值追求,需要政府机制、社会机制等进行补充和完善。

三、长三角饮用水水源保护生态补偿法律困境

(一)长三角饮用水水源保护生态补偿法律法规概览

目前,虽然我国还未形成专门的生态补偿立法,但在相关法律法规中均有所涉及,并已逐渐成为我国环境与资源保护法律体系的重要内容。

第一,环境保护法中的相关规定。作为环境保护基本法,《环境保护法

(2014 修订)》第 31 条明确规定国家建立生态保护补偿制度。《环境保护法》将生态补偿制度确定为我国环境保护的一项基本制度,对我国生态补偿法律和制度体系建设起着重要指导作用。有关流域饮用水生态补偿制度在一些生态环境保护单行法中也有所涉及,例如《水污染防治法(2017 修正)》第 8 条,《水法(2016 修正)》第 29 条、第 31 条、第 35 条、第 38 条,《水土保持法(2010)》第 31 条、《防洪法(2016 修正)》第 32 条、《渔业法(2013)》第 28 条等都对生态补偿均有原则性规定,各单行法从不同的保护利用目标出发,大多规定对开发利用水资源行为征收费用或对水资源保护行为予以补偿,为长三角地区流域生态补偿法律制度提供上位法支持。

第二,行政法规中的相关规定。《生态保护补偿条例(征求意见稿)》(以下简称《条例》)是我国首部以"生态保护补偿"命名并作为立法追求的行政法规,是生态保护补偿领域具有里程碑意义的法律规范性文件。《条例》规定了政府、市场、社会等多元主体参与相结合生态补偿方式。就上海市流域生态补偿而言,太浦河作为沟通太湖和黄浦江的人工河道,是上海的重要饮用水源,也是长三角地区重要的跨界河流。《太湖流域管理条例(2011)》第 14 条、第 17 条、第 18 条分别规定太湖流域管理机构可对太浦河下达调度指令、制订取水计划等。同时,第 49 条还对流域双向补偿作出明确规定,全国首例"协议水质"——新安江流域生态补偿,便以此为依据。

第三,地方性法规或规章中的相关规定。长三角地区一市三省在流域生态补偿领域的地方立法方面也作了有益尝试。上海早在 2009 年就发布了《关于本市建立健全生态补偿机制若干意见》,开始针对基本农田、公益林、水源地和湿地开展生态补偿实践,江苏、浙江、安徽均在 2017 年颁布了省内流域生态补偿办法或方案,为各自省内生态补偿实践提供地方性法规依据。同时,长三角一市三省也分别制定了各自省市的饮用水水源保护地方性法规,其中上海、浙江、安徽分别专门规定了针对本省(市)内的以财政支付为主要手段的饮用水水源保护生态补偿法律制度。

从目前的立法现状来看,我国对流域及饮用水生态补偿主要采取分散立法的模式,相关条文散见于《环境保护法》《水法》《水污染防治法》《水土保持法》等法律中。由于各部门立法侧重点不同,难免造成部门之间关于流域及饮用水水源地生态补偿标准、方式、法律责任承担等方面的冲突。《太湖流域管理条例》作为长三角地区流域生态补偿的重要依据,第 44 条、第 49 条明确规定了流域生态补偿的主要制度。但是，该法只是从宏观上对太湖流域生态补偿作出规定，具体的补偿标准、补偿方式、法律责任承担等方面都缺乏细化规定，可操作性不强，导致生态补偿执法难以进行、流域及水源地安全隐患亦逐步显现。而沪、浙、苏、皖四地虽然在各自省市的地方性法规或规范性文件中，一定程度上规定了流域或饮用水水源保护生态补偿制度，但主要以政府补偿为主，对于法律权利、法律义务、法律责任等规定较为笼统，而且也缺乏对跨省界流域或者饮用水水源保护的法律规范。因此，亟须完善长三角流域饮用水生态补偿法律制度。

（二）长三角饮用水水源保护生态补偿法律制度现实困境

第一，基于水质交易的模式——以"新安江流域为例"。新安江的上下游分别流经安徽和浙江两省，对于安徽而言，新安江是其发展经济的重要支柱。但是对于下游浙江而言，新安江是其重要的饮用水源地，也是长三角地区重要的备用水源地。㉔ 为加强新安江流域的生态治理，2012 年启动了全国首个跨界流域生态补偿机制。经过前三轮试点，新安江已基本探索出政府与市场机制相结合的多元化生态补偿模式，并实现了生态、经济、社会效益多赢。

"新安江协议"将"水质"保护目标作为唯一构成要件和考核依据，构建了跨省流域生态补偿制度。虽然这种双向可逆的生态补偿责任制度，可以激发流域上下游各区段的水污染治理与生态环境保护积极性，但从法律角度考虑，"新安江协议"还有几点值得商榷：首先，"协议"的法律属性未明确。有观点认为，由于协议方均为省级政府，其形成行政法上的权利义务关系，应当适用行政法调整或者运用行政救济解决争议㉕；还有观点认为，由于流域生态补偿体现了生态利益的再分配，其本质是民法中关于自然资源的物权处分关系，应适用民法或者民事救济来解决争议。㉖ 其次，协议主体未明确。我国《环境保护法（2014 修订）》第 31 条规定生态补偿受益方地方政府和保护方地方政府之间有通过协商确定具体生态补偿方案的权力，但未明确规定进行协商的适格主体应为哪一级政府，因此安徽和浙江省政府进行协商在法律上

㉔ 参见乐天中：《新安江流域生态补偿机制政策探究》，载《环境保护与循环经济》2019 年第 8 期。

㉕ 参见杜群、陈真亮：《论流域生态补偿"共同但有差别的责任"——基于水质目标的法律分析》，载《中国地质大学学报（社会科学版）》2014 年第 1 期。

㉖ 参见潘佳：《流域生态保护补偿的本质：民事财产权关系》，载《中国地质大学学报（社会科学版）》2017 年第 3 期。

是否为适格主体，仍然存疑。最后，违约责任未落实。尽管“新安江协议”对水质不达标时安徽省政府所应承担的违约责任进行了约定，但是对于补偿资金不能合理使用时，应当如何救济并没有明确规定。[27]

第二，基于异地开发的模式——以“浙江金华—磐安为例”。浙江省磐安县地处天台山，是浙江的生态高地、经济洼地。为保护磐安县饮用水水源地，金华市出让磐安开发区，促进了磐安县经济发展，也推动了磐安县生态环境保护。上游的磐安县水体不受污染，下游就能享受清洁的水源。[28]“金磐模式”采用异地开发模式，给重要生态保护区和生态敏感脆弱区提供了异地发展的空间和区域，帮助为保护生态而发展受限的地方政府实现“造血式”的生态补偿，促进其经济社会可持续发展。该种模式类似于国外的“区域土地发展权流转”制度，该制度有助于缓解分歧，使单纯的土地用途管制更加公平和高效。赋予区域政府可流转的土地发展权实质上是使用土地用途管制对包括流域在内的重点生态功能区土地开发利用的限制来创建一个人为的开发权市场。区域土地发展权流转是许多基于市场的工具之一，用于保护宝贵的自然资源和生态环境。基于市场的机制，由于其成本效益和刺激创造力及创新的能力而赢得了许多环境决策者的青睐。

但是，该种异地开发生态补偿模式在实践中仍存在一些法律困境：一是由于生态补偿立法阙如，导致在诸多异地开发生态补偿中，经济开发与生态补偿利益关系未明晰，一定程度上阻碍制度的实施。例如，在开发过程中导致生态损害或者环境侵权，法律责任的承担主体以及责任划分界限不清，难以通过法律程序保障权利的实现。二是资金及过程监管存在一定风险，异地开发生态补偿同时属于生态扶贫的创新模式，地方政府可能会过于强调对生态产业的培育，而缺少对贫困地区生态环境可持续发展的深入关注，需要法律法规予以制度化的约束。同时，对于补偿资金的支付与保管，也应有法律监督保障，以使生态补偿落到实处。

第三，基于水权交易的模式——以“浙江东阳—义乌为例”。浙江东阳市作为金华江上游，水资源相对丰富，供水能力强，不仅能满足东阳市正常用

---

[27] 参见陈璐：《政府间环境保护契约制度研究——以“新安江协议”为例》，重庆大学2018年硕士学位论文，第19页。

[28] 参见陈坤：《长三角跨界水污染防治法律协调机制研究》，复旦大学出版社2014年版，第131～132页。

水,还有3000多万吨水富余。作为下游的义乌市水资源相对紧缺,市区供水能力每天只有9万吨,不能满足义乌经济发展需求。因此,东阳市政府与义乌市政府双方约定,东阳市政府每年向义乌市提供5000万立方米的饮用水,义乌市政府向东阳市政府一次性支付2亿元。

东阳义乌水权交易作为全国首例曾受到广泛关注,因为该案开创了我国水权交易制度的先河,[29]但也随之引发一些争论。首先,地方政府是否有权对水资源进行交易?根据《宪法》(2018修正)和《水法》(2016修正),水资源属于国家所有。东阳市并不享有水权,所以它不能进行水权的转让,东阳市不拥有水资源所有权,更不是水资源所有权的转让主体。[30] 此外,在权属不清的背景下,政府推进的水权交易可能会损害相关利益人的权益。譬如,水权交易由于扩大用水总量会损害水资源体系,水权交易会损害水源地居民的利益。地方政府之间的交易,并不能使水源地附近的农民直接受益,反而会影响其基本生存和经济发展。近年来,虽然水权交易的种类有所扩充,包括区域水权交易、取水权交易、灌溉用水户水权交易等,但是水权市场的完全建立仍受制于诸多实践难题和法律障碍。

(三)长三角饮用水水源保护法律困境之原因分析

第一,法律治理不足,多依赖政策驱动。长三角流域饮用水生态保护补偿,和国内诸多生态补偿实践类似,大多是以“补偿项目”为形式、以政府财政补偿为主要支付手段、以资金流转平衡区域间的生态保护利益为目的的“自上而下”型“输血式”生态补偿。项目制虽能协调与整合复杂的利益关系,丰富补偿资金来源,形成流域生态补偿的治理合力,在一定程度上对流域水环境质量改善起到积极促进作用,但因其具有临时性和碎片性,[31]导致很难从法律层面对生态补偿利益相关方进行规制和调控,具有临时性和碎片性,并面临诸多问题:首先,制定主体不同,补偿基准各异。例如,浙江省生态补偿指

---

[29] 参见胡鞍钢、王亚华:《从东阳—义乌水权交易看我国水分配体制改革》,载《经济研究参考》2002年第20期。

[30] 参见崔建远:《水权转让的法律分析》,载《清华大学学报(哲学社会科学版)》2002年第5期。

[31] 参见史普原、李晨行:《从碎片到统合:项目制治理中的条块关系》,载《社会科学》2021年第7期。

标以“高锰酸盐指数、氨氮、总氮、总磷等作为主要指标”，㉜安徽省生态补偿指标包括“高锰酸盐指数、氨氮和总磷”三项。㉝ 江苏省生态补偿根据不同断面的水质和水量情况规定了差别补偿标准。㉞ 以上三省市在补偿标准方面各不相同且没有形成有效的信息共享机制，难以实现长三角饮用水水源保护生态补偿制度的一体化建设。此外，三省市在生态补偿方式、补偿资金来源、资金用途和监管等方面也规定各异。同时，由于三省市有关饮用水水源保护的生态补偿制度主要体现在政府补偿方面，而各省市财政、人事、法规政策等方面的巨大差异，也导致跨界饮用水水源保护的难以协调性。

此外，虽然生态补偿政策较之法律制度更具灵活性，但政策本身的不稳定性及缺乏约束性，在一定程度上也影响了生态补偿制度的长效性。有些生态补偿实践以一定时限内的“生态补偿项目”为依托，一旦项目不再继续，生态补偿资金的有序发放也将停止，影响生态补偿制度的连续性。例如，新安江流域水质交易目前进行到第三轮试点，每一轮试点的资金来源和金额均不相同，导致生态补偿的可持续性和稳定性欠佳。2021 年 9 月发布的《关于深化生态保护补偿制度改革的意见》也提出，地方政府应结合本地生态补偿实践出台相关法规规章，以进一步明确生态保护补偿法律关系中的各方权利义务。因此，需要适时将较为成熟的生态补偿实践加以提炼，㉟并在条件成熟之时将生态补偿政策“法律法规化”，形成确定的利益分配机制和相对稳定的法律法规体系。㊱

第二，产权制度缺失，补偿主体识别难。在经济学中，产权明晰是交易的前提。只有水权界定清晰，才能将流域污染外部成本内部化，才能使流域水环境的保护者与受益者，有较强的动机维护自身利益。水质资产的分配不明

㉜ 浙江省财政厅等四部门 2017 年发布的《关于建立省内流域上下游横向生态保护补偿机制的实施意见》规定“各地可选取高锰酸盐指数、氨氮、总氮、总磷以及用水总量、用水效率、流量、泥沙等监测指标，也可根据实际情况，选取其中部分指标”。

㉝ 安徽省政府发布的《安徽省地表水断面生态补偿暂行办法》（皖政办秘〔2017〕343 号）中规定“断面污染赔付因子共三项，包括高锰酸盐指数、氨氮和总磷”。

㉞ 江苏省在 2017 年落实《江苏省水环境区域补偿工作方案》过程中，进一步规定：“差别补偿标准，区分断面水质浓度和排放量，设定不同补偿标准；适时提高补偿标准，更大程度地发挥水环境区域补偿制度创新优势和财政投入的环境效益。”

㉟ 参见王清军：《法政策学视角下的生态保护补偿立法问题研究》，载《法学评论》2018 年第 4 期。

㊱ 参见陈海嵩：《生态环境政党法治的生成及其规范化》，载《法学》2019 年第 5 期。

确,导致污染物排放权的分配规则不清,同时也使水质产权的污染者、受益者责任不清。同时,也使市场化生态补偿方式难以推广。㊲ 由于水质产权界定不清晰,导致上下游水权交易很难达成共识,容易使上下游之间相互推卸责任,使上游的发展权和下游的用水权之间产生矛盾,而且即使关于生态补偿在一定范围内达成共识,也会由于水权交易价格难以确定,而使交易无法真正落实。㊳

法律调控下的市场化生态补偿,以产权明晰为主要实现前提。例如,美国纽约市为保障上游来水水质达到或优于饮用水标准,与上游卡茨基尔斯(Catskills)流域签订流域协议备忘录,投入14亿美元对上游水源地附近农民的生产方式和土地利用类型进行改造,上游水质经过数年改造,常年保持较优,符合纽约市的饮用水标准,同时也节省了46亿美元建造过滤设施的费用。该案的成功之处在于,纽约市政府直接与饮用水水源地土地权人进行交易,购买其未开发的土地和保育地权,使水源地附近土地使用者直接受益,使其改变土地利用结构的积极性更高,生态补偿效果更显著。㊴ 反观东阳—义务水权交易案,该案的交易主体是两个地方政府,虽然二者代表国家对区域内的居民用水实行管理权能,但是对于水资源的真正使用者——东阳市居民而言,水资源权益并没有被充分考虑。水权交易的收益也并没有真正使水源地农民获益,从而遭到东阳市水源地附近农民的抵触,使得其并没有通过改变种植结构的方式节约用水,㊵不仅影响了水权交易的进一步落实,而且使生态补偿效果大打折扣。虽然我国居民个人不享有水资源所有权,但水资源产权个体同样对水资源享有用益物权,可以对其进行占有、使用和处分。因此,水资源用益物权可以构成水资源产权的核心内容。

㊲ 参见曹明德:《对建立我国生态补偿制度的思考》,载《法学》2004年第3期。

㊳ 参见胡涛:《中国流域水质管理:生态补偿还是污染赔偿?——基于美国跨界流域水质管理的教训》,载《环境经济研究》2017年第2期。

㊴ Mark D. Hoffer, "The New York City Watershed Memorandum of Agreement: Forging a Partnership to Protect Water Quality", *University of Baltimore Journal of Environmental Law* 18, 2011, p. 113.

㊵ 参见王慧:《水权交易的理论重塑与规则重构》,载《苏州大学学报(哲学社会科学版)》2018年第6期。

四、跨界饮用水水源保护生态补偿法律制度完善——以太浦河为例

饮用水水源保护生态补偿涉及复杂的利益关系调整,需各级地方政府间在整体观和大局观的意识形态下,协商一致、互利共赢,而缺乏法律保障的府际协商机制,很难在跨界饮用水水源保护方面取得实质进展。因此,界定跨界流域生态补偿的权利义务主体、法律标准和法律方式等生态补偿权利生成与基本构造以及设立跨界流域生态补偿行政管理机构、明确涉水产权法定、健全纠纷解决机制等法律制度的建立与完善,是包括太浦河在内的诸多跨界流域饮用水水源保护生态补偿法律制度的重要考量。

(一)跨界饮用水水源保护生态补偿权利生成与基本构造

1. 确定跨界流域饮用水生态补偿的权利义务主体

权利决定义务,是证成义务主体及其义务的基础。[41] 跨界流域生态补偿请求权,指跨界流域受损主体向受益主体提出利益补偿主张或请求的资格。[42] 太浦河流域生态补偿的权利主体(受损主体),指在太浦河流域生态环境保护和发展过程中有贡献或者受到一定损失,并且有权请求生态补偿的主体。一是对太浦河水环境改善作出贡献的主体。主要包括流域内环境保护的管理者、水源地生态安全的实施者。例如,为保护太浦河流域生态安全,势必会关停太浦河上游江苏吴江地区部分有污染的企业,上海、浙江作为下游地区得到干净饮用水源的同时应对流域上游财产权和发展受限的当地企业、居民和政府按照法律规定进行合理补偿。二是太浦河流域环境污染受害者。例如,太浦河流域的上游吴江地区,以牺牲环境为代价追求其发展权,不仅对上游地区的生态环境带来破坏,也严重影响了下游地区公平享用太浦河流域水环境的权利。因此,上游地区也应为自己破坏生态环境的行为负责,对下游地区进行补偿。

太浦河流域生态补偿的义务主体,包括由于太浦河流域水生态环境改善

---

[41] MacCormick N.,"Children's rights: A test-case for theories of right", ARSP: *Archiv für Rechts-und Sozialphilosophie/Archives for Philosophy of Law and Social Philosophy*, 1976, p. 305 – 317.

[42] 参见陈婉玲:《区际利益补偿权利生成与基本构造》,载《中国法学》2020年第6期。

和可持续发展而受益的群体或区域，也即环境效益的获益方。根据公平正义的法律价值，由于流域和饮用水水源保护而获益的主体，应当对为保护水环境而牺牲一定发展权的主体予以补偿。对于"获益"的理解，应取广义，包括基本生存权、发展权的实现，以及生态价值、美学价值和娱乐价值等的提升，具体主体包括以下几类：㊸一是中央政府。根据《宪法》第 9 条，"水流"等自然资源属于国家所有，即国家成为该自然资源的"代管人"。当整个流域的水质、水量、水能等自然资源属性及其生态、美学、娱乐价值有所提升时，国家也是"受益者"。㊹ 因此，中央政府理应成为跨界流域生态补偿的义务主体，应引导和激励地方政府积极履行生态补偿义务。同时，长三角地区各省市生态补偿政策和标准不尽相同，而中央政府作为三省市的直接上级政府可以通过财政、人事等方面的统筹协调，对太浦河流域各级地方政府进行指挥和安排。二是太浦河流域的地方政府。地方政府是流域或饮用水治理最适宜的主体，可以"让最了解流域及其管理的主体参与决策，以采用最有效的流域及饮用水保护策略"。㊺ 正如前文所述，太浦河流域的上、下游政府在发展权和生存权的请求权基础上，均有可能成为跨界流域生态补偿的义务主体。

因此，跨界流域生态补偿的权利义务主体并不是固定不变且一一对应的。上、下游地区在特定的情况下，既是生态补偿权利主体也是义务主体，这也是新安江等流域"双向补偿"的法律基础。因此，跨界流域生态补偿权利义务关系与传统权利义务关系相比更具复杂性，难以通过单纯的司法机制界定法律责任。由于跨界流域上下游主体间更多体现出一种"共同利益"，应当创建一种流域上下游的整体保护义务，在"全局观"和"整体观"的视野下，考虑流域生态环境的治理，并将流域协商机制纳入跨界流域生态补偿法律治理中，基于流域的"共享性"进行相互合作与利益分享。

2. 界定跨界流域生态补偿的法律标准

在流域生态补偿制度中，无论补偿权利义务主体的确定、补偿方式的选择，还是补偿责任机制的有效履行，都离不开科学、合理且有效的补偿标准。

㊸ 参见李小强、史玉成：《生态补偿的概念辨析与制度建设进路——以生态利益的类型化为视角》，载《华北理工大学学报（社会科学版）》2019 年第 2 期。

㊹ 参见邵莉莉：《跨界流域生态系统利益补偿法律机制的构建——以区域协同治理为视角》，载《政治与法律》2020 年第 11 期。

㊺ Hirokawa K H, "Driving local governments to watershed governance", *Environmental Law*, 2012, p. 157 – 200.

流域生态补偿机制中,补偿权利义务关系主体、补偿资金分配、补偿方式的确立和补偿绩效的评估,也围绕生态补偿标准展开。

首先,确定补偿的法律标准。在太浦河流域生态补偿中,对上游吴江地区的财产权、发展权受限以及下游青浦、嘉善用水权受影响所遭致的实际损失进行补偿是推行公平、合理补偿原则的最低标准。在损失补偿中,损失常被分为直接损失和间接损失。直接损失是流域上游地区为了提供符合一定条件的流域生态服务,所投入的各种直接成本的支出。例如,上游吴江地区为保障太浦河水质和水量达到下游饮用水标准,对流域水环境进行恢复和治理所投入的所有支出,或者下游上海青浦为治理由于上游江苏吴江泄洪带来的雨水径流污染所付出的所有支出。间接损失主要是发展机会成本的损失,回应流域生态补偿标准机会成本的法理依据是无论流域上游地区或下游地区,均有平等的发展机会。

其次,明确标准制定主体。对于长三角地区生态补偿的制定主体可以有两种,一是流域上、下游地方政府,在上级共同政府(中央政府或国务院),或者太湖流域管理局的指导下,上海青浦、江苏吴江和浙江嘉善各地方政府作为地方利益的代理人,依据市场原则签署生态补偿协议,该补偿协议所确定的生态补偿标准实际上介于政府标准和市场标准之间,可以称之为准政府标准或准协定标准。二是市场主体。常见的就是流域生态保护受益者与生态保护者通过直接协商,经过邀约、承诺等系列合同签署程序确定的带有一定协定意义的补偿标准。例如,可以通过长三角地区企业与企业之间,或者企业与政府之间签订生态补偿协议或者制定生态补偿标准。因生态补偿标准的制定主体不同,其法律效力也不同。政府直接主导的补偿标准,因其主体享有法定职权,制定的补偿标准即便设定了一定的权利义务,也具有一定的法律约束力和强制性效应,对于流域所辖下级政府具有规范效应。市场主体主导的补偿标准是市场主体之间经过协商,签署合同而确立,补偿标准已成为合同(协议)内容的主要组成部分,违反标准所确定的权利义务可能构成违约。

最后,标准支付基准和支付方式。依据不同核算方法核算出来的补偿标准需要一定的支付基准条件的涉及。我国流域生态补偿实践中,多采用基于结果的条件支付,具体包括一定的水质或水量结果,例如,新安江流域生态补偿就是以水质、水量的结果为支付基准。太浦河流域生态补偿也可以参照该种支付基准。尽管这种以水质水量指数为支付基准的方式存在一定的不足或者规范化问题，但这会随着流域生态补偿实践的进步和完善而逐步趋于规范化。另外，标准支付方式，包括直接方式和间接方式。直接方式包括货币补偿和财政转移支付补偿，间接补偿中包括技术补偿、发展权转移等各种方式。货币补偿标准计算更加科学、更加公平；在非现金补偿中，优惠政策更符合可持续发展以及法治环境构建的要求。太浦河流域生态补偿，可以根据水质、水量或者水的利用效率等其他量化要求，将同一补偿标准划分为多种层级，每一层级采用不同的标准。以法定标准为例，可将其划分为最高标准、一般标准和最低标准。不同层级的标准采用不同的标准数额，从而适当拉开差距，彰显流域生态补偿标准的激励或惩罚功能效应。

3. 丰富跨界流域生态补偿的法定方式

长三角地区生态补偿主要以省内政府资金补偿为主。例如，《上海市环境保护条例（2016）》第 18 条，对生态补偿财政转移支付作出明确规定。2014 年，江苏省在全国率先建立覆盖全省的“双向补偿”制度，[46]2018 年，浙江省全省启动流域上下游横向生态补偿机制建设。虽然以资金补偿为主的省内横向生态补偿方式已相对成熟，但也存在补偿方式单一，多以政府财政补偿为主的问题，而且对于跨省资金补偿的方式，还需进一步探索和完善。因此，对于太浦河流域生态补偿方式应该更加多元化。同时，跨界流域生态补偿应当注重协商原则。即，无论市场主体之间，还是政府主体之间，抑或政府与市场主体之间在生态补偿的具体实施中，均可根据各利益相关者的具体诉求，综合考虑相关因素，通过协议、磋商的方式达成共识，以实现各方利益均衡。《生态保护补偿条例（征求意见稿）》还对协议签订、协议内容、协议实施评价和监督等方面予以系统规范。

首先，资金补偿。可以借鉴新安江的补偿模式，建立示范区生态补偿基金，由江苏吴江、上海青浦、浙江嘉善三省市各自按照一定比例出资，再由中央政府给与一定拨款，争取吸引社会化资金加入。同时规定，太浦河通过上游吴江流经下游青浦和嘉善的水质和水量必须达到一定标准。如果达标，可从生态补偿基金中领取一定额度的生态补偿金，如果不达标，则需向示范区

---

[46] 参见江苏省环保厅（现为江苏省生态环境厅）：《对省政协十二届一次会议第 0520 号提案的答复（关于加快建设江苏多元化生态补偿机制的建议）》，载江苏省人民政府网：http://www.jiangsu.gov.cn/art/2018/7/10/art_59167_7744421.html。

生态补偿基金支付一定资金。对于出资比例的确定,可以根据三地为保护太浦河流域水环境所做的努力和牺牲来衡量,上游吴江可能因为关闭高耗能企业导致发展权受限,出资比例可以略低,而下游上海和嘉善相对因此而受益,出资比例可以略高。

其次,生态绿色产业补偿。太浦河上游吴江地区为保障下游地区优质的水源,其传统产业发展势必受影响,除接受资金补偿之外,还可以考虑向生态绿色产业转型,如打造生态文化旅游产业。结合长三角地区发达的古镇文化旅游产业,包括青浦朱家角古镇、嘉善西塘古镇、吴江黎里古镇以及周边的千灯古镇和周庄古镇等,加之京杭大运河也从太浦河经过的独特地理优势,可以结合运河古镇文化,在长三角地区打造运河古镇文化产业新高地。与资金补偿相比,生态绿色产业开发和支持更加可持续,不仅有助于保护和恢复长三角地区水生态环境质量,而且对于受关停企业影响的劳动者,可以直接解决就业和生计问题,实现发展权和财产权的有效补偿。

最后,政府与市场相结合的生态补偿。市场化生态补偿,并非不依靠政府主体的完全市场化。因为就目前而言,我国的政府生态补偿仍然占据很大比重,而且从资金规模、补偿力度上来讲,政府补偿仍然占据重要地位。而且政府在制定规则、统筹协调、监督评价市场化生态补偿等方面起到重要作用。但是,市场化生态补偿更具活力,是真正的"造血式"生态补偿,所以二者相互配合、缺一不可。太浦河位于长三角地区,依托其发达的经济基础和较快的市场化进程,可逐步探索一对一的生态补偿模式和基于市场的生态标记模式,使流域生态补偿更加灵活,资金来源更丰富。同时,也可借鉴欧盟流域市场投资计划中的具体实践和案例。例如,德国自 20 世纪 80 年代以来农业不断加强,水质在许多水体中逐渐退化,主要由于肥料和其他化学品的过量负荷。因此,德国采取流域市场投资计划,通过改善农业管理做法来保护清洁水质。另外,2002 年,西班牙为了恢复流域管理,在其东北部开发生态补偿 PPP 项目,建立了公私合作自愿协议。该计划旨在逐步恢复其盆地下部的埃布罗河部分,公共和私人激励措施支持一系列洪水冲击,目的是恢复河流水环境,从而改善河流生态系统的各种功能。[47] 长三角太浦河流域也可引入

[47] Genevieve Bennett, Alessandro Leonardi, Franziska Ruef, "State of European Markets" Watershed Investments, Technical Report[R]. 2017:19–25.

PPP 机制,促进其生态补偿的市场化发展。

(二)完善跨界饮用水水源保护生态补偿制度

1. 设立跨界流域生态补偿行政管理机构

虽然根据《太湖流域管理条例(2011)》,太湖流域管理机构负责太浦河的流域管理工作,并对太浦河下达调度指令、制订取水计划等。近年来,还建立了太浦河水资源保护省际协作机制,提出《太浦河水资源保护省际协作机制——水质预警联动方案》。但是,作为水利部在太湖流域的派出机构,太湖流域管理机构只是一个事业单位,在协调长三角地区流域生态补偿中,其行政权力受到很大限制。而且作为派出机构,如无法律法规规章授权,没有独立的法律地位,在行政诉讼中不能做被告。[48] 由于太湖流域管理局行政权力和级别的限制,其不可能在太浦河流域治理中起到关键决定性作用。因此,可以考虑设立真正有权力、有灵魂的太浦河流域管理机构。2019 年 11 月,成立长三角生态绿色一体化发展示范区执行委员会。该执委会成立两年多来,通过综合配套改革,在生态建设等方面进行了多方面努力和探索,例如正在建立生态环境"三统一"(统一标准、统一监测、统一执法)制度框架、联保共治工作机制框架、跨界水体生态岸线一体化实施标准以及生态环境治理第三方服务平台等,以努力实现标准统一、规则一致、市场一体,并将其成功经验复制到长三角全区域,实现长三角地区更高质量的一体化发展。

此外,可考虑由沪浙苏三个省级单位牵头,会同自然资源部或生态环境部,根据各省在太浦河流域的流经范围或者对各省份的重要程度划分权力,成立长三角生态绿色一体化示范区流域管理委员会,其职责包括但不限于对太浦河流域的管理职责,还包括整个长三角生态绿色一体化示范区的所有流域和水环境安全管理。例如,美国田纳西河流域治理和生态补偿的成功,主要在于田纳西河流域管理局的成立。流域内的所有规划和建设均由该管理局全面负责,包括流域内土地资源利用方式和产业结构的调整,以及对流域内居民的直接生态补偿等。又如,欧洲莱茵河流域环境治理与生态补偿的成

---

[48] 《最高人民法院关于适用〈中华人民共和国行政诉讼法〉的解释》第 20 条规定,行政机关的内设机构或者派出机构在没有法律、法规或者规章授权的情况下,以自己的名义作出具体行政行为,当事人不服提起诉讼的,应当以该行政机关为被告。法律、法规或者规章授权行使行政职权的行政机关内设机构、派出机构或者其他组织,超出法定授权范围实施行政行为,当事人不服提起诉讼的,应当以实施该行为的机构或者组织为被告。

功,也是由于国际委员会(ICPR)对莱茵河流域的跨国管理和协调组织,实施了多项莱茵河环境保护计划。[49] 对于太浦河流域生态补偿制度的完善和实施,长三角生态绿色一体化示范区管理委员会也应起到重要管理和协调作用,具体表现在对太浦河流域生态补偿权利义务主体的确定、生态补偿法律标准的界定以及纠纷解决和责任承担等方面,进行宏观把控、积极协调,对长三角地区流域生态补偿制度的建立和完善进行有效监管。

2. 明确跨界流域水流或涉水产权法定

产权明晰是市场化生态补偿立法及流域生态补偿得以顺利进行的前提条件。水权作为水资源所有权和各种水权利与义务的行为准则,可以高效配置水资源,同时可以起到激励水资源保护和遏制水资源污染与浪费的功能。欧美发达国家生态补偿(PES)制度起步较早,发展也较为完善,可为我国流域生态补偿制度提供经验借鉴。例如,澳大利亚墨累—达令流域治理,[50]美国湿地环境银行,[51]以及法国水质付费等生态补偿制度对该国跨界流域的生态治理与环境保护起到重要推动作用。[52] 而以上案例取得成功的重要原因,皆因自然资源产权制度明确,从而利用市场化生态补偿进行资源保护。

为使我国流域生态补偿得以顺利开展,水权的清晰界定必不可少。对于水资源统一确权规定,可以分步骤循序推进。首先,权利类型和边界的确定。对于"国家所有"的水资源应当分清是中央所有还是地方政府所有,对于地方政府所有的,应当明确规定所属政府的不同层级。严格来讲,这里的"地方各级政府所有"是"代理行使"所有权。其次,与"不动产产权登记"有机融合。由于自然资源产权更复杂,同一自然资源可能属于不同区域、不同层级的地方政府所有。在权利的衔接和数据库的建设方面都存在很大挑战。因此,上海可以在立法和"数字化"化建设方面,率先做出尝试和探索。最后,丰富自然资源使用权权能。推动所有权与使用权等权能的分离,是促进自然资源资

[49] 参见王思凯等:《莱茵河流域综合管理和生态修复模式及其启示》,载《长江流域资源与环境》2018 年第 1 期。

[50] 参见史璇等:《澳大利亚墨累—达令河流域水管理体制对我国的启示》,载《干旱区研究》2012 年第 3 期。

[51] 参见柳荻、胡振通、靳乐山:《美国湿地缓解银行实践与中国启示:市场创建和市场运行》,载《中国土地科学》2018 年第 1 期。

[52] 参见孙宇:《生态保护与修复视域下我国流域生态补偿制度研究》,吉林大学 2015 年博士学位论文,第 52 页。

产化改革的必然结果;能够更好地适应经济社会发展多元化需求,扩大生态产品的有效和优质供给,发挥生态资源资产多用途属性作用。只有权能丰富完善了,才能实现资源产权交易的顺畅进行,提高产权转移的规模、效率和效果。在坚持全民所有制前提下,以强化资源处分或处置权、保障资源收益或受益权为核心,丰富生态资源资产使用权体系,提高自然资源资产利用效率。例如,可以结合《长三角生态绿色一体化发展示范区方案》的落地,考虑将太浦河也进行确权登记,规定太浦河的所有权行使方式,国务院可委托长三角生态绿色一体化示范区管理委员会代理行使水资源使用权、收益权和转让权。太浦河流域水资源确权登记的法治化,将推动建立归属清晰的太浦河流域产权制度,同时对长三角地区市场化生态补偿机制的完善奠定基础。

3. 健全跨界流域生态补偿纠纷解决机制

太浦河流域生态保护补偿制度运行的法治化,不仅在于长三角生态绿色一体化示范区三地政府间生态环境协同治理的规范化与程序化,更在于流域上下游政府间因生态补偿而产生的纠纷处理机制的合法化和多元化。因此,健全太浦河流域以及长三角生态绿色一体化示范区生态补偿纠纷解决机制势在必行。

首先,磋商机制。它是介于行政机制和市场手段之间的机制,[53]可以针对特定流域的特定情况作出反应,因为该机制可以建立在当地知识的基础上,并制定与当地流域问题相一致的专门政策。此外,流域治理中的磋商机制已被证明能够有效地打破竞争利益之间的不可溶性,建立一个信息共享的过程,并召集邻近的司法管辖区来实现跨界饮用水水源保护生态补偿的目标。主要包括生态补偿权利义务主体间自行协商,或者通过非上级行政机构进行协调。跨界水资源流域生态补偿涉及多个省市,多个部门和多重利益体系,需要建立跨界流域生态补偿信息共享平台以及各方生态补偿谈判机制。

其次,行政机制。主要是指对于在生态补偿履行过程中产生的纠纷,可由共同的上级行政机关进行调解或裁决。该种方式主要依赖权威而又中立的第三方上级行政机构进行争议的解决,具有一定强制性。在太浦河流域生态补偿中,应由上海青浦、江苏吴江、浙江嘉善的共同上级行政机关仲裁解

---

[53] 参见陈华东:《区域水资源生态补偿机制研究》,经济管理出版社 2017 年版,第 77 页。

决,可由国务院或者国务院委托生态环境部、自然资源部等环境保护主管部门牵头仲裁补偿方案纠纷,财政部门牵头仲裁补偿资金纠纷,仲裁期间不停止补偿资金划拨。同时,也可建立比三省市行政级别更高的长三角生态绿色一体化示范区流域管理委员会,通过该机构进行行政调解和裁决。

最后,司法机制。指通过司法审判机关的司法裁判解决生态补偿纠纷。虽然我国法律规定并没有对生态补偿的纠纷解决机制作出直接规定,但是可以借鉴《水污染防治法(2017)》第97条关于生态损害赔偿纠纷解决之规定,长三角生态绿色一体化示范区省级政府之间的流域生态补偿纠纷可以通过民事诉讼途径司法解决。另外,也可根据《民事诉讼法》和《行政诉讼法》之相关规定,[54]由检察机关提起检察行政公益诉讼。例如,对于由于流域上游行政区域内政府的违法行为或不作为使流域生态环境受到侵害,致使下游地方政府和居民用水权受限的,可以通过检察机关提起环境行政公益诉讼。[55]

五、结语

跨界饮用水水源保护生态补偿涉及多部门、多主体、多层次的利益协调,法律制度的建立和完善可最大程度地保障和协调上游发展权和下游生存权的统一。除生态补偿权利生成和基本构造以及具体的跨界饮用水水源保护

---

[54] 参见《民事诉讼法》(2017修正案)第55条:"对污染环境、侵害众多消费者合法权益等损害社会公共利益的行为,法律规定的机关和有关组织可以向人民法院提起诉讼。人民检察院在履行职责中发现破坏生态环境和资源保护、食品药品安全领域侵害众多消费者合法权益等损害社会公共利益的行为,在没有前款规定的机关和组织或者前款规定的机关和组织不提起诉讼的情况下,可以向人民法院提起诉讼。前款规定的机关或者组织提起诉讼的,人民检察院可以支持起诉。"《行政诉讼法》(2017修正案)第25条:"行政行为的相对人以及其他与行政行为有利害关系的公民、法人或者其他组织,有权提起诉讼。有权提起诉讼的公民死亡,其近亲属可以提起诉讼。有权提起诉讼的法人或者其他组织终止,承受其权利的法人或者其他组织可以提起诉讼。人民检察院在履行职责中发现生态环境和资源保护、食品药品安全、国有财产保护、国有土地使用权出让等领域负有监督管理职责的行政机关违法行使职权或者不作为,致使国家利益或者社会公共利益受到侵害的,应当向行政机关提出检察建议,督促其依法履行职责。行政机关不依法履行职责的,人民检察院依法向人民法院提起诉讼。"

[55] 参见邓纲、许恋天:《我国流域生态保护补偿的法治化路径——面向"合作与博弈"的横向府际治理》,载《行政与法》2018年第4期。

生态补偿制度外,区域(流域)统一立法,也是重要的解决策略。一方面,《长江保护法》(第一部流域立法)、《黄河保护法》的成功颁布,为长三角流域保护生态补偿立法积累了一定实践经验;另一方面,2023 年 3 月新修改的《立法法》在法律层面规定地方人大及其常委会可以开展协同立法,并增加地方可以建立区域协同立法工作机制的规定[56],为长三角地区进一步开展区域协同立法提供了明确的法律依据。因此,区域协同立法也将是长三角饮用水水源保护生态补偿法律制度研究和探索的重要方向。

Legal Regulation of Payment for Ecosystem Services in Drinking Water in the Yangtze River Delta

——taking the Taipu River as an example

Abstract:As an important transboundary river in the Yangtze River Delta, the Taipu River is of great significance to the development of the ecological green integration of the Yangtze River Delta. The legal regulation of ecological compensation can effectively guarantee the reasonable allocation of environmental justice in the Taipu River Basin, the fair distribution of scarce benefits, and the effective realization of incentive functions. The legal system of ecological compensation in the Yangtze River Delta is scattered in the Constitution, environmental protection laws, administrative regulations and local regulations. There are still obvious deficiencies in ecological compensation standards, compensation methods, and legal responsibility. The practice of ecological compensation in the Yangtze River Delta mainly includes water quality trading, off-site development and water rights trading, but it also faces many legal dilemmas. Therefore, taking the Taipu River as an example, the legal regulation of ecological compensation in the Yangtze River Delta should clarify the rights and obligations of ecological compensation, legal standards for ecological compensation, legal methods for ecological compensation, ecological compensation

[56] 《立法法》第 83 条规定:“省、自治区、直辖市和设区的市、自治州的人民代表大会及其常务委员会根据区域协调发展的需要,可以协同制定地方性法规,在本行政区域或者有关区域内实施。省、自治区、直辖市和设区的市、自治州可以建立区域协同立法工作机制。”

management institutions, ecological compensation property rights, and dispute resolution mechanisms.

Key words: Yangtze River Delta; Payment for Ecosystem Services in Drinking Water; Legal Regulation; Taipu River

清华法律评论(第十一卷第一辑)
第57～72页

农民权视域下的我国生物安全立法

李一丁*

目　　次

摘　要　农民权与生物安全本处于不同话语体系,但可通过种质资源安全发现两者可能联系。各国、各地区创设、推动及实施以调整和规范转基因技术及产品的第一代生物安全法具有以风险预防为原则、关注行政权力配置和注重程序正义等特征。它们虽然形塑生物多样性全球治理形态、推动全球生物安全法律管制趋势,但也存在忽略农民特殊群体权利关照、忽视多元共治治理格局等缺陷。

* 李一丁(1984～),贵州大学法学院副教授。研究方向:环境法、科技法、知识产权法。

本文系2021年国家社科基金青年项目《新发展格局下种质资源安全法治体系建构研究》(21CFX048)阶段性成果。本文部分观点得益于杭州电子科技大学文法学院刘庆博士的协助,特此致谢。

借由印度和委内瑞拉等国生物安全反向立法实证分析,我国第二代生物安全法应突出种质资源安全功能作用,实现人本主义理念回归并坚持全过程多元治理模式。未来应在凸显种质资源安全前提下,考虑创设农民及群体选择或拒绝选育、繁殖、生产、销售生物技术种质资源及产品权利;农民及群体参与生物技术及产品听证、决策权利;农民及群体选育、繁殖、生产、使用含生物技术种质资源及产品损害救济权利,并适当补强配套法律规范以实现我国生物安全法代际更替。

关键词 农民权 种质资源安全 生物安全 第二代生物安全法

一、引言

近段时间以来,生物安全议题又重回公众视野并受到广泛关注,最高立法机关也以最快速度通过《中华人民共和国生物安全法》(以下简称《生物安全法》)。[①] 20世纪90年代伊始,我国理论界开始关注生物安全议题。[②] 随着时间推移,无论是研究视野,还是观点立场均存在局限和不足,如结合农民权审视生物安全法样态、要素、内容、风格、趋势等。本文尝试从农民权视角出发探讨如何推动《生物安全法》实施。

二、农民权、生物安全与种质资源

农民权表述分别限于《粮食和农业植物遗传资源国际条约》(以下简称《粮农条约》)、《保护植物新品种国际公约》(以下简称《植物新品种公约》)和其他国际条约、议定书和规范文件。理论界多从广义和狭义两个层面解读生物安全,主流观点认为两者区别为"……产生原因殊异……"。[③] 各国际公

① 参见陶宏林,刘静波:《中华人民共和国生物安全法》,载全国人大网:http://www.npc.gov.cn/npc/c30834/202010/bb3bee5122854983a69acf4005a66059.shtml。

② 以"生物安全"为关键词搜索中国知网,最早文献为陈宁庆于1995年在《人民军医》发表的《生物危害和生物安全》一文。

③ 于文轩:《生物安全立法研究》,清华大学出版社2009年版,第17页。

约、议定书、国际组织鲜少直接将生物安全与农民权议题并行讨论，但仍可通过种质资源发现上述议题可能联系。

（一）农民权国际法流变

《粮农条约》农民权英文表述为 Farmers' Rights，④具有一系列权能要素。农民权表述最早出现在 1986 年联合国粮食及农业组织植物遗传资源委员会工作组报告。《粮农条约》第 9 条第 2 款系"农民权"规定，共涉及保护传统知识、公平进行惠益分享、参与育种事务决策、留存种质资源权利等四项权能。⑤

《植物新品种公约》共有三个版本供各缔约国任意选择适用。《植物新品种公约》（1961 年/1972 年版）并未明确提到农民权，《植物新品种公约》（1978 年版）第 9 条第 1 款提到植物育种者权利实施受到公共利益限制。⑥《植物新品种公约》（1991 年版）设定植物育种者权适用例外情形，包括强制性例外（Compulsory exceptions）与非强制性例外（Optional exceptions）。非强制性例外可供各缔约国灵活处理，这些内容与农民权存在关联。⑦

联合国人权理事会于 2018 年通过《农民和农村地区其他劳动者权利宣言》。⑧ 该宣言有三项权利与种质资源相关，即第 5 条（可持续适用自然资源权利）、第 18 条（养护和保护自己使用管理资源权利）和第 19 条（使用自己的种子或自行选择当地其他种子并决定想要种质作物和品种权利），预示其已作为准人权类型出现。该宣言第 20 条规定种子权应由国家履行生物多样性保护义务保障，该宣言也是迄今为止首次直接规定农民及群体保留、繁育、生产、销售种质资源权利的国际软法文件。

《粮农条约》《植物新品种公约》《农民和农村地区其他劳动者权利宣言》农民权表述不论在主体、客体、内容等方面均存在明显差别，如表 1 所示。

---

④ 《粮农条约》中 Farmers' Rights 的中文为"农民权"，很容易与常规意义的"农民权"表述发生混淆，但其本质为农民及群体保留、获取、使用、交换种质资源相关权利束。

⑤ 参见《粮食和农业植物遗传资源国际条约》，载联合国粮食和农业组织官网 2004 年 6 月 29 日，http://www.fao.org/3/a-i0510c.pdf。

⑥ 参见 UPOV Secretariat，载 UPOV 官网：http://www.upov.int/upovlex/conventions/1978/w_up780_html#_9。

⑦ 参见 UPOV Secretariat，载 UPOC 官网：http://www.upov.int/upovlex/convetions/1991/w_up911_html#_15。

⑧ 参见《联合国通过〈农民和其他农村地区劳动者权利宣言〉》，载联合国官网：http://news.un.org/zh/story/2018/12/1025081。

表1 《粮农条约》《植物新品种公约》《农民和农村地区其他劳动者权利宣言》农民权权能要素对比

要素	《粮农条约》农民权	《植物新品种公约》农民权	《农民和农村地区其他劳动者权利宣言》农民权
主体	全球农民	与植物新品种相关的农民	农民和其他劳动者
客体	《粮农条约》附件一所列示的粮食和农业植物遗传资源	因种植而收获的品种;植物新品种实质衍生种;来自植物新品种但无法区分特异性的品种	暂无
内容	保护传统知识、参与育种决策;公平惠益分享、留存种质资源	以繁殖为目的地使用	可持续利用自然资源;有权养护和保留自己使用管理资源;种子权

无论粮食和农业植物遗传资源,抑或植物新品种再生种、实质衍生种、近缘种等,或者具有种质资源的内质,或者作为种质资源表现形式,它们共同构成农民权权能物质来源,农民权权能要素也与种质资源直接相关。上述国际法律文件可见农民权并非个体权利而具群体性特征。鉴于此,本文将“农民权”界定为农民及群体因繁殖、育种保留、获取、使用、交换种质资源天然、固有、法定、专属权利。⑨ 此处农民权具如下特征:(1)种质资源为物质基础。种质资源与农民及群体关系似生产力与生产资料关系,种质资源对农民及群体重要性毋庸置疑。(2)天然存在专属农民及群体。这种权利类型不以法律文本出现而变化,因内在内容特别反衬主体身份专属,只有从事种质资源相关行为或者活动的农民及群体才配用。(3)以繁殖、培育种质资源为职责。该项职责通过保留、获取、使用、交换种质资源体现,这些活动基于农民及群体长期对自身生产、生活总结、发扬和传承,亦反映农民及群体逐步形成人与自然、环境、生态系统的认识和判断。

(二)生物安全形态界分

与生物安全密切相关的其他国家安全类型有资源安全、粮食安全、生态

⑨ 如果没有特别提及,本文所有“农民权”表述等同于农民及群体保留、获取、使用和交换种质资源相关权利。

安全。有学者将资源安全解读为:“一个国家或地区可以保质保量、及时持续、稳定可靠、经济合理地获取所需的自然资源及资源性产品的状态或能力。”[⑩]此处安全更多的是结合资源获取、开发和利用所围绕(国际国内)环境、(政策法律)条件和(政府、市场、生态)影响所作评价,即一国资源获取、开发和利用是否以及如何受到前述环境、条件影响决定该国资源安危。粮食安全在联合国粮食和农业组织某份报告中被解读为:“只有当所有人在任何时候都能够在物质上和经济上获得足够、安全和富有营养的粮食来满足其积极和健康生活的膳食需要及食物喜好时,才实现粮食安全。”[⑪]生态安全则是指生态系统及其组成部分稳定且不受干扰的状态。

资源安全、粮食安全、生态安全、生物安全等国家安全类型存在手段和目的、包含和被包含两种关系。具体而言:(1)实现粮食安全必须以资源安全、生态安全和生物安全为前提,如粮食生产依靠水资源、土壤资源和大气资源并仰赖健康的生态系统,拒绝生物技术谬用,并能够抵御外来物种入侵。(2)粮食安全存续为确保资源安全、生态安全提供相应的物质保障,缺乏足够、充分的粮食供给亦将改变现有资源安全甚至生态安全状态。(3)通过维系生物安全,粮食安全、资源安全将在某种程度上趋向稳定进而提高经济效益产出,如实现粮食大丰收和传统资源、新兴资源合理递补与适度替代。(4)生态安全、资源安全状态亦将影响生物安全。生态环境恶化、资源消失、枯竭和灭绝、生物多样性破坏亦将影响生物安全。生物安全部分涉及生态环境等生态安全要素,生物安全与生态安全之间存在包含和被包含关系。

(三)种质资源:农民权与生物安全连接点

“种质资源”概念已在《中华人民共和国种子法》(2000年通过,2015年第三次修正,以下简称《种子法》)得到确认。本文将“种质资源安全”界定为具有栽培、繁殖功能的天然或人工植物遗传材料不受侵害、干扰和损失的稳定状态。在总体国家安全观指导下,实现粮食安全、资源安全和生物安全等多重安全类型至为关键即实现种质资源安全。至此,可将种质资源安全作为连接点整合资源安全、生物安全、粮食安全等各国家安全类别关系,如图1

---

⑩ 谷树忠,李维明:《实施资源安全战略　确保我国国家安全》,载人民网:http://theory.people.com.cn/n/2014/0429/c40531-24955100.html。

⑪ 《世界粮食安全和营养状况:防范经济减速和衰退》,载联合国粮食和农业组织官网:https://www.fao.org/publications/sofi/2021/zh/。

所示。

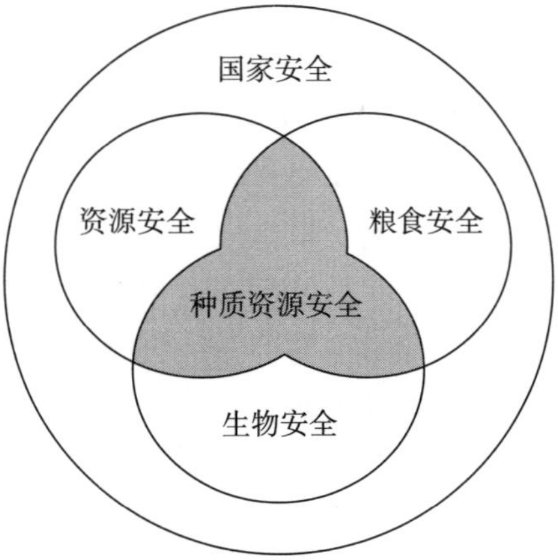

图1　国家安全、资源安全、粮食安全、生物安全、种质资源安全关系图

种质资源安全和生物安全关系如下所述:(1)种质资源安全为生物安全基石。不同于动物资源、微生物资源等其他生物资源要素构成,以种质资源为核心的植物资源长期被视为生物产业发展、生物技术研究物质材料来源。(2)种质资源安全为生物安全法价值追求。生物多样性保护已被生物安全法确认为立法目标之一,种质资源安全在粮食和农业领域作为保护生物多样性抓手维系物种内、物种间生物多样性。(3)种质资源利益为生物安全内核。农民及群体通过实现种质资源利益间接确保生物安全。农民及群体种质资源相关利益包括但不限于生存发展、存续保留、交易互换、科学研究、商业开发等(见图2)。

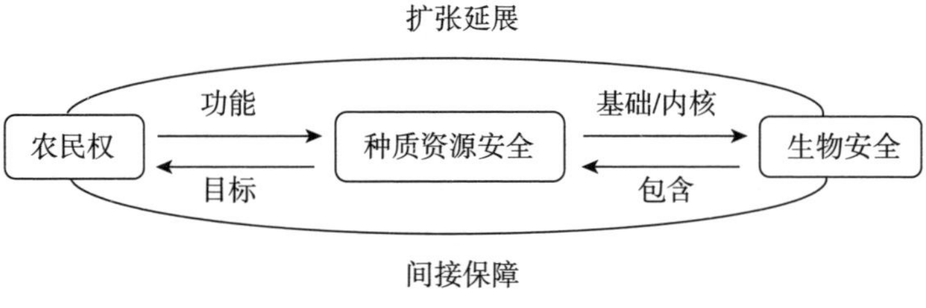

图2　农民权、种质资源安全和生物安全关系图

农民权与生物安全关系可从下列面向拆解:(1)确认、实现农民权对生物安全施予间接保障。即使全球生产加工配置、各国社会分工不同导致农民及群体活动范围(局限于土地)、行为对象受到限制(局限于种质资源),它们仍通过不间断、长时间、多周期调节和平衡农业生物多样性确保粮食安全、资源安全以间接实现生物安全。(2)生物安全法对农民权能延展扩张。农民及群体需要因应转基因技术渗透乃至滥觞背景下选种、育种、留种、弃种,不仅关涉农民及群体自身经济收益,还对生存环境、生态系统造成影响甚至带来改变。这对一国生物安全法提出新要求,如是否允许农民及群体拒绝选育转基因技术种质资源,是否同意农民及群体满足转基因技术及产品推广适用知情权、参与决策权、建议权并主张惠益分享或其他利益。上述观点进一步转化为如下诘问:(1)如何从政策、法制层面承认种质资源与生物安全关联?(2)是否以及如何从生物安全法置入农民权并与其他法律保持协调衔接?

三、生物安全反向立法现状与代际更迭

《卡塔赫纳生物安全议定书》生效实质推动各国生物安全立法。由于直接适用转基因技术或者产品,这些法律也称为“生物安全正向立法”或者“第一代生物安全法”。尽管如此,仍有些国家或者淡化生物安全议题而凸显农民权价值,或者拒绝生物技术侵蚀转而强调农民权意义,这些国家相关法律可称“生物安全反向立法”。[12]

(一)生物安全反向立法现状

不同国家生物安全反向法律表现形式呈现形态、内容、模式差异,此处仅选印度和委内瑞拉两个样本考察。

印度该领域法制创新与规范实践由传统农业种质资源大国定位、大量小规模及“……边缘地位农民所处艰难困境……”、[13]生物技术及产品引入与发展给该国种质资源安全消极影响和不良后果等因素共同造就。该国于2001

---

⑫ 这种生物安全反向立法模式是否可称为“第二代生物安全法”,笔者不敢轻易下结论。从理想主义法治观来看似乎还有差距,但这至少代表一种与第一代生物安全法完全不同的思路和品格,也具有发展成为第二代生物安全法的态势。

⑬ 刘旭霞、英玢玢:《印度转基因生物安全监管的法律思考》,载《安徽农业大学学报(社会科学版)》2015年第4期。

年通过《植物育种者与农民权保护法案》,并于 2003 年通过实施细则。虽然颁布大量生物安全技术规则,⑭印度一直无专门生物安全法。《植物育种者与农民权保护法案》(2001)第 2 条 B 项认为农民及群体也属广义育种者,农民品种(Farmer's Variety)即农民及群体育种对象,包括传统培育进化品种和野生近缘种、当地品种或拥有传统知识品种。该法案从实体和程序两个面向为农民及群体提供法制保障。某学者对实体权利类型概括如下:"……农民及群体权利包括基本权利、特殊权利和豁免权利三类。基本权利包括保留、使用、交换和售卖所保护品种权利、经注册品种和地方品种开发新品种主张惠益分享权利等。特殊权利包括对低于或不符合育种者有关繁殖材料形状承诺主张索赔权利、保护与保存地方品种和野生近缘种过程中作出贡献的农民及其群体接受表彰权利。豁免权利则是指因过失犯罪农民及群体免受刑事处罚的权利。"⑮该法案在起草初期考虑植物新品种保护与生物安全维持可能联系,即"在该国控制以植物新品种方式可能引入遗传使用限制技术或终止子技术等生物技术(适用)。"⑯此外,植物新品种和农民权保护机构主席选派和任命选举委员会成员包括生物技术部秘书,表明上述行政机关负责人选任间接受到生物技术影响。⑰

委内瑞拉《人民植物种子法案》(2013)明确反对转基因技术及产品并为农民权提供制度保障。"该法将对杂交种子进行管理并阻止本国转基因种子研究、生产、进口和分配。"⑱该法案也是委内瑞拉政府首次在满足本国现实需求前提下形成独特精神财产的必然结果,"……将农业知识、妇女经验、非洲后裔和其他处于边缘地位的农民群体视为该国粮食安全之根基,这也意味着

---

⑭ Marinalini Kochupillai, *The Indian PPV& FR Act*, 2001: *historical ad implementation perspectives*, 11 Journal of Intellectual Property Rights: 89(2011).

⑮ Raishree Chandra, *Farmers' Rights in India*: "*Globally Sui Generis*", 6 South Asia Chronicle: 127(2016).

⑯ Sudhir Kochhar, *How effective in sui generis plant variety protection in India*: *some initial feedback*, 15 Journal of Intellectual Property: 274(2010).

⑰ FAO, Accessed February 2023, http://extwprlegs. fao. org/docs/pdf/IND170572. pdf。

⑱ TELESUR/NS-DB-MK, *Venezuelan parliament approves new anti-gmo seed law*, Accessed February, 2023. http://www. telesurenglish. net/news/Venezuelan-Government-Approves-New-Anti-GMO-Seed-Law – 20151223 – 0010. html.

应将该国种子、传统耕作方式以及烹饪实践(技术)进行保存”。[19] 该法案设置多重立法目标,如实现粮食安全、种子安全;宣布委内瑞拉为没有生物专利及衍生物产品的安全领土;农民、生产者、各种集体机构和社会企业以民主方式获得必要资源;恢复农村状态、使农民生活条件质量得到改善等。该法案要求国家种子研究所开展种子研究、生产、认证、销售、检查、登记等事项,部分职责关涉生物安全。该法案承认农民或土著人民种子,如第8条第42款将特征归纳为存在于大众参与和主导的农民社区,运用农民经验及选种技术并产自农业生态管理系统,历经世代相传且仍保持活力与纯度,得到官方重视、认可和监督。[20]

循上所述,印度将农民权设为对应植物新品种权新型权利,不仅对权能要素精雕细琢,还对实现程序详尽构思。该项权利意义即确保农民及群体拥有自己繁育种质资源同时实现种质资源安全(生物安全,笔者注)。该项权利主体、边界、范围和对象与植物新品种权存在霄壤之别使得农民及群体成为该国生物安全治理重要参与主体。委内瑞拉虽未新设农民权,但将农民、种质资源、生物安全、生态系统等要素整体置入种子法制进程,通过鲜明立法目的引导原则和制度展现农民权以维护粮食安全、种质资源安全和生物安全。两国从反向立法角度验证农民权与生物安全关系,标示各国、地区农民权可能具有的不同依据与权源。“农民权的实现被认为与各种法律形式有关……如种子法、植物新品种保护法、种子认证管理、分类管制法规、生物勘探法律或法规、保护和可持续利用生物多样性法律、土著居民和传统知识法律等有关。”[21]不管一国对生物技术采取何种态度,是否拥有生物安全法,通过法律规范——不管是生物安全专门立法抑或其他领域法律——澄清厘定农民权与生物安全关系具有需求必要性和现实可能性。

(二)第一代生物安全法的特点缺陷

以转基因生物安全技术为对象的第一代生物安全法初步形塑生物多样性全球治理形态,并促成全球生物安全法律管制趋势。此阶段生物安全法具

---

⑲ Council on hemispheric affairs, *Venezuelan and the battle against transgenic seeds*, Accessed February 2023. http//www. coha. org/Venezuelan-and-the-battle-against-transgenic-seeds.

⑳ 本部分未标记参考文献来源的内容均为作者依据委内瑞拉《人民植物种子法案》(2013版,原文为西班牙文)翻译内容整理而成。

㉑ 《对所提及落实第九条“农民权”材料的审查及关于落实第九条报告》,载联合国粮食和农业组织官网2015年10月9日, http://www. fao. org/3/a-mo440c. pdf。

有下列特征:(1)以风险预防为原则。风险预防理念以科学理性、技术理性为立论前提,注重运用规则、规范应对克服技术不确定性。围绕该原则建构法制样态侧重生物技术行为或者活动的前端治理,如对转基因技术及产品获取开发利用采取预防、评估、监督措施,忽视生物技术谬用、外来物种入侵、生物武器使用法律后果认定、评估、鉴定和损害赔偿等议题。(2)关注行政权力配置。《生物安全议定书》第19条、第20条要求各缔约国设置国家主管机关、国家联络点和信息交流与生物安全资料交换所等,这些部门几近成为第一代生物安全法常设标配。(3)侧重实现程序正义。转基因技术及产品推广适用需经严格自然科学专业评估,法律通过设置步骤、提供方案防范,识别并管控生物安全风险。

从农民权与生物安全关系审视第一代生物安全法,大致存在下列缺陷:(1)忽略特殊群体权利关照。各国、各地区生物安全法多忽视农民及群体等特殊主体权利确认、保障和救济,这一方面与农民权产生和存在特定国际法律背景、场域有关;另一方面受制于农民及群体与生物安全关联认识程度。(2)忽视多元共治治理格局。各国、各地区生物安全法强调行政管制,这也导致"有组织的不负责任"问题出现,即"……借助设定技术标准的权力,将由为数不多的几个人对公众应当接受多大的风险、承受多大的损害、忍受多严重的污染作出决定,这种做法是不公平和不民主的"。[22] 此外,生物安全行政管制尚存在诸多盲区与禁地,加之生物安全阈值[23]存在多样性,允许其他主体融入生物安全治理形成多元共治为大势所趋。

(三)第二代生物安全法的演进创新

各国、各地区行将迎来第二代生物安全法变革与挑战。农民权视角下第二代生物安全法功能是什么?它应当坚持何种价值取向?它还应当关注哪些议题?

第二代生物安全法应强化种质资源安全功能效用。转基因技术谬用、动植物疫情显现、外来物种入侵等改变种质资源内部原有结构与特征以及种质资源间相伴相生原初秩序。凸显种质资源安全功能亦将重新框定生物安全

---

[22] 王子灿:《生物安全法—对生物技术风险与微生物风险的法律控制》,法律出版社2005年版,第55页。

[23] 所谓生物安全阈值是指触发人类关注和处理生物安全议题的临界值,它由生物安全类型、对象和范围组成。生物安全不同类型、对象和范围不同排列组合所形成的阈值各为不同。

法主要调整对象,如以转基因技术及产品推广适用形成技术转让、监管、适用、损害法律关系。如以防范动植物疫情、外来物种入侵形成国内申报、登记、检疫以及国际合作法律关系。

第二代生物安全法应实现“人本主义”理念回归。科学理性、技术理性使得法律成为单一治理工具并滋生“工具主义”理念。“人本主义”要求法律回归赋予权利、创设义务和明示责任本真状态,在关注生物技术和风险法律调适同时,留意各参与主体、利益相关方权利主张和利益诉求。生物安全立法坚持“人本主义”立法理念不会改变科学理性、技术理性特质,因为技术理性、科学理性需要满足和实现人的基本利益需求。

第二代生物安全法应坚持全过程多元化治理模式。全过程指生物安全法律治理范围逐步从前端挪移至包括前端、中端和后端的步骤、环节和场合。全过程治理模式:“……更加侧重于实现现代生物技术可持续发展、预防消极后果发生的程序……”㉔这种模式引入将改变第一代生物安全法“一刀切式”聚焦治理前端弊病,治理视野延伸将增加并提高法律适用张力与弹性。生物安全法并非解决生物安全技术问题、应对生物安全风险唯一方案。如以野生动物相关行政管理为例,“……实践中涉及的主要是生态环境、市场监督、农业、卫生健康、公安、海关等部门……”㉕

“……决定各国生物安全立法模式的主要因素,是各国对生物技术及其安全性的理解及各国生物技术战略导向”。㉖《生物安全法》宜在兼顾其他国家安全法基础上协同施行。生物安全法亦与国际法、农业法、医事法、国家安全法、军事法相关,“……保障生物安全需要综合运用多种法律手段乃至伦理手段与技术手段。正因为如此,生物安全法特别强调和重视法律之间的协调和配合”。㉗

㉔ 于文轩:《生物安全立法研究》,清华大学出版社2009年版,第171页。

㉕ 秦天宝:《生物安全立法模式之实证考察:比较法的视角》,载《吉林大学社会科学学报》2013年第5期。

㉖ 于文轩等:《论野生动物管理法制机制之完善——以制度风险为视角》,载《南京工业大学学报(社会科学版)》2020年第5期。

㉗ 刘长秋:《生物经济视野下的生物安全问题及其立法对策研究》,载《中国人口·资源·环境》2010年第5期。

四、农民权实现与生物安全法续造

农民权设置、确认、保障和救济是创制第二代生物安全法全新视角,种质资源安全保障实现要求生物安全法为农民权创制预留空间。同时考虑农民权实现与生物安全法续造将使两者关系从应然走向实然,亦将丰足、抬高和增益生物安全法目的效能、价值机能和实践动能。

(一)当前生物安全法农民权设置缺漏

经过多年发展,我国初步建成以转基因技术为主要调整对象的生物安全法律体系,包括《农业转基因生物安全管理条例》(2001 年通过,2017 年第二次修正,以下简称《管理条例》)等行政法规和部门规章,进而完成"第一代生物安全法"进程。除了位阶较低外,上述法律表现形式还普遍缺乏对农民权的关注与回应。这种现象既与长期坚持个别、单向、一元行政监督管理——以农业行政主管部门为主的农业转基因技术调整控制架构有关,又与我国选择加入的《植物新品种公约》版本并未提到农民权,且尚未加入《粮农条约》等国际公约缺乏履约需要有关。

农业行政主管部门主要通过行政许可、行政处罚对农业转基因生物技术、产品研究、试验、生产、加工、经营、进出口等环节实施监管。在监管过程中,公权力机构不太关注农民及群体想法和意愿,甚至逼迫农民及群体改变、放弃种质资源原有认识、行为模式甚至方案选择,农民权频繁受到干预和侵害。农业生物多样性、种质资源安全、生物安全也因此受到影响、干扰乃至冲击。

"……作为一部旨在维护国家生物安全的政策性基础性法律",[28]《生物安全法》所涉法益不仅包括生态环境系统平衡,亦包括人身财产健康,农民权显然属于涵摄范围。遗憾的是,《生物安全法》尚未提到农民权,第八章生物安全能力建设并未对农民及群体参与、加入生物安全相关行为或者活动能力要求、标准和条件进行设定。后生物安全法时代似可通过生物安全法律体系化保障实现农民权,具体包括种质资源安全理念要素体系化贯彻、生物安全

---

[28] 秦天宝:《〈生物安全法〉的立法定位及其展开》,载《社会科学辑刊》2020 年第 3 期。

法内部规范体系化和生物安全法与其他法规范体系化。

(二)实现农民权意旨生物安全法体系化

实现农民权首先应将种质资源安全作为理念和要素贯穿包括生物安全法在内的法律创制、实施过程。种质资源安全与自然资源国家主权、国家种子主权观念具有一定联系。自然资源国家主权系二战结束维系全球和平稳定发展的重要国际法价值归宿,国家种子主权观念在《种子法》第三次修改过程中得以呈现。严格意义上说,种质资源并非自然资源、生物资源(生物资源属于自然资源),也并非完全等同生物遗传资源,但国家种子主权观念的倡扬至少意味着种质资源因归于生物资源进而类推适用自然资源国家主权学说规则和要件。当代种质资源安全不仅包括种质资源自身安全(包括种质基因、种质资源、功能单元等),还含蕴种质资源相关农民及群体安全。农民及群体是最熟悉、了解当地种质资源主体,它们的权益减损或者剥夺、数量消亡均会影响种质资源安全。

其次可在时机成熟时通过规范性文件为实现农民权提供路径参照。本文认为这些路径包括:(1)农民及群体选择或拒绝选育、繁殖、生产、销售生物技术种质资源及产品权利。该项规定目的为孕育农民及群体生物安全治理意识,减缓生物安全法案过度技术理性,体现人文理性。(2)农民及群体参与生物技术及产品听证、决策权利。该项权利不仅是我国环境法基本原则——公众参与原则在生物安全法领域具体表现,亦在《世界人权宣言》《经济、社会和文化权利公约》《粮农条约》等国际公约、法律文件,以及典型国家生物安全法中被反复提及强调。“……更为根本的(策略)是邀请农民加入到包括转基因作物开发、测试、商业化过程中。很显然,农民参与所有阶段将会帮助作出更好的决定。”㉙“越来越多(证据)表明,社会和农民相关组织在作物改良过程中起到关键角色并将参与种子政策形成过程。”㉚农民参与听证、决策权可能包括:“……在法律起草和政策制定任何阶段参与协商

㉙ Hossein Azadi, et al., *Genetically modified crops and small-scale farmers: main opportunities and challenges*, Critical Reviews in Biotechnology, 2015, p.7.

㉚ FAO, *Voluntary Guidelines for National Seed Policy Formulation*, Accessed February, 2023, http://www.fao.org/3/a-i4916e.org.

权利;提出意见和批评权利;提交建议权利……”[31]我国应考虑转基因技术及产品推广适用关键过程,如转基因技术及包含该项技术种质资源(包括植物新品种)评估、试验、推广和适用环节邀请农民及群体参与并允许提出意见、发表建议。

《管理条例》等法规、部门规章为农民及群体涉足农业转基因技术及产品获取开发利用全过程提供实施前提和实现基础。《管理条例》立法目的述及:“保障人体健康和动植物、微生物安全”,该项规定暗含农民权部分意涵。结合篇章结构分析,可从研究实验部分添置相关规定。第 9 条转基因生物安全委员会规定存在成员身份过于单一问题,有必要赋予农民及群体参与主体资格或者提供足够、充分和完整信息、资讯渠道以便了解、知晓农业转基因技术或者产品境况与动态。第 23 条是转基因生物生产加工阶段补救规定。结合文义和体系解释,农民及群体属“生产者、加工者”应为题中之义。在下位法律设置程序性权利一方面可为司法实践提供暂时裁判依据;另一方面某种程度倒逼上位法尽快完成农民权权利确认。

农民及群体因生物技术及产品选育、繁殖、生产、使用损害救济权利是立法机关较易无视却能切实保障农民权的一项附属性权利。农民及群体是接触生物技术及产品频次最高,但权益最易受损的主体。生物技术及产品推广、适用导致基因污染(Gene Pollution)对农民及群体财产,生物技术及产品直接或间接引致人身损害如何救济等问题均应考虑。尽管农民及群体同意选育、繁殖、生产、使用生物技术及产品造成损害适用自担风险原则,我国理论界对其他财产、人身健康损害救济适用物权法[32]抑或侵权责任法[33]仍存争议,这也一定程度限制《民法典》适用。以基因污染为中介生物技术及产品直接或间接损害对象包括人身利益、财产利益等私人利益和生态环境等公共利益、国家利益,受害者包括单个农民或者群体,乃至社会和国家。本文初步看法是直接损害农民及群体权益的生物技术及产品相关行为或者活动只有经过监测、评估、确认程序才能考虑究竟属于环境侵权(包括环境污染和生态破

㉛ Chee Yoke Ling, et al., *Farmers' Rights to Participate in Decision-making: Implementing Article* 9. 2(*c*) *of the International Treaty on Plant Genetic Resources for Food and Agriculture*, Accessed February, 2023. http://www.apbrebes.org/files/seeds/files/PE_farmers%20right_9-16_def-high.pdf.

㉜ 参见阙占文:《转基因作物基因污染受害者的请求权》,载《法学研究》2015 年第 6 期。

㉝ 参见王康:《基因污染的侵权法意涵》,载《兰州学刊》2014 年第 12 期。

坏)还是产品侵权,进而适用相应归责原则。间接损害农民及群体权益的生物技术及产品相关行为或者活动适合通过企业环境保险、建立共同基金等社会化方式来分配并承担责任。

五、结语

现阶段,我国应在主动顺应全球生物安全法代际交替趋势前提下,于生物安全法后续创制完善进程进行法律性质自我认知、立法理念自我转变、治理模式自我调整以满足契合生物安全治理理论需求与现实需要。此过程需再次强调如下认识:首先,归属我国国家安全范畴的生物安全与其他国家安全呈现手段与目的、包含与被包含两大关系。其次,以应对和解决转基因技术及产品推广适用的第一代生物安全法存在忽视特殊群体权利关照、忽略多元共治治理格局等缺陷。再次,农民权确认、实施和救济既属于人权问题,也属于民生问题,亦将间接影响我国生物安全法律治理体系和治理格局。最后,我国第二代生物安全法应突出作为生物安全外延的种质资源安全功能定位,尝试创设农民权实现路径、补强配套法律规范以实现生物安全法代际更迭。

The Biosecurity Legislation under the perspective of Farmers' Rights in China

Abstract: Farmers'rights and biosecurity situated in different discussion context originally, but can be found possible connection between them through germplasm resource security. The first-generation of biosecurity legislation enacted, promoted and implemented by all countries and regions was committed to adjust and regulate transgenic technology and the transgenic product. It taking risk prevention as the principle, focused on the allocation of administrative power and emphasized procedural justice. It also helping form and shape global governance of biodiversity and legal regulate trends, but had some shortcomings, such as the ignorance of the rights of special groups and the pattern of pluralistic co-governance. Based on the empirical analysis from the example of legislation in India and Venezuela, the second one source from the first generation in China should highlights the function or effects of germplasm resource safety, realize the idea of humanitarianism back to normal and persist the regulate mode of "whole process" and "multi-stakeholder to participate in". To mentions the safety of germplasm resource as fundamental basis for the key theoretically point and critical factor, empowers farmers' right to choose or refuse selection, reproduction, production, sales of biotechnology germplasm resource and establishes hearings, demonstrations and decision-making procedures which allow farmer to participate in, set rules for farmers for the relief from the suffer due to select, propagate, produce and sale the germplasm resource contain transgenic technology or production, and to supplement the rules affiliated with the legislations. At the same time, achieves intergenerational replacement of biosecurity legislation in China.

Key words: Farmers' Rights; Germplasm Resource Security; Biosecurity; The Second-Generation Biosecurity Legislation

【评　论】

清华法律评论(第十一卷第一辑)
第75~95页

我国《民法典》自甘风险规则的理解与适用

尹志强*

目　　次

摘　要　《民法典》第1176条规定的自甘风险规范是一项独立的法定免责事由,在其规则范围内,并无受害人同意、过失相抵以及公平责任适用空间。文体活动主要指的是体育活动,也包括杂技、团体操等具有一定风险的文娱活动。“一定风险”应理解为超出日常的特殊风险;“自愿参加具有一定风险的文体活动”,包含知道风险的认识要素和自愿承担风险的同意要素。运动员(包括替

* 尹志强,中国政法大学民商经济法学院教授。

补队员)、教练员,以及裁判人员均属于“参加者”。行为人是否具有故意或者重大过失,需要根据是否违反规则,文体活动对违反规则的行为的容忍程度,行为人对造成损害后果是否可以预见等因素综合判断。

关键词 自甘冒险 过失相抵 法定免责事由

一、问题的提出

自甘风险是侵权行为法上的一个古老的责任抗辩事由,也称风险自负、自甘冒险等。《元照英美法词典》解释为 volent non fit injura,是依照法律,当事人不得就自己同意遭受的损害获得补偿,即如果当事人自愿置身于觉察和了解的危险中,则不得就为此所受损害获得赔偿。[①] 即这种损害的风险应该由当事人自己承受。自甘风险来源于 19 世纪的个人主义思想,人们强调个人意思自治和个人自觉权,个人是自己命运的掌控者,有权作出自主的选择并对选择负责,所谓“自己选择,自己责任”。但实际上各国具体规范并不相同。我国在《民法典》前并无单独的自甘风险规则,实践中也比较混乱。《民法典》第 1176 条虽然将自甘冒险规则置于侵权责任编的“一般规定”中,但就内容而言显然并不具有普遍适用效力,具体要素方面也存在很大解释空间。比如,自甘冒险与受害人同意的关系问题,适用范围中“文体活动”有无限制?是否包括跳舞、爬山、“大胃王”等无对抗性的活动?“参加者”是否包括裁判、教练、服务人员,甚至记者、观众等?其中的“故意和重大过失”又将如何理解,比如,在拳击比赛中,如何认定“故意”等,上述问题理论上有不同观点,实践上也有不同做法。因此,深入探讨对正确贯彻立法思想,实现立法目的实有必要。

二、自甘风险是否为独立的免责事由

这一问题的提出,主要源自其与受害人同意、过失相抵等减免责事由的

---

① 参见薛波主编:《元照英美法词典》,法律出版社 2003 年版,第 111 页。

关系。“大部分欧洲法律制度认为,风险自负实际并非独立的法律范畴,不是独立的一般抗辩事由,而是一个须在赔偿责任法其他范畴内加以考察的因素。”[②]当然,这里的“其他范畴”欧洲学者也有很大争议,并集中在是否为受害人同意的特别内容,或者应该在共同过错制度中解决等。在法制史上,自甘风险制度与受害人同意、过失相抵制度也一直呈现交错发展状态。英美法系中广义的受害人同意包括自甘冒险,狭义的受害人同意主要适用于故意侵权,而自甘冒险主要适用于过失侵权。大陆法系的德国最初将受害人同意统一作为故意和过失侵权的抗辩事由,后来将自甘风险从受害人同意中区分出来,纳入与有过失的范畴。[③] 我国《民法典》出台之前,多数学者将自甘风险视为受害人同意,如有学者认为,自甘冒险是一种特殊的受害人同意,其本质上是对损害结果的认同。[④] 或者直接认为自甘冒险规则与受害人同意规则在性质上相同,可以将自甘冒险规则归入受害人同意规则。[⑤] 还有学者认为,自甘冒险是对部分受害人过错情节的描述,是受害人过错的一种,可纳入过失相抵的范畴。[⑥] 第四次民法典制定过程中,王利明教授的建议稿的第 1851 条,参考《葡萄牙民法典》第 34 条,也将自甘风险和受害人同意一体规定。[⑦] 由于自甘风险与受害人同意、过失相抵的这种错综复杂的关系,有学者主张自甘冒险规则不具有独立存在的价值,它所涉及的问题应当通过过失相抵、注意义务的判定等规则解决。[⑧] 司法实践中,将自甘冒险以受害人同意或过失相抵来认定的情形很普遍。[⑨]

---

② [德]克雷斯蒂安·冯·巴尔:《欧洲比较侵权行为法》(下卷),焦美华译,法律出版社 2002 年版,第 636~637 页。

③ 参见程啸:《侵权责任法》(第 3 版),法律出版社 2021 年版,第 352~353 页。

④ 参见杨立新:《侵权损害赔偿》(第 6 版),法律出版社 2016 年版,第 132 页;彭俊良:《侵权责任法论——制度诠释与理论探索》,北京大学出版社 2013 年版,第 159 页。

⑤ 参见李超:《侵权责任法中的受害人同意研究》,中国政法大学出版社,2017 年版,第 188 页。

⑥ 参见周友军:《侵权责任法》,法律出版社 2010 年版,第 219 页。

⑦ 参见王利明主编:《中国民法典学者建议稿及立法理由·侵权行为编》,法律出版社 2005 年版,第 54 页。

⑧ 廖焕国、黄芬:《质疑自甘风险的独立性》,载《华中科技大学学报(社会科学版)》2010 年第 5 期。

⑨ 参见金某语、金某生命权、健康权、身体权纠纷上诉案,河北省张家口市中级人民法院(2020)冀 07 民终 730 号民事判决书;赵某与贾某健康权纠纷上诉案,山东省济南市中级人民法院(2020)鲁 01 民终 7967 号民事判决书。

在《民法典》制定过程中,2017 年 10 月全国人大法工委民法室的"室内稿"、2018 年 3 月法工委的"征求意见稿"、2018 年 8 月全国人大常委会的"一审稿",都没有关于自甘风险的单独规定。有部门、法学研究机构指出,参加对抗性的体育活动容易发生人身伤害,实践中此类纠纷经常产生,建议《民法典》予以明确规定。全国人民代表大会宪法和法律委员会认为,由这些活动产生的正常风险原则上应当由参加者自己承担,确立"自甘冒险"规则,对于明确学校等机构正常开展此类活动的责任和界限是有利的。[10] 因此,2018 年 12 月"二审稿"于第 954 条加入自甘风险规则:"自愿参加具有危险性的活动受到损害的,受害人不得请求他人承担侵权责任,但是他人对损害的发生有故意或者重大过失的除外。活动组织者的责任适用本法第九百七十三条的规定。"[11]对于其中的适用范围,有委员提出"具有危险性的活动"不够明确、活动组织者的责任不够完善等意见,[12]同时也有学者撰文指出该条的适用范围过宽,建议限缩自甘冒险的构成要件。[13] 2019 年 8 月"三审稿"始将其修改为:"自愿参加具有一定风险的文体活动,因其他参加者的行为受到损害的,受害人不得请求其他参加者承担侵权责任,但是其他参加者对损害的发生有故意或者重大过失的除外。活动组织者的责任适用本法第九百七十三条至第九百七十六条的规定。"[14]而对于受害人同意,作为一般规则,除有学者建议外,立法活动中并未出现激烈争论。从中可以看出,《民法典》一方面将自甘冒险作一般性规定,但将适用范围限定于"文体活动";另一方面未对受害人同意作一般性规定,而是以特别规范身份在医疗损害责任和人格权编的特别条款中出现。[15] 即从我国立法上看,对自甘风险和受害人同意是分别规定的,在实践中,应针对不同情况区分适用自甘风险规则与受害人同意规则。

而过失相抵,本质上属于损害赔偿法制度,在责任抗辩中属于受害人与

---

[10] 《全国人民代表大会宪法和法律委员会关于〈民法典侵权责任编(草案)〉修改情况的汇报》,载《民法典立法背景与观点全集》,法律出版社 2020 年版,第 33 页。

[11] "二审稿"第 973 条是关于公共场所、经营性场所经营者和管理者、群众性活动组织者安全保障义务的规定。

[12] 参见朱宁宁:《审议民法典侵权责任编草案的三个焦点》,载中国人大网:http://www.npc.gov.cn/npc/c35775/201812/0fc8b5de72704c56bb190b60d5fc3f66.shtml。

[13] 参见王利明:《论受害人自甘冒险》,载《比较法研究》2019 年第 2 期。

[14] "三审稿"第 973 条至第 976 条包括安全保障义务人、幼儿园、学校或者其他教育机构责任的规定。

[15] 参见《民法典》第 1008 条、1019 条、第 1033 条、第 1035 条、第 1219 条。

有过失问题，我国的具体法律规范为《民法典》第1173条和第1174条。从该规定中可以看出，在受害人与有过失情况下，对加害人责任的减免，属于因果关系抗辩，其与自甘冒险制度中其他参加者不承担责任所要贯彻的对当事人意思自治的尊重以及对诚实信用价值的追求是不同的。“自愿参加具有一定风险的文体活动”并不意味着受害人有过失，以自甘冒险为由认定受害人与有过失，并适用减轻或免除行为人的责任属于适用法律错误。

（一）自甘风险与受害人同意

在我国《民法典》语境下，自甘风险与受害人同意是不同的：

1. 在适用范围上，作为责任抗辩事由，自甘风险虽然规定于“一般规定”，却仅适用于“文体活动”造成的损害，文体活动之外的侵权责任抗辩不适用自甘风险规则；而受害人同意，虽然理论上认为其属于阻却违法是共识，所谓“有效的同意将排除一切侵权责任”，但并非适用一切领域，而是限定在法律的特别规定中。域外法中，除《葡萄牙民法典》在第340条作一般性规定外，立法上，即便规定也是在对诸如医疗措施的同样方面加以规定。⑯

2. 在对行为人的主观要求上，受害人同意的情形是针对行为人的故意行为而言的，是其故意招致风险；而自甘风险则不适用于相对人的故意行为。从另一方面看，受害人同意无法针对过失情形；而自甘风险规则，则仅针对一般过失，如果行为人故意或重大过失造成损害，则不属于风险问题，行为人需承担侵权责任。因此，在文体活动中，如果通过受害人同意规则来免除造成损害的其他参加者的责任是不妥当的，通过自甘风险规则，推定那些参与比赛的人都已接受依据运动本质而无法避免的损害结果，显然更为合适。⑰ 就此而言，尽管在手术志愿书中，可能存在对各种风险的提示，患者签字除了对手术本身的同意外，也包含对意外风险后果承担的意思，此时，虽有自甘冒险之意，但法律适用中，仍不能依据《民法典》第1176条，而应作为违法抗辩理由直接适用第1219条。其中的差异在于，在适用第1219条时，如果手术失败源自医疗机构或者医务人员的过失，不管是一般过失还是重大过失，医疗机

---

⑯ 参见[德]克雷斯蒂安·冯·巴尔：《欧洲比较侵权行为法》（下卷），焦美华译，法律出版社2002年版，第630页。

⑰ 参见[德]克雷斯蒂安·冯·巴尔、埃里克·克莱夫主编：《欧洲私法的原则、定义与示范规则：欧洲示范民法典草案》（全译本）（第5、6、7卷），王文胜等译，法律出版社2014年版，第629页。

构均需承担赔偿责任;而如果认为属于自甘风险,则只有在故意或重大过失时才承担赔偿责任。

(二)自甘风险不同于与有过失

自甘风险和与有过失的区分问题也是国内外理论和立法的关注焦点之一。有学者认为"自甘冒险规则只不过是过失相抵、注意义务判定、过错责任原则以及责任的预先免除等领域内的问题,在我国不具有独立存在的价值。"[18]我国学者王泽鉴先生也认为:"自甘冒险不应定性为被害者的允诺,作为违法阻却的问题,而应纳入与有过失的范畴,由法院衡量当事人对损害和扩大的原因力,以合理分配其责任。"[19]

与有过失分为促成过失和比较过失两个发展阶段,在"全有全无"的促成过失时期,其法律效果与自甘风险大体相同,均为直接免除加害人的责任;在以后的比较过失则主张依据加害人和被害人的过失程度,将损害结果在两者之间合理分配。比较过失出现以后,自甘风险理论受到冲击。有学者认为,受害人的损害毕竟是由于加害人造成的,加害人的过失行为和受害人的自甘风险都具有可责难性。相较于将损害结果全部归为受害人承担的自甘风险,使受害人获得一定补偿的比较过失更加合理。[20] 这种观点在自甘风险广泛适用的情况下是有道理的。

而我国《民法典》规定的自甘风险规则被限定在"具有一定风险的文体活动"范围内,此与具有普遍适用效力的过失相抵有明显区别,两者在行为认定上存在很大差别。认定过失相抵时,加害人需证明受害人具有过错,且受害人并没有作出自己承担损害的意思表示。而适用自甘风险时,加害人只需要证明受害人在参加具有一定风险的文体活动时已经认识到活动存在的风险,并作出了自愿承担可能的损害后果的意思表示。而事实上,因为参加文体活动是人类社会生活的常态,自甘冒险所涉及的活动均为法律不禁止的行为,冒险也非具有法律上可责难的心理状态,不能认为受害人参加有风险活动的行为即是一种过失,冒险与《民法典》第 1173 条、第 1174 条规定的与有过失

---

[18] 廖焕国、黄芬:《质疑自甘冒险的独立性》,载《华中科技大学学报(社会科学版)》2010 年第 5 期。

[19] 王泽鉴:《侵权行为》,中国政法大学出版社 2001 年版,第 241 ~ 242 页。

[20] See Fleming Jr. James, *Assumption of Risk: Unhappy Reincarnation*, Yale Law Journal 78, 191 – 192 (1968).

并非相同。事实上,在自甘冒险具有长期发展历史的美国,其主要的默示自甘冒险主要适用于体育活动,而美国第三次侵权法重述采用比较过失制度以来,大多数的法院仍然保留了主要的默示自甘冒险,就是因为在体育活动中比较过失制度不能完全解决问题。另外,在比较过失制度下的过失相抵的效果是减责(当然在受害人故意时可以减责至全部),而我国《民法典》上的自甘冒险是免责事由,只要加害人非故意或重大过失侵权,受害人就不能请求其承担侵权责任。

就此而言,根据原《侵权责任法》(现已失效)第76条(《民法典》第1243条)规定认为我国"在高度危险领域确立了自甘冒险的规则"㉑的判断并非准确。因为该条规定:"未经许可进入高度危险活动区域或者高度危险物存放区域受到损害,管理人能够证明自己已采取足够安全措施并尽到充分警示义务的,可以减轻或者不承担责任。"本条情形下,受害人属于明知有高度危险,仍然进入相关区域,其行为属于"自甘风险",但该条适用其实包含两个重要价值,即对违法行为法律不予保护;对受害人过错造成的损害不予保护。高度危险区域通常都与大众活动区域相隔绝,管理人应按照规定采取安全措施或予以警示,受害人未经允许擅自进入该区域或在该区域实施违法活动,一方面行为具有违法性;另一方面也是有过错的。这种情况下对于受害人的损害,管理人责任减免的原因,本质上恰恰不是因为受害人自甘风险,而是因为其行为违法且与有过失。法律适用上,管理人仅能依该条为抗辩,而不能依据第1176条为抗辩。

自甘风险和比较过失的两种制度,实际上反映了法律个人主义和社会主义的两种倾向。自甘风险出现较早,秉承法律个人主义,认可参与人事前认可对权益处分的效力,认为当事人意思自治优于权益保护。比较过失与近代以来的法律社会主义相伴而生,受害人的不幸遭遇不仅是其与加害人的双方关系,更是社会正义问题,应当通过侵权责任法进行损害填平和风险分散。㉒

(三)自甘风险是独立的抗辩事由

虽然《民法典》规定了有关违法性抗辩、因果关系抗辩等各种责任抗辩事由,但在文体活动领域内,自甘风险规则有其独到的适用价值。文体活动是

㉑ 最高人民法院民法典贯彻实施工作领导小组主编:《中华人民共和国民法典侵权责任编理解与适用》,人民法院出版社2020年版,第112页。

㉒ 参见曹权之:《民法典"自甘风险"条文研究》,载《东方法学》2021年第4期。

人们的生活日常,是受法律保护的合法活动,而且许多文体活动,如竞技体育活动中的拳击、摔跤、篮球、足球、橄榄球等天生就具有强烈的身体对抗性,项目性质决定了其允许参与者在合理范围内的过失行为,而这种激烈的身体对抗不可避免产生身体伤害风险。一旦出现伤害情形,违法阻却事由、无因果关系或者无过失等抗辩都难以适用,如果适用过失相抵规则要求参与者因过失而承担侵权责任,这将使参加者为了避免承担责任而畏手畏脚,其后果不仅使运动本身失去乐趣,也背离了文体活动的竞技初衷。

我国《民法典》第1176条将自甘风险的适用范围限制为具有一定风险的文体活动,这种本土化规定最大限度避免了自甘风险与受害人同意、与有过失的适用范围的重合。独立的自甘风险制度,对结束滥用自甘风险的乱象,对解决体育活动中的侵权纠纷,避免侵权责任在文体活动中的滥用,无疑都是有帮助的;厘清开展体育活动的责任界限,也有助于此类活动的发展繁荣。㉓ 除此之外,法律上独立规定自甘冒险,既合理分配了责任,也可以实现损害的预防。㉔ 即自甘风险作为一种独立侵权抗辩事由有司法价值,也有法政策的考量。我国的自甘风险规则区别于其他减、免责事由而具有相当的独立性。

三、"文体活动"的界定

在《民法典》之前,我国的自甘风险规则适用是非常混乱的,这是因为,一般意义上的自甘风险,理论上可能发生在任何领域。除前述的未经允许进入高度危险区域情形外,在其他如雇佣关系中,自愿接受具有一定风险的工作岗位,跳入湍急河流中救助他人等"见义勇为"等领域也存在一般意义上的自甘风险,但雇佣合同与见义勇为等因涉及特殊利益保护,通常不能适用自甘风险规则。在实践中,人们也常认为乘坐醉酒者驾驶的机动车的行为属于自

㉓ 参见《全国人民代表大会宪法和法律委员会关于〈民法典侵权责任编(草案)〉修改情况的汇报》(2018年12月),载北大法宝2018年12月23日,https://www.pkulaw.com/protocol/17652f9c2ddc807f60a5e14c333b9e13bdfb.html。

㉔ 参见王利明:《侵权责任法研究》(第2版)(下卷),中国人民大学出版社2010年版,第858页。

甘风险,也常有法院作出在“好意同乘”情况下以乘车人自甘风险为由减轻赔偿义务人责任的判决。[25] 其实,在明知对方饮酒或处于其他影响安全驾驶的情况下,仍然乘坐其驾驶车辆的情形,属于与有过失问题;而“好意同乘”情况下的减轻责任(非免除)其原理在于搭乘者的无偿性,此与受害人自甘风险不同,尤其在我国《民法典》对“好意同乘”有特别规定的情况下,自然不能再以自甘风险制度适用之。那种认为“应该通过完善自甘风险规则实现特殊情况下的好意同乘减责”[26]的主张并不合理。在法律没有特别规定的情况下,尽管存在自甘风险事实,如果不属于因参加“文体活动”受到的损害,应当适用《民法典》第 1165 条第 1 款,受害人如果不能证明行为人有过错,则应视为“人生风险”由其自己承受损害后果,而非属于《民法典》第 1176 条规定下的自甘风险制度情形。如前所述,我国《民法典》制定过程中,有关自甘风险的适用范围是经过慎重考虑的,所以,虽然在一般意义上,自甘风险在广泛领域存在,但只有在“具有一定风险的文体活动”范围内才可以适用自甘风险规则。

当然,即便将自甘风险限定在“具有一定风险的文体活动”范围内,理论和实践中对何为“文体活动”,如何界定“一定风险”也还是有不同观点的。

(一)文体活动的认定

文体活动,是文娱活动和体育活动的合称。在司法实践中自甘风险基本是针对“体育活动”的,立法之所以使用“文体活动”,目的是涵盖不在传统狭义“体育”范畴中的风险性身体活动。[27] 考虑到一般文化、娱乐活动几无身体对抗,人身伤害风险不大,因此,立法中虽有“文”但其实大多并不适用。实践中如果在舞蹈[28]或杂技、团体操等具有一定风险的文娱活动中出现意外,符合《民法典》第 1176 条规定其他要件的,自可以适用。这里只以体育活动为目标展开讨论。

---

[25] 广西壮族自治区柳州市柳江县人民法院民事判决书,(2011)江民初 1301 号。认为“受害人在明知他人酒后驾驶,仍搭乘其车辆的情况下,受害人的行为构成自甘冒险,应由其对酒后驾驶行为引发的损害后果适当承担责任,减轻赔偿义务人的责任”。另参见四川省资阳市中级人民法院民事判决书,(2020)川 20 民终 200 号、云南省昆明市中级人民法院民事判决书,(2019)云 01 民终 4402 号。

[26] 张素华、刘畅:《民法典侵权责任编中好意同乘条款的存废》,载《江汉论坛》2020 年第 1 期。

[27] 参见韩勇:《〈民法典〉中的体育自甘风险》,载《体育与科学》,2020 年第 4 期。

[28] 参见郭某与深圳市小百合明星文化艺术传播有限公司生命权、身体权、健康权纠纷案,广东省深圳市中级人民法院(2019)粤 03 民终 3510 号民事判决书。

就体育而言,根据参加者参与体育的主要目的,可以将其分为竞技体育、休闲体育和健身体育。竞技体育以超越对手或自我、获取比赛优胜为主要目的,强调规则的完善、组织管理的规范和对比赛结果的评判;休闲体育以调节情绪、愉悦身心为主要目的,强调在开放自由的锻炼环境中获得精神需求的满足;而健身体育以增强身体机能、提高身体素质为主要目的,强调科学健身理念引导和方法指导。[29] 竞技体育中,根据对抗性、风险来源及发生概率等虽也分不同类型,如以"伤害"他人为目的的拳击、跆拳道、自由搏击等;身体接触的非以伤害他人为目的的对抗性竞技体育如篮球、足球、橄榄球等,非身体接触的非伤害他人为目的的对抗性竞技体育如排球、藤球、羽毛球等。休闲体育运动本身通常少有参加者之间的身体对抗,如滑雪、溜冰、骑马、轮滑等;而健身体育主要是体育锻炼活动,其项目可以表现为竞技体育,也可以是休闲体育。

从中可知,虽然各体育类型中,均可能产生风险,但《民法典》第 1176 条中的自甘风险规则主要适用于竞技体育。休闲体育虽然有些项目有一定风险,如滑雪、冲浪等,且不时有纠纷发生,但该类纠纷主要源自组织者或场所经营者、管理者的安全保障义务违反,[30]或者是因为当事人过错(如滑雪中不遵守优先规则等),[31]即其风险来自运动项目本身或组织者、管理者的不作为,而不是因其他参加者正常行为所致,因此该类活动产生的损害赔偿不适用自甘风险条款的抗辩。多人组团进行的非商业性旅游冒险活动中,参加者受到损害后,指控其他参加者有改变路线、准备不充分、未采取正确救助措施等过错,要求其他参加者承担侵权责任的纠纷时有发生。[32] 但此类活动的风险并非来自其他参加者的行为,而是来自自然环境,参加者对此应有充分的认识,应当为自己的决定负责,而不应对其他参加者苛以过高的注意义务。这种自我承担责任的情形,不属于该条自甘风险条款的调整范围,而是《民法典》第

㉙ 参见刘转青、刘积德:《我国体育分类刍议》,载《体育学刊》2017 年第 1 期。

㉚ 参见陶某、张掖七彩文化旅游股份有限公司与中国人寿保险股份有限公司张掖分公司生命权、身体权、健康权纠纷案,甘肃省张掖市中级人民法院(2020)甘 07 民终 885 号民事判决书。

㉛ 参见张某涵与北京市万龙八易体育运动优先公司等生命权、身体权、健康权纠纷案,北京市第二中级人民法院(2021)京 02 民终 15845 号民事判决书。

㉜ 参见张某 1、张某 2 等与吴某华等侵权责任纠纷案,山东省滨州市滨城区人民法院(2019)鲁 1602 民初 4283 号民事判决书;刘某邦等诉陈某生命权纠纷案,浙江省嘉兴市南湖区人民法院(2015)嘉南民初 285 号民事判决书。

1165 条过错责任的调整范围,其他人不承担责任系因为缺乏过错要件,而非受害人的自甘风险。

竞技体育比赛强度大,场面激烈、刺激,人身伤害风险自然也高,但是,一方面,这类运动比赛规则更加严格;另一方面,参与活动的人多以此为业,与所在组织签有劳动合同,除有劳动保障救济外,基本都投有人身保险,因此,固然风险大,但适用自甘风险规则,既可保证运动项目本身的开展,也不会造成不公平、不合理的后果。

健身体育中,参加者主要目的在于锻炼身体,形式上主要以训练为主,或者仅为一般性竞技(比如几个好友相约打篮球等),通常风险不高,但因为对运动项目本身理解上存在差异,运动技能水平有限,运动风险也不可避免。事实上,司法实践中,因为参加体育活动造成伤害产生的纠纷,多数并非职业体育比赛活动,反而是来自民间组织的体育活动或者健身体育活动。不管运动层级如何,只要有身体对抗或者运动本身存在的风险,自甘风险规则就有适用空间。[33]

对“文体活动”虽不能绝对精确界定,但从立法过程和立法目的分析,对自甘风险采取限制适用精神,所以,有些活动即便能解释为“文体活动”,也要看是否有其他参加者,以及是否为具有一定身体对抗或协同风险的文体活动等;不能解释为“文体活动”的,就不能适用自甘风险规则。

除此之外,该条所规定的“文体活动”是以合法性为前提的,违反法律制度的基本价值观或违反善良风俗等活动,被排除在自由处分权范围之外。因此,实际生活中的“约架”“飙车”,或者以赌博为目的的文体活动,不适用“自甘风险”规则。

(二)“一定风险”的认定

从逻辑角度分析,并非所有的“文体活动”都适用自甘风险规则,《民法典》第 1176 条以“具有一定风险”限定,但因为用词过于抽象,给法律适用造成困扰。概括地看“一定风险”应理解为超出日常的特殊风险。司法实践中,是否为超出日常的特殊风险,应结合不同类型文体活动的特点,根据日常经验判断,比如,有判决书对篮球活动是否有“一定风险”解释认为:“本案中,魏

---

[33] 参见北京市笙辉国际体育文化交流有限公司等与扈某等侵权责任纠纷案,北京市第三中级人民法院(2021)京 03 民终 2882 号民事判决书。

某与陈某1均为自愿参与具有一定风险的篮球体育活动,涉案篮球活动虽属业余性质,但身体激烈对抗可能引发受伤的风险性高于日常体育锻炼活动,因此,对魏某与陈某1的行为均不能过于苛责。”[34]对某项具体活动是否具有“一定风险”可以考虑下列因素:(1)该文体活动是否具有对抗性。虽然立法中并未明确文体活动的对抗性,但通常缺乏身体对抗性的活动要么没有风险,要么不仅有风险,甚至风险极大,但除组织者的安全保障义务外,与其他参加人无关,自然无法使“其他参加者”承担赔偿责任。比如,户外探险类活动,不仅存在是否为“文体活动”的争论,也因其不具有各参加者身体对抗性而不能适用该条规定的自甘风险规则。当然,这里的对抗性,除身体直接接触的运动外,也包括通过运动器械的对抗,如羽毛球、藤球、网球等。(2)“风险”是否为文体活动所固有。即风险需无法避免,[35]如果风险是文体活动以外带来的,如球员受伤系观众投掷饮料瓶导致,则不适用自甘风险规则,该观众应承担过错责任。如果文体活动参加者的损害是因为场馆设施瑕疵,或者组织者疏忽导致,也不适用自甘风险规则,而应适用组织者、管理者、经营者安全保障义务违反责任。

四、自愿参加的认定

自愿参加,是指当事人按照自己的意愿参加。概括而言,“自愿参加具有一定风险的文体活动”,包含知道风险的认识要素和自愿承担风险的同意要素。认识要素即受害人知道或应当知道活动风险;同意要素,即受害人自愿参加活动承担风险,系出于真正的自由意志决定,非受欺诈或胁迫。[36] 如此,完全民事行为能力人知道或者应当知道文体活动的风险性,以明示或者默示的方式作出了愿意承受风险的意思表示,即可认定为该条规定的“自愿参加”。无民事行为能力人或限制民事行为能力人在其监护人事先同意的情况

---

[34] 参见福建省福州市中级人民法院民事判决书,(2021)闽01闽终2136号。

[35] 参见杜某与周某1、周某2生命权、身体权、健康权纠纷案,重庆市沙坪坝区人民法院(2020)渝0106民初13580号民事判决书。

[36] 参见邹海林、朱广新主编:《民法典评注 侵权责任编》(1),中国法制出版社2020年版,第131页。

下的参加,也构成自愿参加。有观点认为,有效的自甘风险需要考虑行为人的民事责任能力。[37] 但是,我国对责任能力的讨论并不充分,实践中基本都以行为能力为判断标准,在自甘风险的认定问题上,虽然涉及责任分担,但主要还是对风险的认识问题,而不是责任承担能力问题,在要求无民事行为能力人、限制民事行为能力人参加具有一定危险性的文体活动须由监护人同意的情况下,认定是否自愿参加具有一定风险的文体活动,无须再考虑责任能力问题。

自愿参加意味着当事人参加具有一定风险的文体活动并非出于履行法律或道德上义务的要求。至于实践中运动员被教练要求参加比赛,或学生被老师要求参加文体活动的情形,应该认为,前者通常因为双方之间存在劳动合同,按照要求参加比赛属于事先承诺,当然属于自愿参加;后者除身体异常原因外,参加文体活动属于教育的组成部分也应视为自愿参加。

自愿参加,以当事人对文体活动的风险有所认识为基础。不同的文体活动,风险概率是有差异的,拳击、自由搏击等直接身体对抗的竞技项目的风险,一般人都有认知,但对羽毛球等看起来没有风险的项目,很多人缺乏风险认知,甚至有学者在讨论自甘风险的适用时也常将羽毛球运动作为少风险对待,有人即便认为羽毛球运动存在"一定危险",也不认为危险来自羽毛球运动本身,而是"羽毛球拍不慎脱手"之类。这显然是对该项运动缺乏了解,实际上因为参加羽毛球运动而受到伤害的案例很多,《民法典》实施后的自甘风险第一案即出自羽毛球运动。[38] 如此,在实践中是否对运动风险有一定认知,还需结合年龄、运动的专业化程度、参与运动的经验等个案认定。

自愿参加的方式可以是口头同意,也可以表现为签订"自愿参赛责任书"[39]"运动安全协议"[40]"承诺书"[41]等明示方式,也可以是当事人的自愿行为

---

[37] 田雨:《论自甘风险在体育侵权案件中的司法适用》,载《武汉体育学院学报》2009 年第 11 期。

[38] 参见宋某祯诉周某身体权纠纷案,北京市朝阳区人民法院(2020)京 0105 民初 67259 号民事判决书。其实,本案中法院认为当事人参加该项运动多年,对项目的危险性应当知道的判断还是有进一步讨论余地的。毕竟当事人参加的是"三对三"比赛,与平时的单打或双打在风险上还是有所区别的。

[39] 云南省玉溪市中级人民法院民事判决书,(2020)云 04 民终 1328 号。

[40] 北京市顺义区人民法院民事判决书,(2020)京 0113 民初 8734 号。

[41] 云南省红河哈尼族彝族自治州中级人民法院民事判决书,(2020)云 25 民终 1327 号。

等默示方式。

需要注意的是,这里自愿参加的文体活动是以合法为前提的,因此,对于私下“约架”,或者以赌博为目的的进行的竞技活动,即便当事人自愿参加,甚至签订有“免责声明”,也不能适用自甘风险规则。

五、参加者的范围

该条规定中,涉及的主体包括“自愿参加”人、“其他参加者”“受害人”“活动组织者”。“活动组织者”的责任不属于自甘风险规则范畴,本文不作讨论。而“自愿参加”人与“受害人”相同,与“其他参加者”均为“参加者”。在理论和实践中,对“参加者”的范围有不同观点。对于运动或活动本身的参加者,即运动员(包括替补队员)、教练员,以及裁判人员等都属于活动的组成部分,他们对活动本身的风险熟悉,而且因此受到伤害可以获得保险、劳动者保护等赔偿,即不会因受到伤害而失去基本生活保障。对这部分人自然属于该条规定的“参加者”。而为活动提供服务的人员,如网球比赛中的球童、篮球场地清理人员等,虽有不同观点,但通常他们被运动本身伤害的概率很低,案件或出现纠纷极少,笔者认为,这些人无疑身处“文体活动的风险”之中,意外发生后,如果能通过劳动保障制度解决其赔偿问题,那么,在受害人与致其损害的“其他参加者”之间,适用自甘风险规则更合理。

争议较大的是观众是否为“参加者”?《侵权责任法》出台之前,杨立新老师主持的建议稿第 29 条第 3 款将体育活动中的观众也视为自甘冒险者。其内容为:“参加或者观赏具有危险性的体育活动,视为自愿承担损害后果,适用本条第 1 款的规定,但行为人违反体育运动管理规则,故意或者重大过失造成损害的除外。”[42]《民法典》出台后,有学者认为,该条的适用范围包括体育活动同场竞技参与者之间发生的伤害、观众在观看体育比赛时因场上竞赛行为发生的伤害、非商业性 AA 制户外旅游探险活动中发生的损害。[43] 杨立新老师在谈到该条“受害人”时也认为“受到损害的不限于自愿参加者,还

---

[42] 参见杨立新主编:《中华人民共和国侵权责任法草案建议稿及说明》,法律出版社 2007 年版,第 89 页。

[43] 参见韩勇:《〈民法典〉中的体育自甘风险》,载《体育与科学》2020 年第 41 卷第 4 期。

包括自愿观赏者”。[44] 而更多的观点认为该条的“参加者”不包括观众，“参加是指亲自加入活动或进入活动场地，而不包括仅作为观众欣赏”。[45] 最高人民法院法官的观点认为：观众的目的是娱乐，一般都远离比赛场地，不能认为观看比赛具有危险性，也不能认定他们已经预见到风险并愿意承担此风险。[46] 对此，一方面运动本身除职业运动员外，多数人亦为娱乐而参与活动；另一方面，有些运动场地与观众席距离非常近，如美国职业篮球联赛、汽车越野比赛等，也有些运动虽然场地与观众席距离较远，但也常有观众被伤到的情形，如棒球比赛等。如果因为运动员抢球时冲入近距离观看球赛的观众席，或者因为棒球飞入观众席而伤及观众，即由相关运动员承担责任，恐并不妥当。当然此种情况下，也可以适用过错责任一般条款处理，但其适用条件比之自甘风险规则更加复杂。因此不能概括认为观众受到的伤害一律不适用自甘风险，而应视具体情况个案判断。判断标准可比照活动的直接参与者认定，即是否认识到其近距离观看比赛或者观看特定比赛存在的危险性，是否明示或默示自愿承受由此带来的风险等。在域外法中，很多国家并没有明确“参加者”的范围，更没有对观众是否为“参加者”进行解释，明确观众可以成为自甘风险主体的是《埃塞俄比亚民法典》，其第2068条规定：“在进行体育活动的过程中，对参加同一活动的人或在场观众造成伤害的人，如果不存在任何欺骗行为或者对运动规则的重大违反，不承担任何责任。”

当然，观众作为“参加者”同意承受的风险与直接参与者有明显区别，不应将二者直接等同对待。第一，文体活动的直接参与者之间适用自甘冒险规则，对于一般过失造成的损害可以免责，但观众同意承受的风险应远小于直接参与者，如，滑雪者违反“一人一圈”的要求，两人共用一个滑雪圈，冲出滑道至场边观众受伤，此时如果适用自甘冒险免责，则不符合一般人的合理预期。而如果是近距离观看越野车比赛，则对于可能的翻车致害，观众应该有合理预期。第二，观众同意承受的风险较小，但并非不承受任何风险。在致害者遵守活动规则的情况下，仍无法避免致观众损害发生的，应适用自甘风

---

[44] 杨立新：《自甘风险：本土化的概念定义、类型结构与法律适用——以白银山地马拉松越野赛体育事故为视角》，载《东方法学》2021年第4期。

[45] 邹海林、朱广新主编《民法典评注　侵权责任编》(1)，中国法制出版社2020年版，第131页。

[46] 参见最高人民法院民法典贯彻实施小组主编：《中华人民共和国民法典侵权责任编理解与适用》，人民法院出版社2020年版，第117页。

险规则。如比赛用球意外飞到观众席上导致观众受伤、篮球比赛中选手救球冲出场外撞伤观众等,此类情形是观众近距离观赛时可以预见的风险,不应对参加者施加过重的注意义务。第三,如果受害人擅自靠近或横穿活动场所导致受伤,则受害人存在过错,不宜认为其属于"自甘风险",而应根据过错责任一般规定处理。

值得注意的是,如果受害人的行为与文体活动本身没有关系,无论如何不能认定为自甘冒险,也不能适用自甘冒险规则,如在"李某横穿篮球场案"中,[47]一审法院认为张某有过失,而二审法院认定张某在篮球场上进行背身接球跑动,系篮球运动中的常规动作,即使与其他球员发生碰撞,不能视为其存在过错;反观李某作为完全民事行为能力人,对篮球场明显区别于一般道路是明知的,对球场上有学生进行对抗性的篮球运动是明知,能够预见到横穿球场面临的受伤风险,其仍然选择横穿球场,应当视其为自甘冒险的行为,所产生的损害后果,应由其自行承担。实际上李某的行为并不符合自甘风险要件,其行为与运动本身没有联系,不属于参加者,也不属于观众。其横穿球场是有过错的行为,应当直接适用过错责任一般条款,以行为人无过错为由,裁判不承担责任。就此而言,有学者认为该条的"参加者"不仅包括正式的参加者,也包括那些擅自进入场地的人,比如为陪同外孙女滑雪而擅自进入场地、穿越滑道的老人,或者擅自进入足球场地而未被及时发现的球迷。其理由为"若非如此,对其他参加者必然不公平,毕竟其他参加者未必能够第一时间准确辨认出对方身份,并做出准确的规避和防范动作。"[48]对"参加者"不宜绝对限制在直接参与文体活动者范围是值得赞同的,但无论怎样,"擅自进入场地的人"不能视为"自甘风险"。其损害由其自己承受,而不是由"其他参加者"负担的原因,系因为其他参加者无过错,如果擅自进入场地的人造成"其他参加者"损害的,擅自进入场地的人则须承担赔偿责任。

---

[47] 参见湖北省武汉经济技术开发区人民法院民事判决书,(2020)鄂0191民初3557号。

[48] 邹海林、朱广新主编:《民法典评注 侵权责任编》(1),中国法制出版社2020年版,第131页。

六、故意和重大过失的判断

对自甘风险规则而言,实践中面临的难题或需要解决的问题是行为人违反活动规则的行为是否仍然属于文体活动的固有风险?在体育比赛中如正式的篮球比赛中,一方违反运动规则的情形十分常见,违规的行为导致受害人的损害是否属于运动的固有风险?美国"在这方面,大多数法院认为,其他参加者典型的违规行为所导致的损害不会导致责任",因为规则的违反是固有的而且可以预见的。[49] 但实际上,自愿参加具有一定风险的文体活动,并自愿承受该风险带来的损害,是以符合比赛规则或比赛规则允许(或能容忍)为前提的,而对超出比赛规则能容忍的范围的行为造成的损害,不是受害人事先能预见到的,当然也不能认定为其自甘风险。《民法典》第1176条将自甘风险规则适用的除外情形规定为"故意或重大过失"。民法上的故意指"行为人明知其行为会发生侵害他人民事权益的后果,仍有意为之的一种主观心理状态。"[50]即行为人认识到其行为后果,仍然实施该行为的情形。行为人主观上对损害结果不管是追求还是放任,均不影响故意的构成。重大过失,是指行为人连最基本的注意义务都没有尽到,或者说,行为人是以一种"异乎寻常的方式"违背了必要的注意。[51] 在故意或重大过失情形下,造成损害超过了文体活动本身的危险范畴,行为人主观上具有强烈的可非难性。[52] 对此,行为人不得以受害人自甘风险抗辩损害赔偿请求。

一般情况下,竞技体育规则有两方面内容,一是为保护参加者的人身安全的规则,其确立旨在明确共同参加者的注意义务,不履行该类义务,造成损害的行为人应当承担赔偿责任,该类规则通常源自法律规定,在风险告知书中不需列举。二是为维护比赛公平竞争秩序的规则,该类规则目的不在于对参加者行为的限制,而在于使活动更加有吸引力,在此规则内的行为造成其

---

[49] Davis Timothy, *Avila v. Citrus Community College District*: *Shaping the Contours of Immunity and Primary Assumption of the Risk*, 17 M ARQ. S PORTS L. R EV. 259, 274 (2006).

[50] 程啸:《侵权责任法》(第3版),法律出版社2021年版,第291页。

[51] 参见程啸:《侵权责任法》(第3版),法律出版社2021年版,第290页。

[52] 参见赵峰、刘忠伟:《论体育活动中自甘冒险的适用范围》,载《法律适用》2021年第11期。

他人的损害属于活动的固有风险,适用自甘风险规则,行为人无须承担责任。在我国《民法典》的自甘风险规则项下,违反前类注意义务造成他人损害时,才可能属于因故意或重大过失造成的损害。

具体可以通过以下几方面判断:(1)是否违反比赛规则。认定其他参加者的行为是否为故意或重大过失,首先要看文体活动的竞技规则是否被违反,竞技规则对活动参加者的行为具有约束力,而且,体育竞技规则在法律允许的范围内制定,因此,符合规则的行为必然符合法律规定,不应承担法律责任。[53] (2)文体活动对违反规则的行为的容忍程度。因为竞技体育的特点各有不同,比赛规则也有很大差别,在足球运动中双方在争球时"铲球"是被允许的动作,但在篮球运动中用"铲球"方式抢球,应被视为"恶意犯规",可能面临被罚出场的后果。当然,如先所述,犯规是竞技体育的组成部分,绝对禁止任何犯规行为是不可能的,如果犯规违反的是为保证竞赛公平竞争类的规则,行为人主观上虽有一定的过失,但属于活动本身能够容忍的犯规,则属于自甘风险的范畴。超出活动本身可容忍范围,受害人通常不会预料到的犯规行为,则应被视为故意或重大过失,比如拳击比赛时咬人耳朵、对无球队员的恶意犯规[54]等。(3)行为人对造成的损害后果是否具有预见性。如果已经预料到自己的违规行为可能会给对方造成人身伤害,而不在乎甚至追求这种伤害,即可认定为该条所规定的"故意或重大过失"。

因为文体活动特点千差万别,不同项目规则不同,对故意和重大过失的具体认定无法形成统一的标准。如拳击、自由搏击等运动,项目本身即是以有效击打对手为获胜标准的,运动员对对手的击打都是有意的,以此认定其为故意,并使其承担损害赔偿责任,显然是不合理的。因此,有学者直接认为,"在拳击等体育活动中,其他参加者遵守比赛规则的行为虽构成故意,但不适用该条,而应适用有关受害人同意的规则"。[55] 个人认为,在以击打对方有效部位得分为标准确定胜负的体育类活动中,应区分作为法律上要否定的主观心理的故意与日常生活中实施合法行为的有意。拳击比赛中的伤害不

---

[53] 参见刘铁光、黄志豪:《〈民法典〉体育活动自甘风险制度构成要件的认定规则》,载《北京体育大学学报》2021 年第 2 期。

[54] 在有些比赛中,可能会基于特殊战术考虑而有意犯规,如 BNA 比赛中为争取比赛时间而对对方罚篮不准的球员的有意犯规等。当然,该类犯规目的在于使对方罚篮,而不在于伤害对方,所以,轻推一下即可实现目的时,不能打人一拳。

[55] 周晓晨:《论受害人自甘冒险现象的侵权法规制》,载《当代法学》2020 年第 2 期。

是拳手或比赛追求的目的,也不是判定比赛胜负的标准。比赛规则严格规定了有效得分区和禁止击打区,选手击打有效得分区域,没有主观恶性,不属于法律上要责难的心理状态,而是应鼓励的行为,不仅能得分从而赢得比赛,对造成的损害也无须承担责任,此损害是最典型的自甘风险规则范围内的损害。而如果选手击打禁止区域,但被裁判认定为无意的,则也应属于自甘风险范畴,而如果是有意的,或者在裁判警告过后仍然不注意的,则应该认定为恶意,属于受法律上责难的心理状态。考虑到我国民法典对受害人同意采取特别规定的模式,在没有法律特别规定的情形下,作为一项典型的竞技体育活动,不能将其排除在自甘风险范围外,拳击类比赛也不宜认为属于受害人同意情形。

在篮球比赛中,如何认定"故意、重大过失",上海市第一中级人民法院在一起案件的判决中给出了值得肯定的意见,该判决认为,应结合多种因素判断行为人是否存在故意或者重大过失:第一,判断行为人的具体行为,其针对的对象是篮球还是对方的人身。第二,结合体育运动的种类与特性,篮球比赛中参加者的注意义务应当较为宽松。第三,考虑体育活动举办的规格。第四,体育活动开展的目的等。[56]

总之,对"故意或者重大过失"的认定,应结合不同文体活动的特点。实践中,为对比赛规则有更专业的了解,对违规行为有更准确的定性,应当邀请相关项目的专家作为专家证人出庭或组织专家论证给出咨询意见,在此基础上确定当事人的行为是一般过失还是重大过失,抑或是故意等。

七、自甘冒险的法律效果

有关法律效果的争议主要是适用自甘风险规则的后果是其他参加者完全不承担责任还是减轻责任,有无与有过失的适用空间。许多学者认为在受害人自愿或自甘风险的情况下,不能一律认定构成自甘冒险就不承担责任,需要依具体情况而定,这样既可以导致免责的后果,也可以导致减责的后果。其主要理由有:采用比较过失符合比较法的发展趋势,需要判断受害人的过

---

[56] 参见张某珺等生命权、身体权、健康权纠纷案,上海市第一中级人民法院(2021)沪01民终732号民事判决书。

错程度决定责任承担,加害人过错程度难以判断,有利于法官根据实际情况平衡当事人利益。[57] 其实,上述观点都是建立在广义的自甘冒险概念基础上的,是将文体活动之外的许多风险性活动都纳入自甘冒险的适用范围,如乘坐醉酒者驾驶的机动车、未经许可进入危险区域、医疗侵权、非法活动等。在广义的自甘冒险体系下,自甘冒险被认定为受害人的一种过错,适用过失相抵而作为减责或免责事由,有其逻辑性。如前所述,我国《民法典》第 1176 条第 1 款将自甘冒险的适用范围限定于“文体活动”的情况下,自甘风险是独立的责任抗辩事由,在此情况下无法将上述各种危险性活动包含在内,相关活动应通过过失相抵、受害人同意等其他减、免责制度解决。

“风险”是因不能归责于双方当事人的过失而引起的意外事故,因风险实现而产生的损害,由受害人承受具有合理性。根据该条规定,适用自甘风险规则的后果是“受害人不得请求其他参加者承担侵权责任”,这只能解释为免责,而不涉及“减责”问题。而在“其他参加者对损害的发生有故意或者重大过失”的情况下,前句所谓“不得请求其他参加者承担侵权责任”是被“除外”的,意味着在行为人存在故意或重大过失的情形,不适用“自甘风险”规则,如此,即便是在文体活动中,如果在故意或重大过失心理推动下实施侵害行为,也应适用一般侵权责任规则,在受害人也有过错的情况下,当然也就有了过失相抵的适用空间。

另外,本文没有讨论第 1176 条第 2 款组织者的责任问题,在司法实践中,如果损害是因为组织者违反安全保障义务导致,则不属于自甘风险规则调整范围,组织者也不能以受害人自甘风险为抗辩,但如果受害人对损害的发生或扩大有过错,自然也可以适用过失相抵规则。

在自甘风险规则适用情形中,有无公平责任适用空间?在《民法典》颁布前,较多的自甘冒险案件同时适用公平责任,认定加害人无过错的同时判决其与受害人分担损失。在《民法典》第 1186 条修改了原《侵权责任法》公平责任的规定后,因为有“依照法律的规定”的限制要件,而第 1176 条又没有关于双方公平分担损失的规定,可见现行的自甘冒险规则没有公平责任的适用余

[57] 参见王利明:《论受害人自甘冒险》,载《比较法研究》,2019 年第 2 期;最高人民法院民法典贯彻实施工作领导小组主编:《中华人民共和国民法典侵权责任编理解与适用》,人民法院出版社 2020 年版,第 117 页;李鼎:《论自甘风险的适用范围——与过失相抵、受害人同意的关系》,载《甘肃政法大学学报》2021 年第 1 期。

地。所以，在“自甘风险第一案”中，法院针对当事人提出适用公平责任，要求其他参加者分担损失时，法院明确回应：公平责任并不具有普遍适用性，因此适用范围应受到严格限制，否则容易导致滥用，影响过错责任和无过错责任应有规范功能的发挥。在该案中，根据查明情况，难谓双方当事人均无任何过失，且综合考虑双方当事人损益情况等因素，该案并不存在适用公平责任之情形。[58]

综上，作为我国法上一项新的制度，自甘风险是一项独立的法定免责事由，在其规则范围内，并无受害人同意、过失相抵以及公平责任适用空间，在参加文体活动时，在自甘风险范围之外，受害人有过错，才可能适用过失相抵以减轻行为人的责任。

The Understanding and Application of the Self-willing Risk Rule in My Country's Civil Code

Abstract: The voluntary risk norm stipulated in Article 1176 of the Civil Code is an independent statutory exemption, and within the scope of its rules, there is no room for victim consent, negligence, and fair liability. Cultural and sports activities mainly refer to sports activities, but also include acrobatics, group gymnastics and other cultural and recreational activities with certain risks. "Certain risks" should be understood as special risks beyond the daily; "voluntary participation in cultural and sports activities with certain risks" includes the elements of awareness of knowing the risks and the elements of consent to voluntarily take risks. Athletes (including substitutes), coaches, and referees are all "participants". Whether the perpetrator has intentional or gross negligence needs to be comprehensively judged based on factors such as whether the perpetrator violates the rules, the tolerance level of the cultural and sports activities for the violation of the rules, and whether the perpetrator can foresee the consequences of the damage.

Key words: Willing to Take Risks; Negligence Offset; Statutory Exemptions

[58] 参见北京市第一中级人民法院民事判决书，(2021)京01民终2688号。

清华法律评论(第十一卷第一辑)
第96～124页

《民法典》第1207条"产品责任中的惩罚性赔偿"评注

李承亮*

目　　次

摘　要　《民法典》第1207条以产品"存在缺陷"为要件,法院可以在保障人体健康和人身、财产安全的国家标准、行业标准之外对产品的安全性做实质性判断,并进而决定是否适用该条的惩罚性赔偿责任;而《食品安全法》第148条第2款第1句是以食品"不符合安全标准"为要件,法院在食品安全标准之外对食品是否安全做实质判断,对于该规定的适用并无实质意义。《民法典》第1207条将造成他人死亡或者健康严重损害规定为惩罚性赔偿的构成要件,就是明确了明知产品存在缺陷的购买者

* 李承亮,武汉大学法学院教授,研究方向:民法学。

不享有该条规定的惩罚性赔偿请求权。该条规定的惩罚性赔偿,应当按照计算基数乘以惩罚倍数计算,而不应当由法院任意酌定。被侵权人的实际损失难以准确确定不应成为任意酌定惩罚性赔偿的理由。死亡和健康损害本身不能以金钱衡量,不适合作为惩罚性赔偿的计算基数,但针对死亡和健康损害的赔偿金额却可以作为惩罚性赔偿的计算基数。该条“相应的惩罚性赔偿”这一表述中,“相应的”这一限定语主要是针对弹性赔偿倍数,而不是针对计算基数。

关键词 惩罚性赔偿 行为要件 后果要件 计算基数 惩罚倍数

一、规范定位

(一)立法沿革

原《侵权责任法》第 46 条规定的惩罚性赔偿仅适用于“明知产品存在缺陷仍然生产、销售”一种情形,《民法典》第 1207 条在该规定的基础上增加了“没有依据前条规定采取有效补救措施”这一适用情形。《民法典》第 1206 条规定,产品投入流通后发现存在缺陷的,生产者、销售者应当及时采取停止销售、警示、召回等补救措施。生产者、销售者没有依据该规定采取有效补救措施,造成他人死亡或者健康严重损害的,被侵权人也有权根据《民法典》第 1207 条请求惩罚性赔偿。①

(二)相关规定

1.《民法典》第 179 条第 2 款

侵权责任,尤其是侵权赔偿责任,以实现损害填补功能为原则。② 因此,侵权赔偿的数额原则上应当与侵权行为造成的损害相当(完全赔偿原则),既不能少,也不能多。而惩罚性赔偿的数额超出损失数额,③超出了损害填补功

① 关于扩大惩罚性赔偿适用范围的理由,参见黄薇主编:《中华人民共和国民法典侵权责任编解读》,中国法制出版社 2020 年版,第 167 页。

② 参见王利明:《侵权责任法研究》(上卷),中国人民大学出版社 2016 年版,第 120 ~ 122 页;张新宝:《侵权责任法》,中国人民大学出版社 2020 年版,第 6 页;王泽鉴:《侵权行为》,北京大学出版社 2016 年版,第 8 页。

③ 参见王利明:《侵权责任法研究》(下卷),中国人民大学出版社 2016 年版,第 276 页;张新宝、李倩:《惩罚性赔偿的立法选择》,载《清华法学》2009 年第 4 期,第 6 页。

能。因此,惩罚性赔偿为完全赔偿原则的例外,只有在法律设有特别规定时才能适用。④《民法典》第179条第2款规定:“法律规定惩罚性赔偿的,依照其规定。”该条就属于例外允许惩罚性赔偿的特别规定。

2.《消费者权益保护法》第55条第2款

《消费者权益保护法》第55条第2款规定:“经营者明知商品或者服务存在缺陷,仍然向消费者提供,造成消费者或者其他受害人死亡或者健康严重损害的,受害人有权要求经营者依照本法第四十九条、第五十一条等法律规定赔偿损失,并有权要求所受损失二倍以下的惩罚性赔偿。”该规定与《民法典》第1207条在适用范围上存在部分重合。⑤ 如果经营者故意向消费者提供的缺陷商品为《民法典》第1207条规定的缺陷产品并且提供的方式为生产、销售,⑥消费者既可以根据《消费者权益保护法》第55条第2款请求惩罚性赔偿,也可以根据《民法典》第1207条请求惩罚性赔偿。如果经营者故意向消费者提供缺陷服务,造成他人死亡或者健康严重损害,《民法典》第1207条就没有适用的空间,被侵权人只能根据《消费者权益保护法》第55条第2款请求惩罚性赔偿。⑦ 如果生产者、销售者在产品投入流通后发现产品存在缺陷而未及时采取停止销售、警示、召回等补救措施,造成他人死亡或者健康严重损害,则《消费者权益保护法》第55条第2款的适用条件不具备,消费者只能根据第1207条请求惩罚性赔偿。

另外,《消费者权益保护法》第55条第2款规定的请求权人仅限于消费者,而《民法典》第1207条规定的请求权人则没有此项限制,为所有被侵权人。因此,消费者以外的被侵权人只能依据《民法典》第1207条请求惩罚性赔偿。

3.《食品安全法》第148条第2款

《食品安全法》第148条第2款规定:“生产不符合食品安全标准的食品或者经营明知是不符合食品安全标准的食品,消费者除要求赔偿损失外,还

---

④ 参见朱广新:《惩罚性赔偿制度的演进与适用》,载《中国社会科学》2014年第3期。

⑤ 也有研究认为,《消费者权益保护法》第55条规定的惩罚性赔偿是《民法典》第1207条的具体化。参见程啸:《侵权责任法》,法律出版社2020年版,第586页。

⑥ 有研究认为,《消费者权益保护法》第55条的商品应与本条规定的产品做相同理解。参见张红:《侵权责任之惩罚性赔偿》,载《武汉大学学报(哲学社会科学版)》2020年第1期。

⑦ 本条仅适用于缺陷产品,不适用于缺陷服务。参见山东省青岛市中级人民法院民事判决书,(2021)鲁02民终3176号。

可以向生产者或者经营者要求支付价款十倍或者损失三倍的赔偿金；增加赔偿的金额不足一千元的，为一千元。但是，食品的标签、说明书存在不影响食品安全且不会对消费者造成误导的瑕疵的除外。"食品属于产品，[⑧]生产、经营不符合安全标准的食品是生产、销售缺陷产品的特殊情形。[⑨] 因此，《食品安全法》第148条第2款属于《民法典》第1207条的特别规定。根据特别法优先适用的原则，《食品安全法》第148条第2款应当优先于该条适用。如果某一侵权行为既符合《民法典》第1207条规定的要件，也符合《食品安全法》第148条第2款规定的要件，被侵权人就不能根据《民法典》第1207条请求惩罚性赔偿，只能根据《食品安全法》第148条第2款请求惩罚性赔偿。[⑩] 但在司法实务中，有法院无视特别法优先适用的原则，认为《食品安全法》第148条第2款惩罚性赔偿的适用除了应当满足该条规定的特殊构成要件，还应当满足《民法典》第1207条规定的一般构成要件。[⑪] 更令人费解的是，有法院在依据《食品安全法》第148条第2款的特殊规定判决侵权人承担购买食品价款十倍的惩罚性赔偿责任时援引《民法典》第1207条的规定。[⑫]

《食品安全法》第148条第2款规定的请求权人也仅限于消费者，法院常常以原告不是消费者为由驳回其诉讼请求。[⑬] 此时，原告仍可能根据《民法典》第1207条请求惩罚性赔偿。

4.《药品管理法》第144条第3款

《药品管理法》第144条第3款规定："生产假药、劣药或者明知是假药、劣药仍然销售、使用的，受害人或者其近亲属除请求赔偿损失外，还可以请求支付价款十倍或者损失三倍的赔偿金；增加赔偿的金额不足一千元的，为一

---

⑧ 《食品安全法》第150条规定，食品，指各种供人食用或者饮用的成品和原料以及按照传统既是食品又是中药材的物品，但是不包括以治疗为目的的物品。而《产品质量法》第2条第2款规定："本法所称产品是指经过加工、制作，用于销售的产品。"《食品安全法》第150条意义上的食品一般也符合《产品质量法》第2条第2款产品的定义。

⑨ 关于食品安全和食品安全标准的认定标准和认定机构，参见沈小军：《食品安全案件审理中法官的适度谦抑》，载《法学》2018年第2期。

⑩ 参见四川省高级人民法院民事判决书，(2018)川民再57号。

⑪ 参见上海市松江区人民法院民事判决书，(2021)沪0117民初807号；四川省邛崃市人民法院民事判决书，(2021)川0183民初1300号。

⑫ 参见四川省米易县人民法院刑事判决书，(2021)川0421刑初13号；重庆市巴南区人民法院民事判决书，(2021)渝0113民初5453号。

⑬ 如山东省青岛市李沧区人民法院民事判决书，(2020)鲁0213民初6058号、(2018)鲁0213民初3860号。

千元。”该规定针对生产假药、劣药和明知是假药、劣药仍然销售、使用两种行为规定的惩罚性赔偿与《食品安全法》第148条第2款针对生产不符合食品安全标准的食品和经营明知是不符合食品安全标准的食品两种行为规定的惩罚性赔偿几乎完全相同。药品同样属于产品,生产、销售、使用假药、劣药一般也属于生产、销售缺陷产品。因此,《药品管理法》第144条第3款也属于《民法典》第1207条的特别规定,应当优先于该条适用。

5.《最高人民法院关于审理医疗损害责任纠纷案件适用法律若干问题的解释》第23条

《最高人民法院关于审理医疗损害责任纠纷案件适用法律若干问题的解释》第23条规定:“医疗产品的生产者、销售者、药品上市许可持有人明知医疗产品存在缺陷仍然生产、销售,造成患者死亡或者健康严重损害,被侵权人请求生产者、销售者、药品上市许可持有人赔偿损失及二倍以下惩罚性赔偿的,人民法院应予支持。”医疗产品属于产品,生产、销售缺陷医疗产品属于生产、销售产品。⑭ 因此,《民法典》第1223条关于医疗产品责任的规定属于第四章产品责任的特别规定,应当优先适用。但是,《民法典》第1223条并未规定惩罚性赔偿。因此,医疗产品责任中的惩罚性赔偿只能在第四章产品责任的一般规则中寻找依据。《最高人民法院关于审理医疗损害责任纠纷案件适用法律若干问题的解释》第23条将医疗产品纳入《民法典》第1207条的适用范围,明确了医疗产品责任中的惩罚性赔偿。⑮ 该条文生效后,被侵权人请求惩罚性赔偿不再依赖《消费者权益保护法》第55条第2款。⑯ 法院也不能以医患关系不适用《消费者权益保护法》为由驳回被侵权人的惩罚性赔偿请求。⑰

《最高人民法院关于审理医疗损害责任纠纷案件适用法律若干问题的解释》第23条适用于医疗产品,而《药品管理法》第144条第3款适用于药品。药品属于医疗产品,生产、销售、使用假药、劣药一般也属于生产、销售缺陷医

⑭ 参见程啸:《侵权责任法》,法律出版社2020年版,第556页。

⑮ 在《最高人民法院关于审理医疗损害责任纠纷案件适用法律若干问题的解释》颁布之前,部分法院拒绝在医疗产品责任中适用惩罚性赔偿,如湖南省长沙市中级人民法院民事判决书,(2015)长中民再终00529号。

⑯ 参见张红:《侵权责任之惩罚性赔偿》,载《武汉大学学报(哲学社会科学版)》2020年第1期。

⑰ 如福建省厦门市中级人民法院民事判决书,(2013)厦民终3165号。

疗产品。因此,《最高人民法院关于审理医疗损害责任纠纷案件适用法律若干问题的解释》第23条与《药品管理法》第144条第3款之间是一般规定与特别规定的关系,后者在适用上优先于前者。

(三)正当性基础

1. 缓解侵权追究的机会主义弊病

在侵权人对同一被侵权人或者对众多被侵权人多次实施侵权行为时,其实施的侵权行为并不都会被发现和追究。在每一侵权案件中固守损害填补原则,侵权人只需要赔偿被追究的侵权行为造成的损害,并不需要对未被追究的侵权行为承担赔偿责任,其承担的总赔偿责任低于其造成的总损害,侵权成本较低。侵权成本越低,越不利于预防侵权。在特定侵权多发并且不易被发现或者追究难度较大的领域,让侵权人承担惩罚性赔偿责任,可以在一定程度上缓解侵权追究的机会主义弊病,提高侵权成本,有利于预防侵权。

2. 提高被侵权人维权的积极性

在被追究的侵权个案中“找补”未被追究的侵权个案毕竟不是理想的解决方案。去除侵权追究机会主义弊病的根本,还是在于提高被侵权人的维权积极性。惩罚性赔偿对于被侵权人而言属于超额赔偿,是在填补性赔偿之外再获得的赔偿,自然有利于提高被侵权人维权的积极性,有利于预防侵权。在填补性赔偿制度下,被侵权人会将维权耗费的时间、精力、金钱与预期的审判结果进行对比。如果维权太过昂贵,被侵权人常常会选择放弃维权,姑息侵权行为。[18] 如果允许被侵权人在请求损害赔偿之外再请求惩罚性赔偿,被侵权人通过维权不仅能使受到的损害得到填补,还能获得额外的惩罚性赔偿,维权的积极性自然会提高。[19]

3. 借助私人力量惩罚侵权[20]

惩罚侵权属于国家的职责,一般应当通过国家机关实现,而不是通过私人力量实现。惩罚性赔偿恰恰是借助私人力量来实现本应由国家实现的惩

---

[18] 参见[奥]赫尔穆特·考茨欧、瓦内萨·威尔科克斯:《惩罚性赔偿金:普通法与大陆法的视角》,窦海洋译,中国法制出版社2012年版,第278页。

[19] 参见最高人民法院民法典贯彻实施工作领导小组主编:《中华人民共和国民法典侵权责任编理解与适用》,人民法院出版社2020年版,第347页。

[20] 亦即“使私人协助执法”,参见高圣平:《食品安全惩罚性赔偿制度的立法宗旨与规则设计》,载《法学家》2013年第6期。

罚职责。[21] 从这个意义上讲,所有允许惩罚性赔偿的领域,都是国家机关履行惩罚职责在一定程度上失灵,至少是存在一定不足的领域。而且,在某些领域,监管者没有足够的动力去履行惩罚职责,致使相当多的侵权行为得不到处理。[22] 同时,公权比私人更有可能被不良经营者俘获。[23] 需要借助私人力量,协助或者代替国家机关来履行惩罚职能。[24]

借助私人力量,不仅仅包括借助被侵权人的力量,还包括借助被侵权人以外的社会力量,如专业维权机构和个人。[25] 而要直接借助被侵权人以外的社会力量,就需要去除惩罚性赔偿的损害要件,允许明知产品存在缺陷的购买者请求惩罚性赔偿。我国法律采用二元的惩罚性赔偿立法模式:《食品安全法》第 148 条第 2 款分别针对受损的被侵权人和未受损的被侵权人规定了两种惩罚性赔偿标准,未受损的被侵权人也可以请求惩罚性赔偿;而《民法典》第 1207 条仅允许因缺陷产品死亡或者健康严重受损的被侵权人请求惩罚性赔偿,未受损的被侵权人不能请求惩罚性赔偿。上述二元模式反映了立法者对于不同领域借助私人力量惩罚侵权迫切程度的不同认定:对于食品等特殊产品,不仅需要借助被侵权人的私人力量,还需要直接发动专业维权的社会力量;[26]而对于一般产品,只需要借助被侵权人的力量,不需要直接发动专业维权的社会力量。

二、构成要件

《民法典》第 1207 条规定了两种需要承担惩罚性赔偿责任的行为:一种

---

[21] 参见朱广新:《惩罚性赔偿制度的演进与适用》,载《中国社会科学》2014 年第 3 期。

[22] 参见最高人民法院民事审判第一庭编:《最高人民法院关于食品药品纠纷司法解释理解与适用》,人民法院出版社 2014 年版,第 61 ~ 62 页。

[23] 参见沈小军:《食品安全案件审理中法官的适度谦抑》,载《法学》2018 年第 2 期。

[24] 参见张晓梅:《中国惩罚性赔偿制度的反思和重构》,上海交通大学出版社 2015 年版,第 128 页。

[25] 但也有研究认为,"全民打假"不符合现代社会的法治理念,陷入了通过群众性运动解决社会问题的历史惯性思维。参见李仁玉、陈超:《知假买假惩罚性赔偿法律适用探析——对〈最高人民法院关于审理食品药品纠纷案件适用法律若干问题的规定〉第 3 条的解读》,载《法学杂志》2015 年第 1 期。

[26] 关于在食品安全领域承认"职业打假人"惩罚性赔偿请求权的意义,参见山东省青岛市中级人民法院民事判决书,(2021)鲁 02 民终 6025 号、(2019)鲁 02 民终 263 号。

是明知产品存在缺陷仍然生产、销售;另一种是产品投入流通后发现存在缺陷未采取有效补救措施。其中,第一种为积极作为,第二种为消极不作为。无论哪一种行为,都只在造成他人死亡或者健康严重损害时,才导致惩罚性赔偿责任。

(一)行为要件

1. 明知产品存在缺陷仍然生产、销售

(1)产品存在缺陷

该条“产品存在缺陷”要件在内容上与《民法典》第 1202 条一致。《产品质量法》第 46 条规定,产品存在缺陷,是指产品存在危及人身、他人财产安全的不合理的危险;产品有保障人体健康和人身、财产安全的国家标准、行业标准的,是指不符合该标准。认定产品是否存在缺陷,具有一定的专业性,超出法官的能力范围。因此,法官在认定产品是否存在缺陷时,需要借助相关的国家标准、行业标准。[27] 只有在不存在相关国家标准、行业标准时,法官才根据产品的危险性对其是否存在缺陷进行实质判断。但在司法实务中,法院在存在相关国家标准、行业标准时仍会对产品是否存在缺陷进行实质判断。如有法院认为,根据产品责任制度保护消费者合法权益的立法目的,在认定产品缺陷时以不合理危险为衡量标准,产品不符合保障人身、财产安全的国家标准或行业标准的,可以直接认定产品存在缺陷,产品符合保障人身、财产安全的国家标准或行业标准的,只能初步证明产品无缺陷,若有证据证明产品存在不合理危险,仍应认定产品存在缺陷。[28] 按照该观点,产品不符合保障人身、财产安全的国家标准或者行业标准,一定存在缺陷;而产品符合保障人身、财产安全的国家标准或者行业标准,却不一定不存在缺陷。如果有证据证明该产品存在不合理危险,仍应认定存在缺陷。产品不符合保障人身、财产安全的国家标准或者行业标准,只是产品存在缺陷的充分条件,而不是必要条件。[29] 法院不仅可以在没有相关国家标准、行业标准时根据产品的危险

---

[27] 有研究认为,法院还应当尊重行政机关的专业判断。参见沈小军:《食品安全案件审理中法官的适度谦抑》,载《法学》2018 年第 2 期。

[28] 参见江苏省沭阳县人民法院民事判决书,(2019)苏 1322 民初 3312 号;河南省武陟县人民法院民事判决书,(2018)豫 0823 民初 2483 号;广西壮族自治区柳州市中级人民法院民事判决书,(2012)柳市民一终 545 号。

[29] 有研究甚至认为,医疗产品含有有毒成分只是该产品有缺陷的充分条件。参见张红:《侵权责任之惩罚性赔偿》,载《武汉大学学报(哲学社会科学版)》2020 年第 1 期。

性认定该产品存在缺陷,还可以在产品符合相关国家标准、行业标准时根据产品的危险性认定该产品存在缺陷。[30] 法官在相关国家标准、行业标准之外对产品是否存在缺陷做实质判断,实际上是基于普通人的常识弥补国家标准、行业标准的不足甚至是修改国家标准、行业标准。法官作为产品质量领域的普通人,应当保持适度谦抑,[31]尊重国家标准、行业标准,只在相关国家标准、行业标准明显不合时宜或者违背常识时才在国家标准、行业标准之外对产品是否存在缺陷做实质判断。

不安全食品属于缺陷产品,而食品安全标准属于保障人体健康和人身、财产安全的国家标准、行业标准。因此,食品不安全与食品安全标准之间的关系,实际上就是产品缺陷与保障人体健康和人身、财产安全的国家标准、行业标准之间的关系。按照《产品质量法》第 46 条确立的原则,法院在没有相关食品安全标准时,可以对食品是否安全做实质判断。同时,法院也可以将符合安全标准但又明显不安全的食品认定为不安全食品。但是,《食品安全法》第 148 条第 2 款第 1 句并未规定食品“存在缺陷”或者“不安全”的要件,而是规定“不符合食品安全标准”的要件。在食品安全标准之外对食品是否安全做实质判断,对于该条惩罚性赔偿的适用并无意义。根据该条文,承担惩罚性赔偿责任的前提条件是食品不符合安全标准,而不是食品不安全。在不存在相关食品安全标准时,法院即使能够根据某一食品的危险性认定该食品不安全,也不能根据该条文判决侵权人承担惩罚性赔偿责任。而在存在相关食品安全标准时,法院即使将某一符合安全标准的食品认定为不安全,也不能根据该条文判决侵权人承担惩罚性赔偿责任。

我国食品安全标准种类繁多、内容丰富,《预包装食品标签通则》甚至规定了对食品标签字体高度和颜色的要求。[32] 食品标签不符合《预包装食品标签通则》的要求虽然违反食品安全标准,却并不一定导致对人体健康造成危害的风险,并不一定不安全。因此,在食品安全领域,法院仍会在食品安全标准之外对食品是否安全做实质判断。[33] 但法院这样做的目的不是扩张惩罚性

[30] 参见江苏省南京市中级人民法院民事判决书,(2014)宁民终第 613 号,载《最高人民法院公报》2015 年第 12 期。

[31] 参见沈小军:《食品安全案件审理中法官的适度谦抑》,载《法学》2018 年第 2 期。

[32] 参见该规则 4.1.2.2.2。

[33] 如有法院认为,进口红酒无中文标签不符合食品安全标准,但不会影响食品安全。参见山东省青岛市李沧区人民法院民事判决书,(2018)鲁 0213 民初 3860 号。

赔偿的适用，而是限缩惩罚性赔偿的适用。法官面临的司法适用难题通常并不是将符合安全标准的食品纳入惩罚性赔偿的适用范围，而是将部分不符合安全标准的食品排除在《食品安全法》第148条第2款的适用范围之外。自2009年《食品安全法》颁布以来，关于食品的标签、说明书存在瑕疵是否应当适用惩罚性赔偿，一直未能形成统一意见。[34] 为此，有研究认为应当区分食品安全和食品安全标准，不符合安全标准的食品不一定导致对人体健康造成危害的风险，不一定不安全；[35]对于不符合安全标准但不会对人体健康造成危害风险的食品，不能适用《食品安全法》第148条第2款第1句的惩罚性赔偿。[36] 这一主张显然忽视了该惩罚性赔偿与《民法典》第1207条惩罚性赔偿在构成要件上的不同。《食品安全法》第148条第2款适用的前提是“不符合食品安全标准”，而不是“不安全”。[37] 将不符合食品安全标准的食品认定为安全食品，并不能排除该条惩罚性赔偿的适用。

《食品安全法》在2015年修订时，专门针对食品的标签、说明书存在瑕疵这一突出问题设置了特殊规则，增加了一个但书：“食品的标签、说明书存在不影响食品安全且不会对消费者造成误导的瑕疵的除外。”该但书实际上是针对食品标签、说明书存在瑕疵这一特定情形授权法院在食品安全标准之外对食品是否安全作实质判断，将标签、说明书存在瑕疵却不影响食品安全的情形排除出惩罚性赔偿的适用范围。[38] 但是，《食品安全法》第148条第2款的但书只针对食品标签、说明书存在瑕疵，不能适用于食品不符合安全标准的其他情形。在食品不符合安全标准的其他情形，限缩惩罚性赔偿的适用范

---

[34] 该法生效后，绝大多数食品安全的诉讼均与食品标签、说明书的瑕疵有关。参见沈小军：《食品安全案件审理中法官的适度谦抑》，载《法学》2018年第2期。

[35] 参见张红：《侵权责任之惩罚性赔偿》，载《武汉大学学报（哲学社会科学版）》2020年第1期。实际上，《食品安全法》第148条第2款第1句采用了“食品安全标准”要件，而第2句但书则是采用“食品安全”要件。

[36] 但是，也有法院反对在食品安全标准之外对食品的安全性做实质判断，认为“不能对不符合食品安全标准的食品的安全性分割三六九等”。参见山东省青岛市中级人民法院民事判决书，(2019)鲁02民终263号。

[37] 对《食品安全法》第148条第2款“不符合食品安全标准”要件的强调，参见山东省青岛市中级人民法院民事判决书，(2021)鲁02民终6025号。

[38] 如有法院认为，芥花籽橄榄油食用调和油的标签中未标示橄榄油含量即使违反《食品安全国家标准预包装食品标签通则》，也并不影响食品安全，不应适用惩罚性赔偿；进口红酒无中文标签虽然违反食品安全标准，却不影响食品安全，不应适用惩罚性赔偿。参见四川省高级人民法院民事判决书，(2018)川民再57号；山东省高级人民法院民事判决书，(2020)鲁民再386号。

围并不能通过在食品安全标准之外对食品的安全性做实质判断来实现。此外,《食品安全法》第148条第2款但书的适用,需要同时具备不影响食品安全和不会对消费者造成误导两个要件。而不影响食品安全的食品标签、说明书瑕疵仍然可能对消费者造成误导。对于不影响食品安全却会对消费者造成误导的食品标签、说明书瑕疵,《食品安全法》第148条第2款但书不能适用,限缩惩罚性赔偿适用范围同样不能通过在食品安全标准之外对食品的安全性做实质判断来实现。在《食品安全法》第148条第2款但书不能适用时,限缩惩罚性赔偿适用范围只能通过限缩食品安全标准的范围来实现。针对食品的国家标准、行业标准并不都是食品安全标准。[39] 不符合国家标准、行业标准对食品的要求,并不都是不符合食品安全标准,并不都能够适用惩罚性赔偿。

(2)明知

明知产品存在缺陷仍然生产、销售,意味着在主观上存在故意。侵权人必须具有主观故意才承担惩罚性赔偿责任。[40] 但是,此处的故意,是针对生产、销售缺陷产品,而不是针对缺陷产品造成的损害。[41] 因此,被侵权人请求惩罚性赔偿,只需要证明侵权人明知产品存在缺陷仍然生产、销售,并不需要证明侵权人明知缺陷产品会造成损害并且追求或者放任损害的发生。[42] 明知不包括应知,过失生产、销售缺陷产品无须承担惩罚性赔偿责任。[43]

《食品安全法》第148条第2款规定的行为要件与《民法典》第1207条略有不同。《民法典》第1207条规定的明知仅仅针对经营不符合安全标准的食品,不针对生产不符合安全标准的食品。因此,生产者即使对于食品不符合安全标准在主观上不存在故意,也需要承担惩罚性赔偿责任。生产者的惩罚

---

[39] 关于食品违规和食品不符合安全标准的区分,参见沈小军:《食品安全案件审理中法官的适度谦抑》,载《法学》2018年第2期。

[40] 参见黑龙江省高级人民法院民事裁定书,(2018)黑民申18号;山东省青岛市李沧区人民法院民事判决书,(2020)鲁0213民初6058号。

[41] 亦即明知商品存在缺陷仍然生产、销售的故意,参见安徽省高级人民法院民事裁定书,(2018)皖民申1826号。

[42] 但也有法院将造成损害的主观故意与销售(使用)缺陷产品的主观故意相混淆,如山西省高级人民法院民事裁定书,(2017)晋民申670号。

[43] 有研究认为,"明知"包含"应知"且迥异于"故意"。参见张红:《侵权责任之惩罚性赔偿》,载《武汉大学学报(哲学社会科学版)》2020年第1期。对"明知"做这种解释,显然超出了该词的语义边界。

性赔偿责任可能因过失而产生；[44]而销售者承担惩罚性赔偿责任应以其明知食品不符合安全标准仍然销售为前提。

(3)生产、销售

《民法典》第 1207 条规定的惩罚性赔偿仅适用于缺陷产品的生产者、销售者，不能适用于产品流通链条上的其他主体，如《民法典》第 1204 条规定的运输者、仓储者。也就是说，被侵权人即使能够证明他人明知产品存在缺陷仍然运输、仓储，也不能根据该条请求该他人承担惩罚性赔偿责任。在一起车辆缺陷引起的损害赔偿纠纷中，法院拒绝将惩罚性赔偿责任适用于产品销售者的业务员。[45] 而在一起因缺陷漏电断路器引起的损害赔偿纠纷中，法院却将该条规定的惩罚性赔偿责任适用于为用户安装漏电断路器的供电公司。[46] 该判决扩大该条惩罚性赔偿的适用范围，于法无据。

2. 产品投入流通后发现存在缺陷未及时采取有效补救措施

产品投入流通时，生产者可能明知产品存在缺陷，也可能并未发现产品存在缺陷。生产者未发现产品存在缺陷，既可能因为产品投入流通时并无缺陷，也可能因为将产品投入流通时的科学技术水平尚不能发现缺陷的存在，甚至还可能是因自身的过失未发现产品存在缺陷。根据《产品质量法》第 46 条第 2 款的规定，生产者因为前两种原因未发现产品存在缺陷，无须对缺陷产品造成的损害承担赔偿责任。[47] 生产者因为第三种原因未发现产品存在缺陷，仍需要对缺陷产品造成的损害承担赔偿责任。根据《民法典》第 1206 条，在产品投入流通时无论因为上述哪种原因未发现产品存在缺陷，事后一旦发现产品存在缺陷，生产者、销售者都有及时采取停止销售、警示、召回等补救措施的义务。生产者、销售者违反上述义务造成损害，应当承担侵权责任。

未发现产品存在缺陷而生产、销售，自然不构成故意生产、销售缺陷产

---

[44] 参见朱广新：《惩罚性赔偿制度的演进与适用》，载《中国社会科学》2014 年第 3 期。

[45] 参见江苏省高级人民法院民事裁定书，(2014)苏审二民申 0757 号。

[46] 在该案中，法院以供电公司对于漏电断路器有缺陷并非明知为由驳回原告的惩罚性赔偿请求，而不是以供电公司并非销售者为由驳回原告的惩罚性赔偿请求。参见广东省高级人民法院民事判决书，(2017)粤民再 235 号。

[47] 但是，《产品质量法》第 46 条第 2 款第 2 项的适用应受《民法典》第 1203～1204 条限制。根据《民法典》第 1203～1204 条，没有缺陷的产品在投入流通后产生缺陷(如因销售者、仓储者、运输者等第三人的过错使产品存在缺陷)并造成损害，被侵权人仍可请求生产者赔偿。生产者赔偿后，可以向有过错的第三人追偿。

品。按照原《侵权责任法》第47条,生产者、销售者即使在发现产品存在缺陷后未及时采取补救措施或者采取补救措施不力,也只需要填补因此造成的损害,不需要承担惩罚性赔偿责任。但是,生产者、销售者在发现产品缺陷后不及时采取有效补救措施的行为"置他人的生命财产安全于不顾,置法律规定于不顾,主观恶性极大",应当予以严惩。[48] 因此,《民法典》第1207条增加了"没有依据前条规定采取有效补救措施"这一适用惩罚性赔偿的情形。根据该条,生产者、销售者虽然并非明知产品存在缺陷仍然生产、销售,但只要在发现产品存在缺陷后未及时采取有效补救措施,仍然需要承担惩罚性赔偿责任。

(二)后果要件

1.一般规定

(1)后果要件的作用

无论是故意生产、销售缺陷产品的情形,还是事后发现产品存在缺陷未及时采取有效补救措施的情形,造成他人死亡或者健康严重损害都是适用《民法典》第1207条惩罚性赔偿的前提条件。没有死亡或者健康严重损害,被侵权人不能仅凭侵权人故意生产、销售缺陷产品或者事后发现产品存在缺陷未及时采取有效补救措施的事实请求惩罚性赔偿。即使缺陷产品造成他人死亡或者健康严重损害,也只有被侵权人本人或者《民法典》第1181条规定的主体才有权请求《民法典》第1207条规定的惩罚性赔偿,缺陷产品的所有权人未受到死亡或者健康严重损害,不能请求《民法典》第1207条规定的惩罚性赔偿。[49] 另外,只有死亡或者健康严重损害是生产者、销售者明知的缺陷所致,被侵权人才有权请求《民法典》第1207条规定的惩罚性赔偿。被侵权人不能证明自己受到的损害是生产者、销售者明知的缺陷所致,也不能请求《民法典》第1207条规定的惩罚性赔偿。[50]

惩罚性赔偿是否以造成死亡或者健康严重损害为要件,直接决定明知产品存在缺陷的购买者能否请求惩罚性赔偿。[51] 原《侵权责任法》第47条将造

---

[48] 参见黄薇主编:《中华人民共和国民法典侵权责任编解读》,中国法制出版社2020年版,第167页。

[49] 参见最高人民法院民事判决书,(2018)最高法民再420号;湖北省高级人民法院民事裁定书,(2020)鄂民申1763号。

[50] 参见最高人民法院民事判决书,(2018)最高法民再420号。

[51] 也就是知假买假者,本文采用明知产品存在缺陷的购买者这一更为严谨的表述。

成他人死亡或者健康严重损害规定为惩罚性赔偿的构成要件,就是明确了明知产品存在缺陷的购买者不享有惩罚性赔偿请求权。因为明知产品存在缺陷的购买者,通常不会让缺陷产品对自己造成损害,尤其是不会让缺陷产品对自己造成死亡或者健康严重损害。《民法典》第 1207 条沿袭了原《侵权责任法》第 47 条,也将造成他人死亡或者健康严重损害规定为惩罚性赔偿的构成要件,进一步明确了明知产品存在缺陷的购买者不享有惩罚性赔偿请求权。

(2)后果要件的内容

健康严重损害,并不一定体现为残疾,但造成残疾的,可以认定为造成健康严重损害。[52]

2. 例外规定

(1)《食品安全法》

明知产品存在缺陷的购买者不能根据《民法典》第 1207 条请求惩罚性赔偿,却能够根据《食品安全法》请求惩罚性赔偿。该法第 148 条第 2 款第 1 句与《民法典》第 1207 条不同,并未规定惩罚性赔偿的后果要件。虽然明知食品不符合安全标准的购买者通常不会让自己食用该食品受损,但这一事实并不影响其向该食品的生产者或者经营者请求惩罚性赔偿。[53] 在最高人民法院第 23 号指导案例中,法院根据当时的《食品安全法》第 96 条第 2 款判决明知食品不符合安全标准仍然购买并不影响购买者的惩罚性赔偿请求权。[54]《最高人民法院关于审理食品药品纠纷案件适用法律若干问题的规定》第 3 条也明确规定,因食品、药品质量问题发生纠纷,购买者向生产者、销售者主张权利,生产者、销售者以购买者明知食品、药品存在质量问题而仍然购买为由进行抗辩的,人民法院不予支持。在司法实务中,法院常常援引该司法解释支

---

[52] 参见王利明:《侵权责任法研究》(下卷),中国人民大学出版社 2016 年版,第 282 页。

[53] 但也有研究认为,惩罚性赔偿必须以填补性赔偿的成立为前提,也就是被侵权人受到损害为前提。参见王利明:《侵权责任法研究》(下卷),中国人民大学出版社 2016 年版,第 277 页。也有法院持该观点,如开封市中级人民法院民事判决书,(2013)汴民终 1397 号;开封市龙亭区人民法院民事判决书,(2013)龙民初 593 号;山东省青岛市李沧区人民法院民事判决书,(2018)鲁 0213 民初 3860 号。

[54] 参见江苏省南京市江宁区人民法院民事判决书,(2012)江宁开民初 646 号。最高人民法院第 23 号指导案例的裁判要点:“消费者购买到不符合食品安全标准的食品,要求销售者或者生产者依照食品安全法规定支付价款十倍赔偿金或者依照法律规定的其他赔偿标准赔偿的,不论其购买时是否明知食品不符合安全标准,人民法院都应予支持。”

持明知食品不符合安全标准的购买者请求惩罚性赔偿。[55]

在一起因销售超过保质期食品引起的惩罚性赔偿纠纷中,法院一方面认为《食品安全法》上的惩罚性赔偿以原告受到损害为要件,另一方面却将该损害的范围扩展至原告因购买过期食品而受到的财产损失,也就是扩展至购买价款。[56] 该院据此判决被告在赔偿损失(购买价款)之外承担购买价款10倍的惩罚性赔偿责任。将惩罚性赔偿的后果要件扩展至购买缺陷产品的价款,实际上就是取消了惩罚性赔偿的后果要件。根据该理论,原告即使明知其购买的食品不符合安全标准并且并未因食用该食品受到损害,也受到了所谓的"购买价款损失",被告也应承担惩罚性赔偿责任。不仅如此,被告在这一理论框架下承担的总赔偿责任(购买价款的11倍)还要高于其在直接否定惩罚性赔偿责任后果要件的理论框架下承担的总赔偿责任(购买价款的10倍)。

《食品安全法》第148条第2款为《民法典》第1207条的特别规定,应当优先适用。因此,对于产品责任中的惩罚性赔偿,存在两种截然不同的规则。食品作为特殊产品,应当适用《食品安全法》的特别规定,请求惩罚性赔偿不以造成死亡或者健康严重损害为前提条件。[57] 一般产品则适用《民法典》第1207条的一般规定,请求惩罚性赔偿以造成死亡或者健康严重损害为前提条件。但仍有法院无视《食品安全法》第148条第2款的特殊性,认定该条惩罚性赔偿也应当具备后果要件。[58]

(2)《药品安全法》

《药品安全法》第144条第3款的惩罚性赔偿同样未规定后果要件。《最高人民法院关于审理食品药品纠纷案件适用法律若干问题的规定》第3条对此予以确认。相对于《民法典》第1207条而言,《药品安全法》第144条第3款的规则属于特殊规定,同样应当优先适用。也就是说,只有食品、药品以外的产品才能适用《民法典》第1207条的规定。如有法院通过认定减肥产品并非"食品、药品或化妆品"来排除《食品安全法》第148条第2款、《药品安全

---

[55] 如重庆市巴南区人民法院民事判决书,(2021)渝0113民初5453号。

[56] 参见河南省高级人民法院民事判决书,(2016)豫民再549号。

[57] 参见山东省青岛市中级人民法院民事判决书,(2021)鲁02民终6025号;(2019)02民终263号;北京市第二中级人民法院民事判决书,(2010)二中民终22428号。

[58] 如上海市松江区人民法院民事判决书,(2021)沪0117民初807号;四川省邛崃市人民法院民事判决书,(2021)川0183民初1300号;山东省青岛市李沧区人民法院民事判决书,(2020)鲁0213民初6058号。

法》第 144 条第 2 款的适用,并根据《民法典》第 1207 条的后果要件驳回原告的惩罚性赔偿请求。[59]

三、计算基数

原《侵权责任法》第 47 条仅对惩罚性赔偿的构成要件作出规定,并未规定惩罚性赔偿的计算基数和惩罚倍数。《民法典》第 1207 条沿袭了原《侵权责任法》第 47 条的做法,也未规定计算基数和惩罚倍数。尽管如此,《民法典》第 1207 条规定的惩罚性赔偿,仍应按照计算基数乘以惩罚倍数计算,而不应当由法院任意酌定。[60] 被侵权人的实际损失难以准确确定不应成为任意酌定惩罚性赔偿的理由。实际损失难以确定以及难以得到赔偿的难题,应当通过降低被侵权人证明标准以及扩大法院在计算损失时的裁量权解决,也就是通过建立酌定赔偿制度解决,而不应当通过建立惩罚性赔偿制度并且任意酌定惩罚性赔偿的数额解决。[61]

(一)损害赔偿金额

《民法典》第 1207 条规定的惩罚性赔偿以被侵权人受到损害为前提,自然可以将被侵权人受到的损害作为计算基数。而实施该条规定的侵权行为,既可能侵害他人人身,也可能侵害他人财产。因此,被侵权人受到的损害,既可能是侵害人身造成的损害,如该条规定的死亡和健康损害等;也可能是侵害财产造成的损害,如有体物毁损、灭失等。

1. 侵害人身造成的损害

侵害人身既可能造成被侵害人人身权益本身的损害,也就是直接损害;也可能造成被侵害人其他损害,也就是间接损害。侵害人身造成的直接损害既包括死亡、健康损害等肉体损害,也包括精神损害。而侵害人身造成的间接损害主要是因误工减少的收入等。

---

[59] 参见湖北省高级人民法院民事裁定书,(2020)鄂民申 1763 号。

[60] 有研究认为,本条惩罚性赔偿的倍数和其他计算标准“有赖于未来的相关司法解释作出具体规定”。参见张新宝:《侵权责任法》,中国人民大学出版社 2020 年版,第 218 页。

[61] 有研究认为,惩罚性赔偿是在实际损害不能准确确定、通过填补性赔偿难以补偿受害人受到的损失的情况下适用的。参见王利明:《侵权责任法研究》(下卷),中国人民大学出版社 2016 年版,第 280 页。这种观念混淆了惩罚性赔偿和酌定赔偿的功能定位。

(1)死亡和健康损害

侵害人身造成的直接损害主要是死亡和健康损害。《民法典》第 1207 条规定的惩罚性赔偿以造成他人死亡或者健康严重损害为要件,在确定数额时首先应当考虑侵权行为造成的死亡和健康损害。但是,惩罚性赔偿以支付一定金钱的方式实现,而死亡和健康损害是不能以金钱衡量的非财产损害,不宜直接作为惩罚性赔偿的计算基数。[62] 关于惩罚性赔偿的计算基数,《消费者权益保护法》第 55 条、《食品安全法》第 148 条以及《最高人民法院关于审理医疗损害责任纠纷案件适用法律若干问题的解释》第 23 条均作出了明确的规定。上述条文规定的计算基数均包括被侵权人受到的损害。但这些条文无一例外都采用了“损失”的表述,并未采用“损害”的表述。损失是损害的特定类型,特指能以金钱衡量的抽象财产损害。上述法律将惩罚性赔偿的计算基数限定为损失,就是由于只有能以金钱衡量的抽象财产损害才适合作为惩罚性赔偿的计算基数。

死亡和健康损害本身不能以金钱衡量,不适合作为惩罚性赔偿的计算基数。但是,死亡和健康损害仍然是以支付一定金钱的方式予以填补的,针对死亡和健康损害的赔偿金额可以作为惩罚性赔偿的计算基数。对于健康损害,侵权人承担责任的方式通常并不是承担治疗和康复责任(广义恢复原状),而是赔偿被侵权人为治疗和康复支出的费用。填补健康损害的治疗和康复费用赔偿属于金钱赔偿,可以作为惩罚性赔偿的计算基数。根据《最高人民法院关于审理人身损害赔偿案件适用法律若干问题的解释》第 6 条、第 8 ~ 11 条的规定,治疗和康复费用具体包括医疗费、护理费、交通费、住院伙食补助费、营养费等。被侵权人受到的健康损害构成残疾时,侵权人还应当赔偿残疾生活辅助具费和残疾赔偿金。造成被侵权人死亡时,侵权人应当赔偿丧葬费和死亡赔偿金。[63] 无论是赔偿残疾生活辅助具费和残疾赔偿金,还是赔偿丧葬费和死亡赔偿金,都属于金钱赔偿,都可以作为惩罚性赔偿的计算基数。《消费者权益保护法》第 55 条第 2 款明确规定,惩罚性赔偿的计算基数包括该法第 49 条规定的赔偿金额,亦即医疗费、护理费、交通费等为治疗

---

[62] 关于财产损害和非财产损害的区分,参见王利明:《侵权责任法研究》(上卷),中国人民大学出版社 2016 年版,第 319 ~ 320 页;王泽鉴:《损害赔偿》,北京大学出版社 2017 年版,第 75 ~ 76 页。

[63] 参见江西省安福县人民法院民事判决书,(2016)赣 0829 民初 1272 号。

和康复支出的合理费用，残疾生活辅助具费，残疾赔偿金，丧葬费，死亡赔偿金等。

(2)精神损害

侵害人身除了造成肉体损害，还可能造成精神损害。精神损害不能以金钱衡量，也不宜直接作为惩罚性赔偿的计算基数。但是，由于精神损害也是以支付一定金钱的方式予以赔偿，因此，精神损害赔偿金额可以作为惩罚性赔偿的计算基数。《消费者权益保护法》第 55 条第 2 款明确规定，惩罚性赔偿的计算基数包括该法第 51 条规定的赔偿金额，也就是精神损害赔偿金额。[64] 根据上述规定，作为惩罚性赔偿计算基数的损害，似乎还包括不能以金钱衡量并且根本不能填补的精神损害。[65] 但实际上，惩罚性赔偿的计算基数既不是精神损害本身，也不是填补该损害所需的费用，而是抚慰被侵权人所支付的适当金额。[66]

《消费者权益保护法》第 51 条适用于经营者侮辱诽谤、搜查身体、侵犯人身自由等侵害他人人身权益的行为，而第 55 条第 2 款规定的侵权行为是明知商品或者服务存在缺陷仍向消费者提供的行为，似乎并不属于《消费者权益保护法》第 51 条的适用范围。但《消费者权益保护法》第 55 条第 2 款却明文规定被侵权人有权根据该法第 51 条请求精神损害赔偿。这充分说明，《消费者权益保护法》第 51 条规定的精神损害赔偿除了适用于侮辱诽谤、搜查身体、侵犯人身自由三种情形，至少还适用于明知商品或者服务存在缺陷仍向消费者提供的行为。明知商品或者服务存在缺陷仍向消费者提供，造成他人死亡或者健康严重损害的，被侵权人除了可以根据第 49 条请求侵权人就肉体损害请求赔偿，还可以根据第 51 条请求侵权人就精神损害请求赔偿。同时，针对肉体损害的赔偿金额和针对精神损害的赔偿金额均属于惩罚性赔偿的计算基数。

有研究认为，惩罚性赔偿与精神损害赔偿在功能上有一定的交集，具有

---

[64] 参见江西省安福县人民法院民事判决书，(2016)0829 民初 1272 号。

[65] 也有研究将精神损害赔偿定性为填补性赔偿。参见最高人民法院民法典贯彻实施工作领导小组主编：《中华人民共和国民法典侵权责任编理解与适用》，人民法院出版社 2020 年版，第 354 页。

[66] 有研究认为惩罚性赔偿和精神损害赔偿均具有抚慰功能，在功能上存在一定程度的重合，精神损害赔偿不应作为惩罚性赔偿的计算基数。参见最高人民法院民法典贯彻实施工作领导小组主编：《中华人民共和国民法典侵权责任编理解与适用》，人民法院出版社 2020 年版，第 354 页。

一定程度的相互替代性。[67] 精神损害赔偿也有惩罚功能,[68]将精神损害赔偿作为惩罚性赔偿的计算基数可能产生重复惩罚的问题。

(3)误工损失

侵害人身还可能造成误工损失。《民法典》第1179条规定,侵权人除了应当赔偿为治疗和康复支出的合理费用之外,还应当赔偿因误工减少的收入。因误工减少的收入就是误工损失,该损失属于侵害健康权造成的间接损害,准确而言,属于可得利益损失。[69]《消费者权益保护法》第55条第2款明确规定,惩罚性赔偿的计算基数包括该法第49条规定的赔偿项目。而该法第49条规定的赔偿项目也包括误工损失。误工损失属于间接损害,而间接损害都是直接以金钱衡量的抽象财产损害。正因为这个原因,间接损害一般被称为间接损失,误工损害一般被称为误工损失。[70] 与死亡、健康损害、精神损害不同,间接损失本身就可以作为惩罚性赔偿的计算基数。

2. 侵害财产造成的损害

如果实施《民法典》第1207条规定的侵权行为仅侵害他人财产,并未侵害他人人身,该侵权行为就不可能造成他人死亡或者健康严重损害,被侵权人就不能根据该条请求惩罚性赔偿,也就无所谓计算基数。如果实施该条规定的侵权行为在侵害了他人人身造成死亡或者健康严重损害的同时也侵害了他人财产造成被侵害财产毁损、灭失等损害,被侵害人同样有权根据该条请求惩罚性赔偿。此时,惩罚性赔偿的计算基数除包括侵害他人人身造成的损害以及针对该损害的赔偿金额之外,是否还应包括侵害他人财产造成的损害以及针对该损害的赔偿金额?如汽车生产商乙发现已经售出的汽车存在缺陷而未按照《民法典》第1206条的规定采取有效补救措施,甲驾驶上述缺陷车辆在自家车库失控,甲的健康受到严重损害,并且撞坏自家车库门和放

---

[67] 参见张新宝、李倩:《惩罚性赔偿的立法选择》,载《清华法学》2009年第4期。

[68] 因此,《最高人民法院关于确定民事侵权精神损害赔偿责任若干问题的解释》第5条将侵权人的过错程度、侵权行为的目的、方式、场合等具体情节作为确定精神损害赔偿数额的重要因素。

[69] 《最高人民法院关于审理人身损害赔偿案件适用法律若干问题的解释》第7条"误工费"的表述有一定的误导性,容易产生因误工减少的收入属于费用损失的误解。因误工减少的收入属于被侵权人本可以获得的利益,而不属于本不该支出的费用。

[70] 直接损害(损失)和间接损害(损失)这一对术语的使用十分混乱。本文在原《民法通则》第117条的意义上使用这一对术语,直接损害是指被侵害财产本身的损害,间接损害是指被侵权人受到的其他损害。

置在车库的儿童车。其中车库门尚可维修，儿童车已经彻底损坏并无维修价值。如果甲根据《民法典》第 1207 条向乙请求惩罚性赔偿，计算基数除了包括甲的治疗和康复费用赔偿、误工损失赔偿和精神损害赔偿等针对健康损害的赔偿，是否还包括车库门的修理费和儿童车的市场价格等针对财产损害的赔偿？回答该问题，需要确定对《民法典》第 1207 条“造成他人死亡或者健康严重损害”规定的功能。如果“造成他人死亡或者健康严重损害”规定不仅仅是惩罚性赔偿的构成要件，还是惩罚性赔偿的计算基数，那么，惩罚性赔偿的计算基数只包括侵害人身造成的死亡或者健康严重损害以及针对该损害的赔偿金额，而不包括侵害财产造成的损害以及针对该损害的赔偿金额。[71] 以上例子中，惩罚性赔偿的计算基数仅包括甲的治疗和康复费用、误工损失和精神损害赔偿等，不包括车库门的修理费和婴儿车的市场价格。

如果“造成他人死亡或者健康严重损害”仅仅是惩罚性赔偿的前提条件，那么，惩罚性赔偿计算基数就不限于侵害人身造成的死亡或者健康严重损害以及针对该损害的赔偿金额，还包括侵害财产造成的损害以及针对该损害的赔偿金额。[72] 针对财产损害的赔偿，不仅包括按照财产的市场价格计算的损失，如上述案例中乙因婴儿车毁损而受到的价值损失，还包括按照恢复原状费用确定的金钱赔偿，如上例中的车库门维修费用赔偿。如果受损的财产为对被侵权人具有人身意义的特定物（《民法典》第 1183 条第 2 款），针对财产损害的赔偿甚至还可能包括精神损害赔偿。侵害他人财产同样可能造成间接损失，如损坏依法从事经营性活动的财产所产生的合理停运损失。[73] 上述精神损害赔偿金额以及合理停运损失也可以作为惩罚性赔偿的计算基数。

（二）购买产品的价款

《民法典》第 1207 条的惩罚性赔偿与《消费者权益保护法》第 55 条第 2 款的惩罚性赔偿，都以造成他人死亡或者健康严重损害为构成要件。因此，《民法典》第 1207 条的惩罚性赔偿在计算基数上似乎更应当参考《消费者权益保护法》第 55 条第 2 款。而《消费者权益保护法》第 55 条第 2 款只规定了

---

[71] 有法院认为，惩罚性赔偿金仅适用于受害人生命、健康受损情形，而不适用于财产损害。参见甘肃省高级人民法院民事判决书，(2017)甘民终 134 号。根据该观点，本条“造成他人死亡或者健康严重受损”这一规定既限定惩罚性赔偿的适用范围，也限定惩罚性赔偿的计算基数。

[72] 参见甘肃省天水市中级人民法院民事判决书，(2016)甘 05 民初 10 号。

[73] 参见《最高人民法院关于审理道路交通事故损害赔偿案件适用法律若干问题的解释》第 12 条第 3 项。

一种计算基数:损害赔偿金额。被侵权人根据《消费者权益保护法》第55条第2款请求惩罚性赔偿,只能以损害赔偿金额为计算基数,而不能以购买产品的价款为计算基数。但这并不意味着,以造成损害为构成要件的惩罚性赔偿只能以损害赔偿金额为计算基数,而不能以购买价款作为计算基数。[74]《旅游法》第70条第1款规定的惩罚性赔偿以造成旅游者人身损害、滞留等严重后果为构成要件,却以旅游费用作为计算基数,而不是以损害赔偿金额作为计算基数。《民法典》第1207条虽然以造成他人或者健康严重损害为构成要件,仍然可以以购买产品的价款作为惩罚性赔偿的计算基数。

《食品安全法》第148条第2款第1句的惩罚性赔偿不以被侵权人受到损害为前提条件,并且规定了被侵权人的损害和购买价款两种计算基数。在不符合安全标准的食品未造成损害的情形,惩罚性赔偿只能以购买价款作为计算基数。而在不符合安全标准的食品造成损害的情形,惩罚性赔偿既可以以损害赔偿金额为计算基数,也可以以购买食品的价款为计算基数。需要强调的是,即使按照购买价款的十倍计算,惩罚性赔偿仍然是在填补性赔偿之外承担的赔偿责任。侵权人先要填补被侵权人的损害,再赔偿购买价款的十倍。食品的价格通常较低,购买价款的十倍仍可能远远低于被侵权人受到的损害。[75] 如果侵权人不承担填补性赔偿责任,赔偿购买价款十倍仍可能不足以填补被侵权人的损害。[76]

(三)侵权利润

《民法典》第1185条规定了侵害知识产权的惩罚性赔偿。《著作权法》第54条第1款、《专利法》第71条第1款、《商标法》第63条第1款、《种子法》第73条第3款和《反不正当竞争法》第17条第3款均对侵害知识产权的惩罚性赔偿作出了具体规定。这些规定中,惩罚性赔偿的计算基数除了被侵权人

---

[74] 有研究将惩罚性赔偿区分为合同责任的惩罚性赔偿和侵权责任的惩罚性赔偿,并且将购买产品的价款限定为合同责任的惩罚性赔偿的计算基数,参见张红:《侵权责任之惩罚性赔偿》,载《武汉大学学报(哲学社会科学版)》2020年第1期。这种观点与《食品安全法》第148条第2款、《旅游法》第80条不符。

[75] 参见朱广新:《惩罚性赔偿制度的演进与适用》,载《中国社会科学》2014年第3期。

[76] 对惩罚性赔偿的类似批判参见李响:《我国食品安全法"十倍赔偿"规定之批判与完善》,载《法商研究》2009年第6期。

受到的实际损失,还包括侵权利润和许可使用费。[77] 各知识产权单行法规定的侵权行为主要是使用他人知识产权的行为,侵害知识产权的赔偿数额可以按照侵权使用的价值,也就是使用人本应支付的许可使用费确定。《民法典》第 1207 条规定的侵权行为是侵害他人生命权和健康权的行为,而生命权和健康权不能被他人使用,也不能以金钱衡量。因此,各知识产权单行法以许可使用费作为惩罚性赔偿的计算基数,对该条的适用并无参考价值。

各知识产权单行法将侵权利润作为惩罚性赔偿的计算基数,对《民法典》第 1207 条的适用具有参考价值。实施该条规定的侵权行为,尤其是明知产品存在缺陷仍然生产、销售的行为,可能获得利润。因此,该条规定的惩罚性赔偿还可能以侵权利润作为计算基数。侵权利润赔偿可以剥夺侵权人因侵权获得的利润。而剥夺侵权利润,让侵权人无利可图似乎比让侵权人填补损害更有利于预防侵权。[78] 从这个角度上来说,以侵权利润作为计算基数似乎比以实际损失作为计算基数更契合惩罚性赔偿预防侵权的功能定位。[79]

四、惩罚倍数

(一)参照依据

《民法典》第 1207 条未对惩罚性赔偿的计算基数作出明确规定,自然也不可能对于惩罚的倍数作出明确规定。但是,《消费者权益保护法》第 55 条第 2 款、《食品安全法》第 148 条第 2 款均对惩罚性赔偿的计算基数和惩罚倍数作出了详细的规定,可供参考。其中,《消费者权益保护法》第 55 条第 2 款针对损害赔偿金额这一计算基数规定了两倍的标准。而《食品安全法》第

---

[77] 侵权利润赔偿常常被称为侵权获利赔偿或者非法获利赔偿,如王叶刚:《论人格权擅自商业化利用中的获利赔偿请求权》,载《法学评论》2016 年第 4 期;和育东:《非法获利赔偿制度的正当性及适用范围》,载《法学》2018 年第 8 期。侵权人因侵权而获得的利益是侵权使用本身及其市场价值——许可使用费。我国立法所称“按照侵权人因此获得的利益赔偿”,实际上并不是指按照侵权使用的市场价值(许可使用费)赔偿,而是指按照侵权人因此获得的利润赔偿。为明确指向,本文直接称为侵权利润赔偿。

[78] 有法院甚至认为,惩罚性赔偿的功能在于剥夺加害人非法获得的利益而实现社会的一般预防。参见甘肃省高级人民法院民事判决书,(2017)甘民终 134 号。

[79] 将侵权获利作为确定惩罚性赔偿的参考因素,参见最高人民法院侵权责任法研究小组编著:《〈中华人民共和国侵权责任法〉条文理解与适用》,人民法院出版社 2010 年版,第 343 页。

148 条第 2 款则分别针对购买价款和损害赔偿金额这两种计算基数规定了十倍和三倍的标准。《民法典》第 1207 条规定的惩罚性赔偿以被侵权人受到损害为要件,与《消费者权益保护法》第 55 条第 2 款类似。因此,《民法典》第 1207 条的惩罚性赔偿可以参考《消费者权益保护法》第 55 条第 2 款损害赔偿金额的二倍这一标准。

《最高人民法院关于审理医疗损害责任纠纷案件适用法律若干问题的解释》第 23 条专门针对医疗产品规定了损害赔偿金额的二倍这一标准,也可以作为确定《民法典》第 1207 条惩罚倍数的参考。最高人民法院对于医疗产品责任中惩罚性赔偿的计算基数和惩罚倍数都是参照《消费者权益保护法》第 55 条第 2 款设定,与《食品安全法》第 148 条第 2 款不同。

(二)弹性倍数标准和固定倍数标准

从《食品安全法》第 148 条第 2 款的表述来看,无论是购买价款的十倍,还是损害赔偿金额的三倍,都属于固定倍数标准。只要符合该条规定的前提条件,被侵权人就可以请求购买食品价款十倍或者损害赔偿金额三倍的惩罚性赔偿。法院对于惩罚性赔偿的数额,尤其是惩罚倍数并无自由裁量权。与《食品安全法》第 148 条第 2 款不同,《消费者权益保护法》第 55 条第 2 款规定的惩罚倍数不是二倍,而是二倍以下。因此,《消费者权益保护法》第 55 条第 2 款的惩罚倍数标准为弹性倍数标准,而不是固定倍数标准。损害赔偿金额的二倍为惩罚性赔偿的上限,而不是惩罚性赔偿本身。根据弹性赔偿标准,法院可以综合参考侵权人的过错程度、情节严重程度等因素在损害赔偿金额的二倍以下酌定惩罚性赔偿的数额。由于倍数可以不是整数,[80]惩罚性赔偿可以是损害赔偿金额二倍以下的任何数额。我国现行关于惩罚性赔偿的规定,除了《食品安全法》第 148 条第 2 款之外,基本都采用弹性标准。《民法典》第 1207 条应当采用《消费者权益保护法》第 55 条第 2 款的弹性倍数标准。亦即,法院综合参考侵权人的过错程度、情节严重程度等因素在损失的二倍以下酌定惩罚性赔偿的数额。《民法典》第 1207 条"相应的惩罚性赔偿"这一表述中,"相应的"这一限定语主要是针对惩罚倍数,而不是针对计算基数。无论是损害赔偿金额,还是购买价款,都是相对客观的事实,法院酌定空

---

[80] 参见林广海、李剑、秦元明:《〈关于审理侵害知识产权民事案件适用惩罚性赔偿的解释〉的理解和适用》,载《人民司法(应用)》2021 年第 10 期。

间较小。法院在确定惩罚性赔偿数额时的裁量权主要针对弹性惩罚倍数。因此该条所称“相应的”,是指惩罚倍数与侵权人的过错程度、情节严重程度等因素相适应。[81]

(三)考量因素

1. 过错程度

过错程度一般是指侵权人在主观上存在故意或者过失以及过失的程度。但是,《民法典》第1207条的惩罚性赔偿以侵权人明知产品存在缺陷仍然生产、销售或者产品投入流通后发现存在缺陷仍不及时采取有效的补救措施为前提条件,侵权人至少对于缺陷产品进入流通或者继续流通在主观上存在故意。侵权人如果在主观上仅为过失,则不需要承担该条规定的惩罚性赔偿责任。因此,侵权人的过错程度作为酌定惩罚性赔偿数额的考量因素,不可能指侵权人对于缺陷产品进入流通或者继续流通在主观上存在故意或者过失以及过失的程度。[82]

2. 情节严重程度

情节严重程度一般是指侵权手段、次数,侵权行为的持续时间、地域范围、规模、后果、侵权人在诉讼中的行为、侵权人的获利情况等因素。[83] 其中,侵权行为的后果包括侵权行为造成的损害后果和社会影响。[84] 其中,损害后果又可能是惩罚性赔偿的计算基数。如果惩罚性赔偿是以损害赔偿金额为计算基数,酌定惩罚倍数时不应重复考虑这一因素。同理,侵权利润也可以作为惩罚性赔偿的计算基数。如果惩罚性赔偿是以侵权利润作为计算基数,酌定惩罚倍数时同样不应重复考虑这一因素。侵权人在诉讼中的行为涉及侵权人在实施侵权行为后的态度,如侵权人是否存在伪造、毁坏或者隐匿侵权证据,拒不履行保全裁定等行为,在损害发生后是隐瞒还是积极补救等。

---

[81] 有研究将本条“相应的”这一标准作为需要被侵权人予以证明的构成要件。参见王利明:《侵权责任法研究》(下卷),中国人民大学出版社2016年版,第283页。

[82] 有研究照搬其他领域惩罚性赔偿制度,将侵权人的过错程度作为本条酌定惩罚性赔偿数额的考量因素(参见最高人民法院民法典贯彻实施工作领导小组主编:《中华人民共和国民法典侵权责任编理解与适用》,人民法院出版社2020年版,第354页)。该观点显然忽视了本条惩罚性赔偿的特殊性。

[83] 参见《最高人民法院关于审理侵害知识产权民事案件适用惩罚性赔偿的解释》第4条。

[84] 将侵权行为造成的损害后果和社会影响作为酌定惩罚性赔偿数额的考量因素,参见甘肃省高级人民法院民事判决书,(2017)甘民终134号。

如果生产者、销售者在损害发生后仍然采取各种措施隐瞒产品的缺陷,应当承担较重的惩罚性赔偿责任。[85]

3. 侵权人的经济能力

侵权人的经济能力也应当作为酌定惩罚倍数的考量因素。同样数额的赔偿责任,对于经济能力不同的侵权人而言,惩罚的效果也不尽相同。对于经济能力较强的侵权人,应当酌定较高的惩罚倍数,才能更好地实现惩罚的功能。

4. 潜在侵权人或者潜在被侵权人的数量

潜在侵权人或者潜在被侵权人的数量也应当在酌定惩罚倍数时予以考量。潜在侵权人越多,通过惩罚预防侵权的需求越迫切,越应当酌定较高的惩罚倍数。潜在被侵权人越多,缓解侵权追究机会主义弊病的需求越迫切,越应当酌定较高的惩罚倍数。

5. 侵权人承担的其他惩罚性责任

酌定惩罚倍数还需要考量侵权人因实施侵权行为已经承担或者将要承担的行政、刑事责任等。行政、刑事责任在功能上与惩罚性赔偿之间存在一定程度的重合。[86] 因此,《民法典》第 187 条只能适用于补偿性民事责任,不适用于惩罚性民事责任。被侵权人通过承担行政、刑事责任已经或者将要接受惩罚,惩罚性赔偿应当相应酌减,以避免重复惩罚。

(四)分别单独计算

填补性赔偿数额和惩罚性赔偿数额应当分别单独计算。如果惩罚性赔偿的倍数确定为损害赔偿金额的二倍,那么被侵权人承担的赔偿总额应当为填补性赔偿数额加上惩罚性赔偿数额之和,即为损害赔偿金额的三倍。[87]

---

[85] 参见最高人民法院民法典贯彻实施工作领导小组主编:《中华人民共和国民法典侵权责任编理解与适用》,人民法院出版社 2020 年版,第 354 ~ 355 页。

[86] 参见张晓梅:《中国惩罚性赔偿制度的反思和重构》,上海交通大学出版社 2015 年版,第 128 页。

[87] 参见林广海、李剑、秦元明:《〈关于审理侵害知识产权民事案件适用惩罚性赔偿的解释〉的理解和适用》,载《人民司法(应用)》2021 年第 10 期。

五、举证责任

(一)明知

《民法典》第1207条并未就举证责任的分配设置特殊规则,因此,包括明知在内,惩罚性赔偿的构成要件都应由被侵权人举证。[88] 但是,明知为侵权人的主观心理状态,被侵权人通常难以证明。在实务中,法院常常根据一些特定的事实推定侵权人明知产品存在瑕疵。[89] 只要存在该特定事实,法院就推定侵权人明知产品存在瑕疵。[90] 侵权人想要推翻该推定,应当证明自己对于产品存在缺陷并非明知。上述推定的本质是通过"事实自证"或者推定等方式来减轻被侵权人的证明责任,[91]而不是对于明知要件实行举证责任倒置。部分法院直接要求生产者、销售者承担不明知的举证责任,[92]于法无据。

在产品因不符合保障人体健康和人身、财产安全的国家标准、行业标准而被认定为存在缺陷的情形,生产者、销售者明知产品存在缺陷的前提是明知该国家标准、行业标准。但是,被侵权人以产品不符合保障人体健康和人身、财产安全的国家标准、行业标准为由请求生产者、销售者承担惩罚性赔偿责任,并不需要证明生产者、销售者明知该国家标准、行业标准。法院直接根据生产者、销售者的经营者身份推定其明知该国家标准、行业标准。生产者、销售者想要推翻上述推定,需要证明自己对相关国家标准、行业标准并非明知。[93] 在一起因销售不符合安全标准食品引起的损害赔偿纠纷中,法院根据被告为食品经营者的事实认定其对于销售的食品不符合安全标准"应当属于

---

[88] 参见山东省胶州市人民法院民事判决书,(2013)胶民初5214号。

[89] 参见林广海、李剑、秦元明:《〈关于审理侵害知识产权民事案件适用惩罚性赔偿的解释〉的理解和适用》,载《人民司法(应用)》2021年第10期。

[90] 也就是法官结合生活经验对侵权人是否明知产品存在缺陷作出判断。参见石磊:《人身损害不是十倍赔偿的前提条件》,载《人民司法·案例》2014年第8期。

[91] 参见王利明:《侵权责任法研究》(下卷),中国人民大学出版社2016年版,第282页。

[92] 例如四川省成都市中级人民法院民事判决书,(2011)成民终1921号;广西壮族自治区南宁市中级人民法院民事判决书,(2016)桂01民终1066号。

[93] 在一起因药品缺陷引起的损害赔偿纠纷中,法院并未否定被告通过证明自己"因客观原因未收到卫生部关于暂停使用冻干血浆的文件"来证明自己对于涉案药品存在缺陷并非明知的可能性。参见山西省高级人民法院民事裁定书,(2017)晋民申670号。

明知”。[94] 此处的“应当属于明知”实际上也属于根据特定事实推定被告明知食品不符合安全标准。

有法院根据销售者没有履行进货查验义务的事实推定其明知产品存在缺陷。[95] 严格说来,仅凭销售者未履行进货查验义务这一事实只能认定销售者对于销售缺陷产品存在过失,不能认定其故意销售缺陷产品。因未履行进货查验义务而被推定为明知产品存在缺陷的销售者,仍然可以通过证明自己对产品存在缺陷并非明知而免除惩罚性赔偿责任。

有法院根据销售者已履行进货查验义务的事实推定其对产品存在缺陷并非明知。如有法院根据销售者系有权机构对产品进行检验并认定该产品为合格产品后再出售这一事实认定不存在明知产品存在缺陷仍然销售的情形。[96] 有法院根据销售者履行了对供货者合格证明文件的查验义务这一事实判决销售者不需要承担惩罚性赔偿责任。[97] 严格来说,已履行进货查验义务的销售者仍可能明知产品存在缺陷。因此,在销售者因已履行进货查验义务而被推定为对产品存在缺陷并非明知的情形时,被侵权人仍然可以举证推翻上述推定。

(二)不适用首负责任制

《民法典》第1203条规定了首负责任制。根据该规定,被侵权人因产品缺陷受到损害,既可以向产品的生产者请求赔偿,也可以向产品的销售者请求赔偿。接到赔偿请求的生产者或者销售者,应当先行赔付后再向最终责任人追偿,不得要求被侵权人直接向最终责任人请求赔偿。[98]《食品安全法》第148条第1款对首负责任制作出了更为明确的规定。无论是《民法典》第1203条,还是《食品安全法》第148条第1款,首负责任制均仅针对填补性赔偿责任。首负责任制的目的是使被侵权人的损害得到及时全面的填补,避免因为生产者、销售者互相推诿造成不便。[99] 惩罚性赔偿的功能并不是填补被侵权人的损害,而是为了惩罚故意生产、销售缺陷产品等违法行为。因此,首

---

[94] 参见四川省成都市中级人民法院民事判决书,(2016)川01民终11501号。

[95] 参见山东省青岛市中级人民法院民事判决书,(2021)鲁02民终6025号。

[96] 参见重庆市高级人民法院民事裁定书,(2019)渝民申2714号。

[97] 参见四川省高级人民法院民事判决书,(2018)川民再57号。

[98] 参见最高人民法院民法典贯彻实施工作领导小组主编:《中华人民共和国民法典侵权责任编理解与适用》,人民法院出版社2020年版,第351页。

[99] 参见程啸:《侵权责任法》,法律出版社2020年版,第587页。

负责任制并不适用于惩罚性赔偿。[100] 被侵权人根据《民法典》第 1207 条向生产者请求惩罚性赔偿,需要证明生产者明知产品存在缺陷仍然生产或者没有依据《民法典》第 1206 条采取有效补救措施。生产者当然可以以产品的缺陷系因销售者的过错产生为由提出抗辩。如果产品的缺陷系因销售者的过错产生,生产者自然不可能明知产品存在缺陷仍然生产、销售,也就不应当承担《民法典》第 1207 条规定的惩罚性赔偿责任。同理,被侵权人根据该条向销售者请求惩罚性赔偿,销售者也有权以其对销售的产品存在缺陷并非明知为由提出抗辩。总之,无论是生产者,还是销售者,都只为自己的行为承担惩罚性赔偿责任,并且,在承担了惩罚性赔偿责任后也不存在追偿的可能。

Comments on Article 1207 of the Civil Code "Punitive Compensation in Product Liability"

Abstract: Article 1207 of the Civil Code takes "defective product" as a requirement. The court can make substantive judgments on the safety of the product in addition to national or sectoral standards for ensuring human health and personal and property safety, and then decide whether to apply this article. The first sentence of paragraph 2 of Article 148 of the Food Safety Law takes "the food that fails to meet food safety standards" as a requirement, whether the court can make substantive judgments on the safety of the food, makes no difference to the application of this provision. Causing death or serious damage to health is a constituent element of punitive compensation, which means that the purchaser who knows that the product has defects does not have the right to claim punitive compensation under this article. The punitive compensation shall be calculated based on the calculation base multiplied by the penalty multiple, and shall not be arbitrarily determined by the court. The actual loss of the infringed is difficult to be determined accurately should not be a reason for discretionary punitive compensation. Death and health damage itself cannot be measured in money, and

[100] 参见最高人民法院民法典贯彻实施工作领导小组主编:《中华人民共和国民法典侵权责任编理解与适用》,人民法院出版社 2020 年版,第 352 页。

it is not suitable as the calculation base of punitive compensation, but the amount of compensation for death and health damage can be used as the calculation base of punitive compensation. In the expression of "corresponding punitive compensation" in this article, "corresponding" is used to limit the multiple of flexible compensation, not for the calculation base.

Key words: Punitive Compensation; Behavior Condition; Consequence Condition; Calculation Base; Penalty Multiple

清华法律评论(第十一卷第一辑)
第125~150页

轻罪时代下免予刑事处罚制度的重构

杨　宁　冯悦超*

目　次

摘　要　我国刑法的轻罪时代已经到来,对轻罪刑罚应当轻缓化。《刑法》第37条规定的免予刑事处罚制度与时代需求契合,应对其进行新解释以充分发挥作用。综合看轻罪时代带来的挑战以及免予刑事处罚的功能定位,免予刑事处罚的适用对缓解轻罪大量入刑难题具有重大作用。通过对我国免予刑事处罚现有判决的实证分析发

* 杨宁,天津大学法学院讲师,法学博士。冯悦超,天津大学法学院刑法专业研究生。

基金项目:最高人民检察院检察理论研究课题[GJ2020C36]“醉驾”案件的认定与分流机制研究

现,免予刑事处罚和免除处罚混用、免予刑事处罚制度的适用判断标准混乱。重构免予刑事处罚制度的理论实质、明晰适用判断标准是该制度活化的关键。免予刑事处罚的实质是行为缺乏刑罚必要性。刑法免予刑事处罚条款具有独立地位。免予刑事处罚的适用应是一个逐层过滤过程,“犯罪情节轻微”和“不需要判处刑罚”分别被用来衡量责任刑情节和预防刑情节,在适用上应严格遵循先后顺序。

关键词 免予刑事处罚 轻罪 责任刑情节 预防刑情节

一、问题的提出

从《刑法修正案(八)》开始,我国刑法修法步伐加快、扩张态势明显,导致犯罪圈扩大。多位学者认为我国刑法已经步入轻罪时代,刑法打击的重点逐渐向轻罪、新罪转变。[①] 刑法原本重罪重罚模式不再适应轻罪的需求,与轻罪相符合的刑罚轻缓化观念兴起。免予刑事处罚作为我国法定的定罪免刑制度,其与轻罪犯罪人刑罚的适配度逐渐凸显。

但是,我国《刑法》第37条规定的免予刑事处罚制度在司法实践中存在较为严重的问题,主要体现在对其内容认识不清、基本条件的理解不足。因此,通过刑法教义学的研究明确免予刑事处罚制度的具体适用规则并将其贯彻至司法实践中是当务之急。该制度在理论上主要有以下两点争议:一是《刑法》第37条能否作为独立的免刑条款。二是免予刑事处罚的适用条件应如何认定。总体看来,现有研究大多数停留在对法条的拆解分析进而推论出免予刑事处罚的适用方法。对于司法实践中实际运用的问题讨论较少。

由此,本文采取了从实践案件重新发现问题、解决问题的研究思路。首先,笔者通过对适用免予刑事处罚制度判处免予刑事处罚的生效判决的实证研究,发现免予刑事处罚在司法实践中的适用困境。然后,在实证基础上结合现有理论,探索我国司法背景下更符合罪刑相适应原则且更具可行性的适用方法,从免予刑事处罚制度的实质出发,明确该条的具体涵义和适用条件,指导司法机关正确适用该制度,与轻罪时代的犯罪治理模式相匹配。

---

① 参见袁彬:《犯罪结构变化呼唤刑法精准治理》,载《人民论坛》2021年第23期。

二、免予刑事处罚制度的适用现状

从刑法修正的情况和实际案件数据来看,2013 年是我国轻罪时代的元年。[②] 因此,本文在中国裁判文书网数据库采用了两个检索条件进行检索,共收集到从 2013 年至 2021 年共计 727 份判决书。[③] 数据显示,从 2017 年开始,适用免予刑事处罚制度的案件数量呈现逐年下降的趋势。笔者通过对该样本案例进行进一步的整理分析,发现了该制度在司法实践中适用的混乱现状。

(一)免予刑事处罚与免除处罚的混用

在筛选案例过程中,笔者发现了司法实务中免予刑事处罚与免除处罚[④]之间混淆运用的典型情况,主要包括以下三种类型:

第一种是嫁接混用型,即法院在论证犯罪人免刑的判决结果时先后适用两个制度,一般先论证适用免除处罚的理由,然后在是否可以适用免除处罚尚不明确时突然开始论证适用免予刑事处罚的理由。例如,在陈某非法持有私藏枪支弹药一案中,法院首先认为犯罪人的行为应当认定为自首。[⑤] 然后法院根据其他量刑情节认为犯罪人陈恒属于犯罪情节轻微,可以免予刑事处

② 参见卢建平:《轻罪时代的犯罪治理方略》,载《政治与法律》2022 年第 1 期。

③ 检索条件分别为"案件类型:刑事案件;文书类型:判决书;判决结果:免予刑事处罚;理由:《中华人民共和国刑法》第 37 条"和"案件类型:刑事案件;文书类型:判决书;案由:刑事案由;理由:对于犯罪情节轻微,不需要判处刑罚的,可以免予刑事处罚;判决结果:免予刑事处罚"。在中国裁判文书网分别检索出案件 673 件和 316 件,去掉重复案件,过滤掉因"自首"等 16 种法定免除处罚情节,得到该样本数据。

④ 概念厘清:我国刑法体系中有不少概念与免予刑事处罚相似,其中免除处罚最易与其混淆,因此有必要对两者的概念进行明确界定。首先,免予刑事处罚是指犯罪人因符合我国《刑法》第 37 条的适用条件而被判处免予刑事处罚的一种制度。而免除处罚的理由包括 16 种:(1)域外犯罪在外国已经受过刑罚处罚的;(2)又聋又哑的人或者盲人犯罪;(3)预备犯;(4)从犯;(5)胁从犯;(6)中止犯;(7)防卫过当;(8)避险过当;(9)自首;(10)立功;(11)行贿非国家工作人员的行贿人在被追诉前主动交待行贿行为的;(12)拒不支付劳动报酬者在提起公诉前支付劳动者的劳动报酬,并依法承担相应赔偿责任的;(13)非法种植罂粟或者其他毒品原植物,在收获前自动铲除的;(14)贪污犯在提起公诉前如实供述自己罪行、真诚悔罪、积极退赃,避免、减少损害结果的发生的;(15)行贿人在被追诉前主动交待行贿行为的,对侦破重大案件起关键作用的,或者有重大立功表现的;(16)介绍贿赂人在被追诉前主动交待介绍贿赂行为的。

⑤ 参见贵州省镇远县人民法院刑事判决书,(2017)黔 2625 刑初 93 号。

罚。该案在免除处罚制度适用与否还不明确时,毫无根据地将免予刑事处罚制度嫁接在此处不符合刑事判决论理的逻辑性。

第二种是结论混用型,即犯罪人符合免除处罚的条件,本应被判处免除处罚,但法院强行在判决理由中加入《刑法》第 37 条,最终判决犯罪人免予刑事处罚。例如,在王某社行贿一案中,⑥法院已经查明了犯罪人在被追诉前主动交待行贿行为的事实,并同时认定犯罪人"犯罪较轻",根据《刑法》第 390 条第 2 款,⑦犯罪人可以免除处罚。但是法院又根据犯罪人的悔罪表现及对于社会的危害程度等情节判决犯罪人免予刑事处罚。在这种情况下,判决结果应为免除处罚而不是免予刑事处罚。

第三种是概念混用型,即法院在说理中反复出现免除处罚和免予刑事处罚,用以表达同一个意思。这种将两者混为一谈的做法容易给人以误导。例如,在赵某兴危险驾驶一案中,法院认为:"犯罪人赵某兴醉酒驾驶未发生交通事故,犯罪情节轻微,可以免予刑事处罚。"⑧但又鉴于犯罪人的犯罪情节较轻,具有免除处罚情节,决定对犯罪人免除处罚。该案中,犯罪人没有免除处罚的情节,出现的免除处罚表示的也是免予刑事处罚的意思,却在没有任何法律依据的情况下用两个不同的词句来表达,显然不合理。

(二)免予刑事处罚的适用条件不明

1. 法院重点论证"犯罪情节轻微"

法院在论证免予刑事处罚的适用条件时,主要考量以下三个因素,即"犯罪情节轻微""不需要判处刑罚"以及各量刑情节。由于两个适用条件和量刑情节不是一个层面的内容,笔者以大写字母 A 和 B 分别代表"犯罪情节轻微"和"不需要判处刑罚",以小写字母 c 代表量刑情节,对实务中法院在适用免予刑事处罚制度时的论证类型进行分类整理。

案例样本主要包括以下四种论证类型:类型一是 A + B 型,即在说理过程中对于 A 和 B 都有所涉及。在这个类型中,大部分法院是在论证各量刑情节之后,将其认定为"犯罪情节轻微,不需要判处刑罚"。例如,在杨某霖危险驾

---

⑥ 参见安徽省无为县人民法院刑事判决书,(2018)皖 0225 刑初 25 号。

⑦ 《刑法》第 390 条第 2 款规定:"行贿人在被追诉前主动交待行贿行为的,可以从轻或者减轻处罚。其中,犯罪较轻的,对侦破重大案件起关键作用的,或者有重大立功表现的,可以减轻或者免除处罚。"

⑧ 参见广西壮族自治区平果县人民法院刑事判决书,(2018)桂 1023 刑初 188 号。

驶一案中,[9]法院并没有区分两个构成要件,而是将两个要件合并论证。还有少部分判决是先论证犯罪情节轻微,进一步认定为不需要判处刑罚。[10] 类型二是 A 型,即只对两个构成要件中的“犯罪情节轻微”加以论证。例如,在余某香玩忽职守一案中,法院认为:“鉴于国家补助金的损失与本单位的工作管理不到位有关,加之国家损失已追回大部分,且犯罪人平时工作表现较好,综合全案考虑,犯罪人犯罪情节轻微,可免予刑事处罚。”[11]类型三是 A + C 型,即将“犯罪情节轻微”和其他量刑情节打包起来认定可以免予刑事处罚。例如,在赵某某犯挪用资金一案中,法院认为:“犯罪人赵某某在案发前将所挪用资金归还,案发后认罪态度较好,确有悔罪表现,且犯罪情节轻微,可对犯罪人赵某某免予刑事处罚。”[12]类型四是 C 型,即法院并未对两个条件中的任何一个加以论证,只是在量刑情节之后认为可以免予刑事处罚直接适用《刑法》第 37 条免刑。[13]

从样本数据可以看出,四个论证类型在司法实务中各有一定比重(见表 1)。一方面,我们可以看出四个类型的比重差别不是很大,没有一种论证方式代表法院的多数观点。而且根据类型四的占比,仅根据各量刑情节判处犯罪人免予刑事处罚的并不是少数。可以看出,《刑法》第 37 条的两个适用条件在司法判决中存在明显的不规范适用问题。另一方面,在前三个类型中,“犯罪情节轻微”这一条件被法院认为是不可或缺的。尤其是相对来说占比最大的是类型二,说明有将近 1/3 的法院认为仅论证“犯罪情节轻微”这一条件即可适用免予刑事处罚制度。相比较而言,仅存在于论证类型一中的“不

⑨ 参见贵州省铜仁市碧江区人民法院刑事判决书,(2019)黔 0602 刑初 86 号。本案中法院认为,“鉴于犯罪人杨某霖系初犯、偶犯,犯罪时血样中乙醇含量较低,醉酒驾驶机动车行使距离较短,案发时系凌晨时分,车流人流较少,没有造成实际损害,案发后如实供述其罪行,配合公安民警执法检查,认罪悔罪态度好,本院认为其犯罪情节轻微不需要判处刑法”。

⑩ 参见四川省自贡市自流井区人民法院刑事判决书,(2017)川 0302 刑初 139 号。法院认为,“犯罪人徐某某在案发后,主动将非法处置的财物予以收回,以保证诉讼活动的正常进行,其情节轻微,可不需要判处刑罚”。

⑪ 参见贵州省清镇市人民法院刑事判决书,(2016)黔 0181 刑初 307 号。

⑫ 参见陕西省子洲县人民法院刑事判决书,(2018)陕 0831 刑初 83 号。

⑬ 参见贵州省开阳县人民法院刑事判决书,(2017)黔 0121 刑初 249 号。在张某祥玩忽职守一案中,法院认为:“归案后,犯罪人张某祥如实供述自己的犯罪事实,立案后,犯罪人张某祥与相关单位积极挽回了经济损失,鉴于犯罪人张某祥犯罪情节轻微,又系初犯,有一定的悔罪表现,加之本案的发生系多因一果,综合犯罪人犯罪的事实、性质、情节、对社会的危害程度及悔罪表现,本院决定对其免予刑事处罚。”

需要判处刑罚”在法官心中的重要性较低。因此,在《刑法》第 37 条的规定中,“犯罪情节轻微”更受到法官的重视,而对“不需要判处刑罚”的认定已被司法实务所忽视。

表 1　法院适用免予刑事处罚的论证类型

论证类型	采用因素	案件数量/件	占比/%
类型一	A + B	148	20.4
类型二	A	229	31.5
类型三	A + C	139	19.1
类型四	C	211	29.0

2. 预防刑情节的影响更大

责任刑和预防刑是从刑罚正当化出发,用以衡量一个犯罪人刑罚量多少的不同角度。责任刑情节是指影响责任轻重的量刑情节,表明行为人不法的程度,影响预防必要性大小的情节是预防刑情节。在对犯罪人进行量刑的时候,既要考虑责任刑所划定的量刑区域,也要考虑预防犯罪的必要性。⑭ 本文将量刑情节分为责任刑情节和预防刑情节进行比较分析。

在免予刑事处罚判决中出现频次比较高的责任刑情节分别是:未造成损害或未造成严重损害、多因一果、被害人过错、主观恶意小或主观上过失、酒精含量较低、从犯以及数额较小或刚过入罪标准(见表 2)。出现频次较高的几个预防刑情节分别是:坦白、悔罪、自首、被害人(家属)谅解、退清全部赃款或退还全部款项、初犯、偶犯、平时或工作表现好(见表 3)。

对比表 2 和表 3,可以发现预防刑情节的出现频次远远超过责任刑情节,相当于责任刑情节的五倍不止。除此之外,笔者研究发现有超过 1/4 的法院在适用免予刑事处罚制度时仅采用了预防刑情节,⑮而仅采用责任刑情节适用该制度法院几乎没有。显然,预防刑情节是法院适用免予刑事处罚制度更重要的考量因素。

⑭　参见张明楷:《责任刑与预防刑》,北京大学出版社 2015 年版,第 126 页。

⑮　例如,在刘某余合同诈骗罪一审刑事判决书中,法院认为,“犯罪人如实供述犯罪事实,退赃、退赔,取得被害人谅解”,进而判决犯罪人免予刑事处罚。参见山西省保德县人民法院刑事判决书,(2014)保刑初 121 号。

表2　责任刑情节的出现频次

责任刑情节	出现频次/次
未造成(严重)损害	49
多因一果	43
被害人过错	44
主观恶意小/主观上过失	26
酒精含量较低	24
从犯	11
数额较小/数额刚过入罪标准	8

表3　预防刑情节的出现频次

预防刑情节	出现频次/次
坦白	212
认罪悔罪	359
被害人(家属)谅解自首	176
自首	174
退清全部赃款/退还全部款项	105
初犯、偶犯	56
平时表现好/工作表现好	17

(三)典型罪名的适用情况

目前,司法实践中适用免予刑事处罚最多的两类犯罪为危险驾驶罪和故意伤害罪。以其为典型分析可以显示免予刑事处罚制度的适用现状,并能互为对照。危险驾驶罪是侵犯公共法益的抽象危险犯,故意伤害罪是侵犯人身法益的实害犯,两者在适用免予刑事处罚时既有共性又有区别。

1. 免予刑事处罚在危险驾驶罪中的适用情况

危险驾驶罪是典型的轻微犯罪,“醉酒”型危险驾驶罪也是《刑法修正案(八)》以来热度一直未减的犯罪类型。在本次检索到的样本中,共有104个危险驾驶罪的案例,且这些案件均为“醉酒”型危险驾驶罪。

在影响危险驾驶罪刑罚的责任刑情节中,酒精含量的高低是法院考量的最主要因素。理论上讲,忽略其他情节的影响,犯罪人血液中酒精含量越低,所对应的刑罚量应该越小,被判处免予刑事处罚的可能性就越大。通过实践中多数犯罪人血液中酒精含量的数据,也证实了这一点。犯罪人酒精含量由低到高的分布如图 1 所示,可以看到,虽然大部分犯罪人的血液酒精含量都在 200mg/100ml 以下,但是也有个别酒精含量较高的案件存在。根据《关于办理醉酒驾驶机动车刑事案件适用法律若干问题的意见》,"血液酒精含量达到 200mg/100ml 以上的"从重处罚。这说明,在司法实践中,即使存在加重型责任刑情节,也不能完全排除适用免予刑事处罚制度。除此之外,犯罪人的醉驾行为是否造成实害结果也是影响量刑的重要因素。样本中有 86 个案件中犯罪人的醉驾行为都没有造成实害结果,占样本总数的 82.7%。而对于影响危险驾驶罪的预防刑情节,经研究发现,在危险驾驶罪的 104 个案件中,仅有一个案件的判决书没有说明犯罪人是否认罪悔罪。除此之外,其余 103 个犯罪人都在犯罪后认罪悔罪,占比高达 99%。

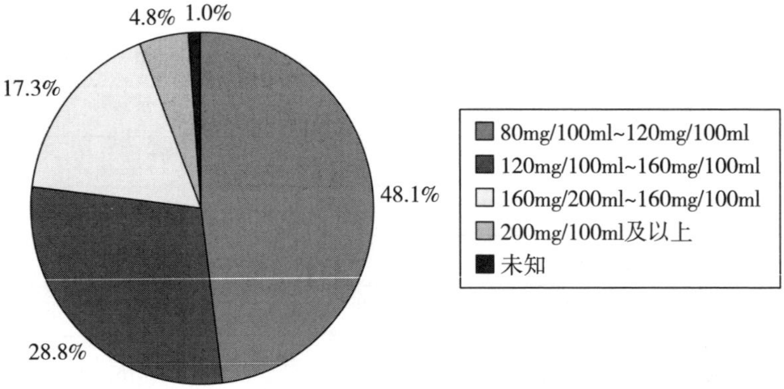

图 1　不同酒精含量案件数所占比例

总之,犯罪人实施危险驾驶行为后,若能被司法机关认定为符合《刑法》第 37 条规定的定罪免刑,该行为的不法性以及行为人的预防必要性都被评价为较低的程度。但是,有些案件中并未得出行为不法性较低的结论,却因为犯罪人预防必要性较低适用该制度。例如,在吴某某危险驾驶一案中,[16]犯罪人吴某某深夜醉酒驾车与道路中间的隔离护栏发生碰撞,造成车和隔离护栏不同程度损坏的道路交通事故。该案中法院认为:"被告人吴某某虽具有'在醉酒情况下驾驶机动车,血液中乙醇含量为 264.25mg/100ml,且被认定

⑯　参见云南省西盟佤族自治县人民法院刑事判决书,(2020)云 0829 刑初 56 号。

负事故的全部责任'两个从重处罚情节，但因该案发生在深夜，也未造成任何人身损害和重大财产损失，且被告人吴某某具有自首情节，也积极赔偿隔离护栏损失，经过本案对其教训深刻，真诚认罪悔罪。"基于这一系列理由，吴某某被判处免予刑事处罚。该案中，吴某某的酒精含量已经超过200mg/100ml，达到从重处罚的程度，同时其还造成了交通事故并负事故全部责任，在此情况下，仅凭"深夜驾驶"似乎无法将此行为的不法程度降至较低的水平。可以看出，预防刑情节影响较大的问题在个罪适用中也存在。

2. 免予刑事处罚在故意伤害罪中的适用情况

样本中共有138个故意伤害罪的案件被判处免予刑事处罚，涉及139个犯罪人。与危险驾驶罪的区别在于，故意伤害罪是针对人身的结果犯。另外，故意伤害罪也是传统自然犯的代表，有其特有的研究意义。

对于免予刑事处罚影响最大的责任刑情节为损害结果的程度，该样本中的损害结果均为一人受到轻伤。其次，多数犯罪人采取单纯的肢体冲突的行为方式实施暴力。在司法实践中，免予刑事处罚的故意伤害行为方式非常多样，为方便区分，将样本中的行为方式分为使用工具和单纯的肢体冲突两大类。从理论上讲，单纯的肢体冲突相较于使用工具对他人进行伤害的危险性较低。在139名犯罪人中，有87名犯罪人未使用任何工具对被害人进行攻击，占比62.6%，其余犯罪人使用了木棒、菜刀、啤酒瓶等具有杀伤性的工具。在影响故意伤害罪的预防刑情节中，认罪悔罪率虽然没有达到危险驾驶罪几乎囊括全部犯罪人的程度，但也比较高。在139个犯罪人中，有102个认罪悔罪，占比73.4%。值得注意的是，在样本中，共有119个犯罪人积极赔偿了被害人，占比85.6%。在犯罪人积极赔偿后，有113位被害人对其表示谅解，另外还有7位犯罪人因为与被害人的特殊关系也取得了被害人的谅解。因此，共有120个犯罪人取得了被害人谅解，占比86.3%。

总之，在故意伤害案件中，除普遍存在的一人轻伤情节，其他责任刑情节对于免予刑事处罚的影响都并不显著。以犯罪人是否持械来说，虽然使用工具的行为方式是少数，但是这种危险性较强的行为方式占比并不算低。这说明，犯罪人使用工具对于免予刑事处罚制度的适用影响并不大。如此看来，司法实践中对于被判处免予刑事处罚的故意伤害行为的不法性要求仅仅是一人轻伤，此外的一些减轻型责任刑情节属于锦上添花。从预防刑情节来看，犯罪人积极赔偿和被害人谅解两个预防刑情节对于故意伤害罪定罪免刑起着较大作用。

三、轻罪时代下适用免予刑事处罚制度的理论背景

犯罪圈不断扩大、刑事立法日益活性化已经是当代刑法变迁的世界性趋向。[17] 我国刑事立法也逐步加大了打击范围。我国犯罪圈扩大的方式主要包括抽象危险犯的设定、持有型犯罪的增加和帮助行为、预备行为正犯化等,这无疑都是将社会危害性较轻的违法行为划入刑法的范畴。我国刑法确已进入轻罪时代。

(一)轻罪时代的挑战

由于劳动教养的废止和积极刑法立法观的影响,轻罪时代的到来有其必然性和正当性。但是,犯罪圈的扩大以及犯罪门槛的降低在司法实践中面临挑战。

首先,我国现在的刑罚适用仍然比较单调,重刑主义思想仍占主流。惩罚轻罪的目的与重罪相比,更重要的是教育和警示犯罪人以及潜在的犯罪人。然而,我国目前的刑罚体系还是为传统的重罪所配置的。随着宽严相济刑事政策的提出、认罪认罚从宽制度的普遍适用和发展,我国的刑罚思想逐渐走向轻缓化。虽然在司法机关和社会各界的共同努力下,重刑和死刑的适用得到了严格控制,但监禁刑依然作为主要的治理手段,非监禁刑的适用范围仍然有待进一步扩大。[18] 上文数据显示免予刑事处罚制度的适用率逐渐降低也反映出我国对于非监禁刑适用的忽视。实施监禁刑的初衷在于实现刑罚的报应、惩罚、抚慰被害人功能。[19] 但是,这与轻罪的立法目的并不相符。犯罪种类结构已然发生变化,单纯依靠监禁刑已经无法适应当今犯罪治理的重点和难点。尤其在轻罪时代,轻罪新罪成为犯罪治理的重点,为遵循罪责刑相适应的原则,需配以较为宽缓的刑罚。显然,重刑主义的思想已经不适

---

[17] 参见梁根林:《刑法修正:维度、策略、评价与反思》,载《法学研究》2017 年第 1 期。

[18] 参见代桂霞、冯君:《轻罪治理的实证分析和司法路径选择》,载《西南政法大学学报》2021 年第 5 期。

[19] 参见杨迪:《我国轻罪案件刑罚配置的规范化进路——以刑事裁判大数据为方法》,载《法律适用》2018 年第 7 期。

应犯罪整体趋轻的态势。

其次,犯罪圈的扩大将原本不属于刑法调整的社会关系纳入刑法的调整范围,增加了司法机关的办案负担。以危险驾驶罪为例,有学者经不完全统计,“醉驾入刑后,交通肇事案件减量危险驾驶案件增量比为1∶25,即在减少1件交通肇事案件同时,增加了25件危险驾驶犯罪案件。”⑳也就是说,虽然犯罪门槛的降低对于治理社会有一定作用,但同时增加了大量的司法成本。一个国家用以应对犯罪的司法资源是有限的,如果过多地将司法资源投入到轻微刑事案件的处理中,必然会影响到对严重刑事案件的司法投入力度。㉑因此,轻罪时代的到来也给司法部门带来了前所未有的办案压力。

(二)免予刑事处罚适用的必要性

我国的刑事立法一方面降低了犯罪的门槛,使更多的社会危害性较轻的行为犯罪化,严密了刑事法网;另一方面更为轻罪配备了较轻的刑罚方法。但是,司法实践却一味地追求社会危害性较轻行为的犯罪化,忽视轻刑化。㉒针对此矛盾,有学者指出增加刑罚种类以丰富我国刑罚体系的配置,针对轻罪的特点设立更有效的刑罚方式。但是,增设新的刑种是一项需深思熟虑的系统性工程,即使承认这是未来刑法发展的前景,也存在“远水解不了近渴”的问题。因此,尊重现行立法,在现有制度中寻找可行之道才是解决矛盾的明智之举。为了使轻刑化落到实处,减少不必要的刑事处罚,对轻罪应适用多元化的刑罚措施及刑罚执行措施。被长期忽视的免予刑事处罚显然是与轻刑化极为适配的一项量刑制度。该制度在弥补我国现有刑罚措施的不足、推动我国刑罚轻缓化进程以及节约惩治犯罪成本方面都有其适用的现实功能。

第一,免予刑事处罚是指一种在有罪判决后不给予犯罪人刑罚处罚的制度。对于轻微犯罪而言,这更符合其教育警示犯罪人的立法目的,与打击轻罪的刑事司法重点更相匹配。以非刑罚性处置措施代替传统刑罚弥补了现在普遍适用的“刑事程序——刑事制裁”的不足。㉓ 非刑罚性处置措施相较

---

⑳ 王敏远:《“醉驾”型危险驾驶罪综合治理的实证研究——以浙江省司法实践为研究样本》,载《法学》2020年第3期。

㉑ 参见敦宁:《醉驾治理的司法困境及其破解之策》,载《法商研究》2021年第4期。

㉒ 参见尹彦品、王艳荣:《醉酒型危险驾驶罪回顾与完善刍议》,载《河北法学》2022年第4期。

㉓ 参见曾文科:《免除刑罚制度的比较考察》,载《法学研究》2017年第6期。

于有罪有刑的传统司法模式具有缓和制裁的功能,而相较于检察院直接根据《刑事诉讼法》第177条第2款对犯罪嫌疑人作出不起诉决定,又有强化制裁的功能,同时弥补了我国刑事司法在实体上和程序上的缺陷。第二,纵观我国刑罚体系,在有罪的前提下给犯罪人量刑是在一条有端点的线段上完成的裁量工作。线段的两个端点分别为免刑和死刑,死刑作为打击犯罪最严厉的手段显然已经受到了相当大的重视,另一个量刑端点同样也有其存在的意义。随着刑罚轻缓化进程的不断前进,人们认识到了刑罚功能的局限性,从而破除了刑罚万能主义的观点和对重刑主义的依赖。免予刑事处罚与推动刑罚轻缓化密切相关,是我国刑罚制度跟进当今世界刑罚发展潮流的重要组成部分。第三,任何国家都是以一定的成本来支撑犯罪惩罚体系的。在人力和财力有限的情况下,成本和收益的衡量也是决定一个国家运用怎样的惩罚措施来应对犯罪的方式的现实因素之一。我国正面临着监狱人满为患、有期徒刑等刑罚执行措施和制度投资成本较高、罪犯重返社会的社会效应不好等现实问题。[24] 而免予刑事处罚制度将不需要判处刑罚的犯罪分子及时放归社会,有利于节约我国刑事司法成本。

轻罪时代的到来为定罪免刑的适用带来了前所未有的广阔空间。综合看犯罪圈扩大带来的挑战以及免予刑事处罚的功能定位,免予刑事处罚的适用对于轻罪大量入刑的种种问题具有显著的缓解作用。有学者认为,“以刑法积极参与社会治理,是一种幽暗的问题解决方式”。[25] 幽暗之处主要体现为刑罚是一种“以恶制恶”的手段。非刑罚性处置措施的价值是伴随着世界性刑罚变革产生的。“当刑罚的有限性和恶害性表露无遗的时候,人们在刑罚之外开始寻求既能表达对犯罪行为的否定性评价,又能尽量减少刑罚负面作用的补充性方式。”[26]对犯罪人适用免予刑事处罚制度既没有阻止刑法治理社会,也将这种“恶”的手段最小化,缓和刑法在社会治理中的尴尬地位。因此,对于轻微罪免予刑事处罚可以增加人们对轻罪入刑的认同感,在司法中缓解积极刑法立法观的不足之处。综上,与刑罚轻缓化理念高度契合的免予刑事

---

[24] 参见王新、张志钢:《我国刑法的有罪免刑制度论要》,载《中国政法大学学报》2014年第1期。

[25] 何荣功:《我国轻罪立法的体系思考》,载《中外法学》2018年第5期。

[26] 杨迪:《我国轻罪案件刑罚配置的规范化进路——以刑事裁判大数据为方法》,载《法律适用》2018年第7期。

处罚制度有其充分适用的必要性。在当今的刑法大背景下，为实现罪刑均衡，免予刑事处罚制度更应该通过司法适用发挥作用。

四、免予刑事处罚制度的实质内涵

一般来说，行为人的某种行为构成犯罪，最终的结局是面临刑罚的制裁。但是，我国《刑法》第37条规定，对于犯罪情节轻微不需要判处刑罚的，可以免予刑事处罚。这无疑表明了“无刑罚的犯罪”这种例外情况的存在。这种定罪免刑的量刑制度的实质决定了该制度的地位和适用条件的判断标准。

（一）免予刑事处罚的实质是缺乏刑罚必要性

应当先明确的是，刑法理论中对于定罪和量刑两个不同阶段应否判处刑罚采取的是不同的标准。在犯罪论中，行为人在定罪阶段应该受到刑罚处罚的衡量依据为应罚性；在刑罚论中，行为人需要被判处刑罚的衡量依据为需罚性。也即，应罚性和需罚性成为是否构成犯罪和是否予以处罚的两大条件，应罚性定位于犯罪论，需罚性定位于刑罚论。[27] 近些年，有学者提出将本属于刑罚论的需罚性纳入犯罪论体系或直接替代应罚性存在。但是，无论如何，需罚性始终是实然层面处罚与否的衡量依据。然而，“需罚性”的涵盖范围存在争议。有学者认为，需罚性即法律效果，也即刑罚的严厉程度，需罚性的大小需要权衡责任和预防的大小。[28] 但是，也有观点指出，需罚性体现了刑罚之预防的必要性，是“从一般预防或者特殊预防的角度，考虑对行为人施加刑罚是否具有现实必要性”，并不考虑报应的要求。[29] 本文无意解决关于“需罚性”概念的争论，而是借鉴该理论，提出免予刑事处罚的实质为缺乏刑罚必要性。

一个行为构成犯罪却可以免刑，说明即使判处刑罚给行为人的报应以及对预防犯罪的目的都几乎没有助益。也就是说，当一个犯罪行为人可以被免予刑事处罚时，刑罚几乎没有存在的必要，即缺乏刑罚必要性。在这样的情

---

[27] 参见劳东燕：《刑法中的客观不法与主观不法——由故意的体系地位说起》，载《比较法研究》2014年第4期。

[28] 参见潘文博：《论责任与量刑的关系》，载《法制与社会发展》2016年第6期。

[29] 参见姜涛：《需罚性在犯罪论体系中的功能与定位》，载《政治与法律》2021年第5期。

况下,无须判处刑罚来无端增加司法成本的消耗。因此,法律为这种刑罚必要性缺乏的情形设立了免予刑事处罚制度,提高适用刑罚的性价比,并体现刑法对部分犯罪人的宽容之处。相对于缓刑和免罪免刑来说,免予刑事处罚针对的是的刑罚必要性的程度小于可以科处缓刑的程度,却高于“不认为是犯罪”的程度。换言之,基于刑罚的最终手段性原理,在单纯的定罪宣告已经足以实现刑罚目的的场合,应该避免施加刑罚。㉚

刑罚必要性缺乏的具体判断涉及刑罚正当化依据理论。极端的报应刑论和极端的预防刑论都能从某一个角度说明刑罚的正当性,但都不够完整。并合主义的观点认为,刑罚既要满足报应的要求、与刑罚相适应,又要在责任刑的限度内考虑预防犯罪的目的。㉛ 本文支持并合主义的观点,认为刑罚量应同时考虑责任刑和预防刑的影响。那么,刑罚必要性缺乏就是指案件的责任刑和预防刑都较低的情形。然而,责任刑和预防刑并非时时刻刻步调一致,两者之间发生矛盾是常有的事,即“责任刑与预防刑的二律背反”问题。解决该矛盾的各种理论一般认为量刑要以责任主义为根据,再考虑预防的目的。因此,在衡量免予刑事处罚的实质时,主要依据仍应是责任刑,如果责任刑的幅度并未达到免予刑事处罚的程度,预防刑再低也于事无补。

(二)免予刑事处罚有独立价值

从样本数据的分析结果来看,将免予刑事处罚制度和免除处罚制度混淆适用的法院并不在少数。实务中出现的嫁接混用型、结论混用型以及概念混用型都是由于法院对于两个制度的关系认识不清造成的。换个角度来说,这应该算是司法实践探索定罪免刑适用过程中的千姿百态,这样热闹的现象是要在发展过程中给予鼓励和支持的。但是,最后还是需要一个代表出来统领全局,才不会出现一盘散沙的局面。只有搞清免予刑事处罚和免除处罚之间相互独立的关系,才能避免出现混淆适用两个制度的情况。

关于我国《刑法》第 37 条与规定 16 种免除处罚法定事由的法律条文之间的关系,理论上主要有三种观点:张明楷教授主张的等同说认为,《刑法》第 37 条的定罪免刑规定只是其他具体的免除处罚情节的概括,是其他具体免除

㉚ 参见郑超:《无刑罚的犯罪——体系化分析我国〈刑法〉第 37 条》,载《政治与法律》2017 年第 7 期。

㉛ 参见张明楷:《论预防刑的裁量》,载《现代法学》2015 年第 1 期。

处罚情节的重复。[32] 这种观点否定了该条独立适用的价值。马克昌教授主张的指导说认为,免予刑事处罚的规定与刑法中的其他具体免刑情节的规定之间是指导与被指导的关系,即概括性规定与具体内容的关系。[33] 该观点认为《刑法》第 37 条有两个作用:一是作为免除处罚的概括性规定。二是独立作为定罪免刑的依据。邱兴隆教授主张的并列说认为,依照刑法规定,可以适用定罪免刑的情况有两种:第一种是犯罪人具有《刑法》总则规定的免除处罚量刑情节之一,如正当防卫过当、紧急避险过当。第二种是《刑法》第 37 条的规定。[34] 并列关系说是明确将总则中的免予刑事处罚和免除处罚区分开来,认为在量刑过程中,免予刑事处罚与免除处罚是并列存在的,法官可根据案件的具体情况选择适用其中一个制度给犯罪人免刑。但是该学说只关注《刑法》总则条文的区分,导致刑法分则中免除处罚的条款该何去何从成为另一个颇具争议的问题。

从不同角度入手,上述三个学说似乎都各有一定道理,但也都有其不合理之处,难以为司法实践指明方向。我国现行《刑法》共 452 条,内容多而复杂,如果第 37 条只是对其他条文的重复,没有特别大的价值,其存在就是法条的累赘。然而立法者在一次次修改《刑法》时并没有将其删掉,说明该条有其存在的独立价值,也该发挥其价值。同时,《刑法》第 37 条规定在总则中,而免除处罚的条文分布在总则和分则中,轻易将两者的关系解释为其中一个指导另一个不符合刑法体系的逻辑性。法律规定的不明确以及刑法理论的争议导致法院在不能正确认识《刑法》第 37 条与 16 个免除处罚条款之间关系的情况下,在定罪免刑时将可能相关的条文都放在判决依据中,没有考虑到刑法制度适用的正当性和合理性。实践中混淆适用两个制度的司法机关没有意识到两个制度之间的区别所在。因此,明确两个制度之间的区别是明晰两者之间关系的关键之处。

第一,免予刑事处罚与免除处罚对案件所要求的判决理由不同。免予刑事处罚的理由是“犯罪情节轻微,不需要判处刑罚”,这是一个概括且抽象的理由。适用免予刑事处罚制度需要结合案情中的各种情节进行实质判断,使得裁量者心中的天平达到一个向定罪免刑倾斜的程度。而免除处罚在我国

---

[32] 参见张明楷:《论减轻处罚与免除处罚》,载《人民检察》2015 年第 7 期。

[33] 参见马克昌:《刑罚通论》,武汉大学出版社 1999 年版,第 732 页。

[34] 参见邱兴隆:《刑罚学》,中国政法大学出版社 1999 年版,第 303 ~305 页。

刑法条文中出现的频次较高,在总则和分则部分都有所规定。综合把握 16 个法定免刑理由,可以看出免除处罚的原因都是犯罪人具有某个特定的具体量刑情节,法院在判断此类定罪免刑案件时只需认定该案具有免除处罚理由的其中之一即可因此给犯罪人免刑。相较于免予刑事处罚的论证过程来说,免除处罚的依据更加明确,说理也相对容易。

第二,对于某些学者提出的两者在适用效果上完全相同,笔者持反对意见。免除处罚制度与免予刑事处罚制度虽然在适用效果上都是免除了犯罪人的刑事处罚,但是笔者认为免除处罚指的是不再给予犯罪人任何处罚,包括非刑罚处罚。而《刑法》第 37 条被命名为“非刑罚性处置措施”。结合该制度弥补我国现有刑罚措施不足的功能定位,也能得出免予刑事处罚的使用效果仅是免除了犯罪人的刑事处罚。这并不意味着犯罪人会免受犯罪所带来的一切法律后果,其在被免予刑事处罚后仍有可能受到非刑罚性处置措施的制裁。因此,在适用效果上,免除处罚比免予刑事处罚对犯罪人更有利。

随着网络犯罪的到来、犯罪手段的更新,新型犯罪不断涌现,传统犯罪占刑事案件总量的比例逐渐下降,犯罪情节越来越千变万化。而免除处罚制度采用的是列举式规定,由于刑法条文的滞后性,没必要施以刑罚的犯罪情形无法被免除处罚的 16 个条文所穷尽。若否定《刑法》第 37 条的独立价值,我国现行刑罚体系无法适应轻罪时代对于刑罚配置的要求。因此,在轻罪大量入刑的今天,本文提出独立说观点以解决两者之间的关系。独立说认为免予刑事处罚制度与免除处罚制度是两种不同的免刑制度,相互独立,互相之间没有包含与被包含的关系。其实,独立说也可以说是并列说的修正,其与并列说都赞成《刑法》第 37 条与其他免除处罚条款是不同的,然而独立说是将总则和分则中的 16 个免除处罚条款打包在一起,将其归为免除处罚制度,这样就避免了出现并列说所带来的引申问题。

五、免予刑事处罚制度的适用条件

目前,我国免予刑事处罚制度的适用条件在司法实践中处于比较混乱的状态,由于没有具体的标准,主要依靠司法人员的主观判断来衡量案件情形是否符合免予刑事处罚的适用条件,这显然不符合法律确定性㉟的要求。只有明确《刑法》第37条规定的"犯罪情节轻微"和"不需要判处刑罚"的关系和具体判断标准,才能实现量刑的精准化。

(一)"犯罪情节轻微"和"不需要判处刑罚"为承接关系

司法实务中,各个法院在论证个案符合《刑法》第37条的适用条件时更偏重对"犯罪情节轻微"的说理。这种情况在理论研究中也是如此,不少刑法学学者以及刑诉法学学者们都忽视了"不需要判处刑罚"这一条件。㊱ 同时,我国司法解释对于免予刑事处罚的适用也仅仅保留了"犯罪情节轻微"。比如,《最高人民法院、最高人民检察院关于办理敲诈勒索刑事案件适用法律若干问题的解释》第5条规定,敲诈勒索数额较大,可以认定为犯罪情节轻微,不起诉或者免予刑事处罚。不难发现的是,无论现在的司法解释、理论研究还是司法实务,关于免予刑事处罚的适用条件都偏重于对"犯罪情节轻微"的判断。

"概念乃是解决法律问题所必不可少的工具。"㊲要想明确我国免予刑事处罚制度的适用条件,首要的是了解"犯罪情节轻微"的含义。"犯罪情节"在我国刑法理论中是一个极具争议的概念,在不同的制度中可以有不同的解释。本文借鉴犯罪情节为罪中情节的观点,在此基础上为免予刑事处罚中规定的"犯罪情节"划定一个更为合理的范围。罪中情节理论认为:犯罪情节的概念不宜扩大解释至罪前和罪后情节。《刑法》第37条规定的犯罪情节后接程度词"轻微",表明前面的"犯罪情节"是可以用一个标准来衡量具体程度的情节。也即,"犯罪情节"必然存在,只是程度上的区别。而罪前、罪后情节往往都是或有或无的情节,并不存在程度上的区分,如初犯、自首、立功,等等。因此,罪中情节理论具有合理性。但是,罪中情节存在与罪前、罪后情节

㉟ 参见陈曦:《法律确定性的统合理性根据与法治实施》,载《社会科学》2016年第6期。

㊱ 对于《刑法》第37条规定的"对于犯罪情节轻微不需要判处刑罚的,可以免予刑事处罚"的理解,理论上主要有三种观点。观点一认为"犯罪情节轻微"与"不需要判处刑罚"二者之间是并列关系,而且只有在同时满足这两个条件时,才可以对行为人适用定罪免刑。观点二认为二者之间是因果关系,"犯罪情节轻微"是"不需要判处刑罚"的原因,犯罪情节只有轻微到"不需要判处刑罚"的程度时,才能满足适用定罪免刑的实体条件。观点三认为在两个条件之间,"犯罪情节轻微"是论证的核心,判断要不要对被告人免刑时,主要依据在于犯罪情节是否轻微。显然,相比较而言,犯罪情节轻微更受学者重视。

㊲ 何荣功:《我国轻罪立法的体系思考》,载《中外法学》2018年第5期。

界限不清的问题。在此基础上,笔者认为将此处的犯罪情节解释为界限清晰的责任刑情节更为合适,既“犯罪情节轻微”代表责任刑较轻。[38]

既然如此,单凭“犯罪情节轻微”并不能体现免予刑事处罚的实质。由此,司法解释对于法条条文的无故删减以及学界和实务界对于“不需要判处刑罚”的忽视缺乏正当性。在明确“犯罪情节轻微”是用来判断责任刑的条件后,为完整体现免予刑事处罚的实质,“不需要判处刑罚”应为用来衡量预防刑的条件,代表犯罪人的预防必要性较小。如此解释《刑法》第37条,既没有扩张法条原意的嫌疑,也完美契合了免予刑事处罚制度的实质。

“犯罪情节轻微”和“不需要判处刑罚”一个代表责任刑较轻,一个代表预防刑较轻。虽然责任刑是影响量刑的主要依据,但也不能完全忽视预防刑的作用。量刑本应是责任和预防相结合的矛盾体,偏废任何一方都可能存在问题。责任刑轻微并不能必然证明预防刑轻微,这是需要分别判断的两项内容。

另外,基于解决“责任刑与预防刑的二律背反”问题的理论,免予刑事处罚的两个条件在适用时应讲究一定的先后顺序。一般来说,量刑有三个步骤:一是根据罪名确定法定的量刑幅度;二是根据犯罪人的罪行轻重确定应对其施以多大的报应,进而缩小法定刑的幅度;三是根据预防必要性的大小在之前的法定刑幅度内进行裁量,进而确定宣告刑。[39] 按照量刑基本方法的逻辑顺序,应先根据责任主义的要求认定案件符合“犯罪情节轻微”,然后根据行为人预防必要性的大小认定案件达到“不需要判处刑罚”的要求,最终判决免予刑事处罚。

综上,“犯罪情节轻微”与“不需要判处刑罚”之间是有前后判断顺序的承接关系,任何一个都有其存在的必要。免予刑事处罚的适用是一个逐层过滤的过程,[40]《刑法》第37条规定的两个适用条件是两个上下分布的滤网,只有先后满足两个条件的犯罪人才能适用该制度。也可以说,“犯罪情节轻微”是“不需要判处刑罚”的必要条件,但不是充分条件。

---

[38] 虽然从理论上说,罪前、罪后情节中能反映行为责任报应程度大小的事实都应纳入责任刑情节。但实际上,罪前情节通常指的是行为人的平时表现,罪后情节主要指被害人谅解、犯罪后的态度,等等,而这些情节往往是从预防的角度出发,反映出预防必要性大小的事实。

[39] 参见张明楷:《责任刑与预防刑》,北京大学出版社2015年版,第126页。

[40] 参见黄云波、敦宁:《酌定不起诉适用条件的规范化判断》,载《江西社会科学》2015年第12期。

(二)“犯罪情节轻微”是不法程度的判断标准

关于“犯罪情节轻微”的判断标准存在不同观点。支持形式标准说的学者认为,犯罪情节轻微是指犯罪人所犯之罪对应的法定刑较轻。[41] 实质标准说认为,“犯罪情节轻微”存在于所有种类的犯罪中,重罪中也存在“犯罪情节轻微”,也就是说,不论何种性质的犯罪,都可以结合各犯罪情节免予刑事处罚。[42]

相比较而言,笔者认为从犯罪的实质上判断犯罪情节是否轻微更为合理,即以不法的程度较轻为衡量标准。首先,《刑法》第37条是刑法总则的规定,根据总则与分则的关系,该条理论上可以适用于分则中的所有犯罪。因此,在刑法没有明确规定《刑法》第37条的适用范围时,以法定刑为条件限制该条的适用违背了我国刑法的立法目的,而且还会突破罪刑法定原则,侵犯犯罪人的人权,使得部分本应定罪免刑的犯罪人无法适用该制度。其次,在本次研究的样本中,也不乏法定刑较重但最终被免予刑事处罚的案件存在。[43] 犯罪情节轻重不能仅以法定刑的轻重作出认定,而是应综合“犯罪情节”对不法的程度进行认定。法定刑较重的犯罪人如果符合一个或多个减轻型责任刑情节的规定,其犯罪情节仍可能被评价为轻微。[44] 另外,部分学者认为从实质上判断没有一个统一的标准,并不具有可操作性。但是,量刑本身就是在法律规定的框架内让法官行使其自由裁量权的工作。如前文所述,“犯罪情节轻微”这一条件对应的是量刑步骤中衡量不法的程度的部分,而表明行为人不法的程度的是责任刑情节。对于法官而言,根据责任刑情节衡量责任刑的高低是基本素养,并非难事。具体而言,判断犯罪情节是否轻微需要综合衡量加重型责任刑情节和减轻型责任刑情节,明确犯罪人的不法程度,进而确定责任刑的范围是否能达到“犯罪情节轻微”的要求。

(三)“不需要判处刑罚”是预防必要性的判断标准

如何理解和判断“不需要判处刑罚”对于能否适用免予刑事处罚也很重

---

[41] 参见冯少辉:《相对不起诉制度在适用中存在的问题及完善建议》,载《中国检察官》2010年第13期。

[42] 参见唐若愚:《酌定不起诉若干问题研究》,载《人民检察》2003年第1期。

[43] 例如,在杨某禄、崇某平拐卖妇女儿童罪二审刑事判决书中,原判判决被告人杨某禄和崇某平有期徒刑,二审法院根据自首、被拐卖儿童未受到损害等情节判决二人免予刑事处罚。

[44] 参见梁平:《如何理解相对不起诉标准中的“犯罪情节轻微”》,载《中国检察官》2008年第4期。

要,不能因其在量刑过程的后顺位就忽视其重要性。刑罚的目的是预防犯罪,包括一般预防和特殊预防。但预防犯罪不能只靠刑罚,根据刑法的谦抑性原则,如果能通过刑罚以外的手段达到预防犯罪的目的,则应优先采用其他方法。由此可见,若要论证缺乏对犯罪人施以刑罚的必要性,就要证明其预防必要性较低。

如前文所述,这一适用条件是与预防刑的衡量紧密相关的,应根据预防刑情节来判断案件是否达到"不需要判处刑罚"——预防必要性较低的程度。有学者指出,在法定刑制定阶段和量刑阶段,刑罚正当化根据的侧重点并不相同。量刑主要根据犯罪情节,重点考虑犯罪人的再犯罪危险性,故量刑阶段的重点在于特殊预防。[45] 由此,虽然"不需要判处刑罚"是衡量预防刑的条件,但实际上更侧重于犯罪人不需要进行特殊预防,即不对犯罪人判处刑罚,也能实现特殊预防的目的。特殊预防目的的实现涉及的是恢复性司法和被害人的再犯可能性的问题。恢复性司法是通过恢复被犯罪行为侵害的主、客体之间的多层面关系,实现社会治理,即努力恢复到犯罪之前的社会状态。例如在故意伤害罪中,判断犯罪人是否符合"不需要判处刑罚"这一条件时,就应该考虑到犯罪人和被害人的关系能否归于互不干扰的平静状态,"被害人谅解"这一预防刑情节恰好可以用以证明这一标准。同理,对于侵犯公共法益的危险驾驶罪来说,认罪悔罪被看作恢复社会状态的重要量刑情节。而判断犯罪人的再犯可能性就要通过"自首""坦白""认罪悔罪"等预防刑情节来综合考量。

"不需要判处刑罚"的判断标准是从特殊预防目的出发进行考量的,不管是从社会关系的可恢复性,还是从犯罪人的再犯可能性而言,对犯罪人都不需要动用刑罚就可以实现刑罚目的,使法律效果和社会效果能够统一,更好地实现司法效益。

六、免予刑事处罚制度的具体适用

刑法教义学研究对于法条理解的偏差导致司法实践的错误应用,反过

---

[45] 参见文姬:《量刑情节的界定和区分》,载《中南大学学报》2020 年第 4 期。

来,实务中的做法又促进了理论研究越来越偏离法条原本的含义。理论和实践相互作用,造成免予刑事处罚在司法适用中较为混乱的局面。明晰免予刑事处罚的论证思路是指导司法机关正确适用免予刑事处罚制度以及规范司法机关文书说理的前提条件。

(一)免予刑事处罚的论证思路

目前的司法实践呈现一个自相矛盾的现象:司法机关更重视对于适用条件中代表责任刑较低的“犯罪情节轻微”的判断,却大量采用预防刑情节来论证。据此,准确运用“犯罪情节轻微”和“不需要判处刑罚”的前提是准确区分责任刑情节和预防刑情节。责任刑是与责任相对应的刑罚,责任是对不法的责任。[46] 责任刑情节是指影响行为人行为的不法非难性的程度的量刑情节。例如,从犯、多因一果都表明了犯罪人在犯罪中所起的作用较小,虽然与损害结果有因果关系,但对最终犯罪后果的达成贡献较少,因而犯罪人对自己的不法行为所需要承担的责任也可以适当减轻。预防刑是与社会关系的可恢复性以及犯罪人的再犯危险性相适应的刑罚,必须以已经发生或者已经存在的事实为依据。[47] 例如,被害人谅解表明了被犯罪行为破坏的社会关系具有可恢复性,而自首、坦白、平时表现好等表明了行为人的人身危险性较低,这些都属于预防刑情节。

值得注意的是,在具体罪名中,根据侵犯法益的不同,对于责任刑情节和预防刑情节的要求也有所区别。一方面,责任刑情节具有特殊性,根据罪名的不同各有差异,比如故意伤害罪中影响量刑最大的是被害人的损害程度,而危险驾驶罪中的重要责任刑情节则是犯罪人血液中酒精含量的高低。另一方面,预防刑具有普遍性,比如认罪悔罪、自首立功等情节在每个犯罪中都有存在的可能性。但是,即使是相同的预防刑情节,其对于量刑的影响幅度也是有所差别的。以“积极退赃退赔”这一情节为例,针对侵犯个人法益的故意伤害罪减轻的量刑幅度应比针对侵犯公共法益的危险驾驶罪减轻的量刑幅度大。因为积极赔偿并不能恢复受侵害的公共安全法益,但对故意伤害罪中的个人法益来说意义重大。对此,《最高人民法院　最高人民检察院关于常见犯罪的量刑指导意见(试行)》(以下简称《量刑指导意见》)也规定,积极

---

[46] 参见张明楷:《论影响责任刑的情节》,载《清华法学》2015 年第 2 期。

[47] 参见张明楷:《论预防刑的裁量》,载《现代法学》2015 年第 1 期。

赔偿被害人经济损失并取得谅解的,综合考虑犯罪性质、赔偿数额、赔偿能力以及认罪悔罪表现等情况,可以减少基准刑的40%以下。对抢劫、强奸等严重危害社会治安犯罪的,应当从严掌握。因此,对于犯罪性质不同的犯罪,积极退赔并取得被害人谅解这一情节对于刑罚的影响幅度应有所差别。在故意伤害罪中,单凭这一情节最高可以减少基准刑的40%左右。但是,对于危险驾驶罪来说,单凭这一情节可以减轻的幅度应该比照故意伤害罪有所降低,在20%左右较为合理。

在准确区分了责任刑情节和预防刑情节之后,按量刑顺序先后判断"犯罪情节轻微"和"不需要判处刑罚"是法官自由裁量的范围。在犯罪人的各责任刑情节相加后表明的不法程度达到"犯罪情节轻微"的标准,同时各预防刑相加后也达到了"不需要判处刑罚"的标准时,其才能被免予刑事处罚。实践中,虽然《刑法》第37条的适用条件混乱的情况严重,但也有优秀文书的存在。在杨某某滥用职权一案[48]中,法院严格把握了责任刑情节和预防刑情节,分别认定免予刑事处罚的两个适用条件。法院首先根据犯罪人未造成严重后果的责任刑情节认定其犯罪情节轻微,然后根据其自首、认罪悔罪的预防刑情节认定其不需要判处刑罚,条理清晰,论据得当,是样本中论理最恰当的一篇判决。

另外,根据《刑法》第37条的规定,在满足"犯罪情节轻微,不需要判处刑罚"的条件后,法院"可以"判处犯罪人免予刑事处罚,而不是"应当"免予刑事处罚。针对刑法中关于"可以"的规定,借鉴"可以"型量刑情节的理论,此处的"可以"指的为通常情况下应免予刑事处罚,如果确有不能免予刑事处罚的理由,应做具体且充分的说明。

综上,最具合理性和逻辑性的说理结构应是:首先,根据案件的责任刑情节判断其有责的不法程度是否符合"犯罪情节轻微",由此得出的刑罚幅度是确定最终刑罚量的前提。其次,在认定"犯罪情节轻微"的基础上,根据预防刑情节衡量行为人预防必要性的大小,认定"不需要判处刑罚"的程度,进而作出免予刑事处罚的判决。如果判处免予刑事处罚确有不合理之处,应该充

---

[48] 参见云南省元江哈尼族彝族傣族自治县人民法院刑事判决书,(2014)元刑初117号。本案中法院认为:"被告人杨某某的犯罪行为未造成人员伤亡或恶劣社会影响,犯罪情节轻微,且犯罪后具有自首情节,认罪态度好,有良好的悔罪表现,不需要判处刑罚,根据《中华人民共和国刑法》第三十七条之规定,本院依法对其免予刑事处罚。"

分说明理由。

(二)典型罪名的适用展开

基于实证研究数据以及上述理论,笔者认为对于每一个具体罪名,都有其可以被判处免予刑事处罚的一般模式,当然也不乏特殊模式的存在。在特殊模式中,只有责任刑情节和预防刑情节对于刑罚的减轻幅度分别达到一般模式下的标准,才可以认定"犯罪情节轻微,不需要判处刑罚",判处免予刑事处罚。下文对于醉酒型危险驾驶罪以及故意伤害罪适用规则的分析都是采用司法实践中大量出现的情节进行说明,现实中案件的情况千变万化,本文仅是举例供司法机关参考。

1. 危险驾驶罪免予刑事处罚的适用

浙江省在醉酒型危险驾驶罪的治理中的成功经验值得借鉴。浙江省高级人民法院、省人民检察院、省公安厅共同制定了关于办理醉驾的《会议纪要》(浙高法〔2019〕151 号)第 5 条作出了如下规定:"酒精含量在 140mg/100ml 以下,认罪悔罪,且无从重情节,犯罪情节轻微的,可以不起诉或者免予刑事处罚。"虽然该规定遵循司法解释一贯的做法,忽视了"不需要判处刑罚"这一条件,但实际考虑了责任刑情节(酒精含量较低)以及预防刑情节(认罪悔罪),符合免予刑事处罚的实质要求,具有可参考性。

在影响危险驾驶罪的责任刑情节中,酒精含量的高低显然是判断行为不法性最主要的量刑因素。因此,可以酒精含量较低为判断行为不法性较低的一般模式。根据前文对于犯罪人血液中酒精含量的统计数据,可以将酒精含量高低与危险驾驶行为不法性的判断设定如下标准:当酒精含量在一个特定的数值以下时,如 120mg/100ml 且无加重型责任刑情节存在时,可以直接认定为"犯罪情节轻微"。除此之外,不能排除特殊模式的存在,但是必须做更加慎重的衡量。例如,当酒精含量在 120mg/100ml ~ 200mg/100ml 且无加重型责任刑情节存在时,必须有行车时间车流量较低、未造成实害结果等减轻型责任刑情节的加成,才能认定为"犯罪情节轻微"。然而,当酒精含量已经超过 200mg/100ml 时,这个情节本身就是一个加重型责任刑情节,必须存在足以抵消该情节的减轻型责任刑情节,并且相互加减后对于刑罚的减轻幅度达到和一般模式一样的程度,才能认定为"犯罪情节轻微"(见表 4)。

表4 “醉酒型”危险驾驶罪认定“犯罪情节轻微”的两种模式

认定“犯罪情节轻微”的情况	血液中酒精含量	其他责任刑情节
一般模式	120mg/100ml 以下	无加重型责任刑情节
特殊模式	120mg/100ml ~ 200mg/100ml	无加重型责任刑情节且具有行车时间车流量较低、未造成实害结果等减轻型责任刑情节
	200mg/100ml 以上或具有其他加重型责任刑情节	具有行车时间车流量较低、未造成实害结果等减轻型责任刑情节,并且相互加减后对于刑罚的减轻幅度达到一般模式的程度

根据前文的数据,在影响危险驾驶罪的预防刑情节中,认罪悔罪显然是判断行为人预防必要性较低的基本要求。此外,基于危险驾驶罪的立法目的,笔者认为初犯偶犯这一预防刑情节也应该着重考虑。当然,现在的裁判文书存在大量的不规范问题。因此,可能许多具有初犯偶犯情节的犯罪人没有在判决书中被明确说明。但是,这种不规范的做法应该在未来的司法实践中被杜绝。

总之,危险驾驶罪适用免予刑事处罚制度的基本模式为:酒精含量较低+犯罪人认罪认罚且没有其他从重情节。若案件情况不符合该基本模式,对其进行免予刑事处罚时应慎重考量各量刑情节。

2. 故意伤害罪免予刑事处罚的适用

目前来看,司法实践中将伤害结果作为判断故意伤害行为不法性的重要判断指标。那么,在“犯罪情节轻微”的判断上,损害结果为一人轻伤是得出责任刑较轻的一般模式。当然,这不代表轻伤两人、重伤一人就绝对不能适用免予刑事处罚制度。如前所述,“犯罪情节轻微”的判断应采实质标准说。但是,当面临轻伤两人的特殊模式时,“被害人过错”等其他责任刑情节就并非可有可无,要准确衡量,慎重适用。

在故意伤害罪的预防刑情节中,影响比较大的就是犯罪人积极退赔并取得被害人谅解。以该情节作为预防刑较低的一般模式,根据《量刑指导意见》的规定,对于积极赔偿被害人经济损失并取得谅解的,综合考虑犯罪性质、赔偿数额、赔偿能力以及认罪悔罪表现等情况,可以减少基准刑的40%以下;积极赔偿但没有取得谅解的,可以减少基准刑的30%以下;尽管没有赔偿,但取得谅解的,可以减少基准刑的20%以下。也就是说,犯罪人未积极赔偿且未取得原谅、犯罪人积极赔偿但未取得原谅、犯罪人未积极赔偿但取得原谅都属于责任刑情节的特殊模式。此处应该额外注意一点,就是有的案件中犯罪人与被害人之间属于特殊关系,不需要积极赔偿就能得到原谅,此时不应强人所难,应将其拟定为一般模式做考量。例如,在盛某某故意伤害一案中,被害人与被告人系夫妻关系,即使并未积极赔偿,被害人也对被告人表示谅解,符合免予刑事处罚对于责任刑的要求。㊾

综上,故意伤害罪适用免予刑事处罚制度的基本模式为:损害结果为一人轻伤+犯罪人积极赔偿并取得被害人谅解且没有其他从重情节。与上述讨论危险驾驶罪的情况相同,若一个案件不符合此基本模式,司法机关若要对其免予刑事处罚必须慎之又慎。

Reconstruction of the System of Exemption from Criminal Punishment in the Era of Misdemeanor

Abstract: The era of misdemeanor crime in my country's criminal law has come, and the punishment for misdemeanor should be lightened. The system of exemption from criminal punishment stipulated in Article 37 of the Criminal Law is in line with the needs of the times, and a new interpretation should be made to give full play to it. Considering the challenges brought by the era of misdemeanor and the functional orientation of exemption from criminal punishment, the application of exemption from criminal punishment plays an important role in alleviating the problem of a large number of misdemeanors. Through the empirical analysis of the existing judgments of exemption from criminal punishment in my country, it is found that the application of exemption from criminal punishment and exemption from punishment is mixed, and the application judgment standard of the system of exemption from criminal punishment is confusing. Reconstructing

㊾ 参见南昌市青云谱区人民法院刑事判决书,(2014)青刑初86号。法院认为:"本案系因家庭琐事而引起的,被害人熊某某也有一定的过错,同时熊某某以与盛某甲达成了和解协议,熊某某表示对盛某甲予以谅解,请求法院不追究盛某甲的刑事责任,因此,盛某甲的犯罪情节轻微,不需要判处刑罚,可以免予刑事处罚。"

the theoretical essence of the system of exemption from criminal punishment and clarifying the applicable judgment standards are the keys to the activation of the system. The essence of immunity from criminal punishment is that the behavior lacks the necessity of punishment. The provisions of the criminal law on immunity from criminal punishment have an independent status. The application of exemption from criminal punishment should be a layer-by-layer filtering process. "The crime is minor" and "no penalty is not required" are used to measure the circumstances of responsibility punishment and prevention punishment, respectively, and the order of application should be strictly followed.

Key words: Exemption from Criminal Punishment; Misdemeanor; Circumstances of Responsible Punishment; Circumstances of Prevention Punishment

清华法律评论(第十一卷第一辑)
第151～182页

论担保制度现代化下《民法典》流担保规范的矛盾属性

李定邦*

目　次

摘　要　《民法典》流担保规范在其立法理念与具体内容方面存在矛盾。一方面,在理念层面超越了违反即为无效抑或有效的传统争论,怀着实用主义的初心表达出政策式规制流担保的务实用意,为具体内容的建构提供了更多可能。无论现今对流担保规范的适用,还是未来对其进行修订,占据主导地位的理念应是政策,此渊源于罗马法史、内在的经济形态以及我国的现实国情。另一方面,现有条文在具体内容方面较为保守,立法者强调债务履行期流担保交易的重要性,将其作为衡量当事人利益是否失衡的唯一工具,这导致规范意旨的落空,应采取针对性的漏

* 李定邦,中国政法大学民商经济法学院硕士研究生。

洞填补措施。又在优先受偿这一法律效果的设置方面错失良机,具体表现在未明确标的指向、未留有转换余地、未尝试革新"担保物权 = 优先受偿"的传统概念。理念更新与具体内容守旧的矛盾属性,使得现行流担保规范在理论和实践上均未臻完善,这与我国处在创新与稳定协调并行的经济社会转型期有关,但亦不妨将其作为我国担保制度现代化下的最新尝试。

关键词 流担保规范 政策 投机 实用主义 担保制度现代化

鉴于问题的趋同性,学界通常将流质与流押统称为流担保。① 流担保的典型含义为:担保合同中当事人预先达成的债权已届清偿期债务人不履行时,担保物的所有权便归债权人所有,在质押合同中叫流质,在抵押合同中叫流抵押。② 现行《民法典》分别于第 401 条③和第 428 条④规定了流押规范与流质规范,笔者将其统称为流担保规范。为了论述方便,本文将债务人与担保人视为同一。下文分别从违反流担保规范的效力争议、债务履行期在流担保规范中的角色、依法优先受偿的法律效果这三个方面出发,较为紧密地结合条文内容进行论述,至于其他问题笔者另行撰文进行分析。

一、立法理念更新:政策式规制流担保

(一)《民法典》流担保规范:政策主导下的务实定位

关于《民法典》第 401 条以及第 428 条的效力性质,在当今学界和实务界仍然存在十分重大的分歧。在《民法典》权威释义书中,其认为流担保合意违反担保物权本质进而应当否认流担保约款的效力;⑤最高人民法院在其主编

① 参见王闯:《让与担保法律制度研究》,法律出版社 2000 年版,第 359 页;王海峰:《让与担保制度中的物权法定、关系构造与私权自治》,载《法律适用》2021 年第 10 期;谢鸿飞:《〈民法典〉担保制度内在体系的变迁》,载《东南学术》2021 年第 5 期。

② 参见吴延学:《多重视角下的流担保条款:反思与重构》,载《重庆社会科学》2007 年第 2 期。

③ 《民法典》第 401 条规定:"抵押权人在债务履行期限届满前,与抵押人约定债务人不履行到期债务时抵押财产归债权人所有的,只能依法就抵押财产优先受偿。"

④ 《民法典》第 428 条规定:"质权人在债务履行期限届满前,与出质人约定债务人不履行到期债务时质押财产归债权人所有的,只能依法就质押财产优先受偿。"

⑤ 参见黄薇主编:《中华人民共和国民法典释义》(上),法律出版社 2020 年版,第 778 页。

的释义书中也表达了相同观点;[⑥]中国社科院法学研究所在其主编的权威评注书中亦在表明用物权法定的原则去否定流担保约款的用意。[⑦] 也有相当一部分学者认为现有法律规范禁止流担保,如黄家镇教授认为立法者坚持了不承认流押条款效力的态度并且对抵押权的法律效果进行了重申,[⑧]汤文平教授赞同此种判断,[⑨]刘保玉教授也坚持认为《民法典》中的既有条款与原有条文并无不同其仍属于无效条款。[⑩] 而在当今学术界,有部分观点已经旗帜鲜明地主张流担保约款已经不再是无效条款;[⑪]也有学者主张流担保约款的效力应是中性的;[⑫]更有一种观点认为流担保合意无效与否是属于法官自由裁量权的范畴,由法官根据个案来确定。[⑬] 兹可见学界意见有较大分歧!

再察《民法典》实施后的裁判观点,山东省临沂市中级人民法院明确表明:"《中华人民共和国民法典》施行以来相关规定是十分明确的,即流押(流质)条款有效的部分仅限于抵押物折价受偿部分有效;抵押财产直接归债权人所有的约定,仍然是无效的";[⑭]该院在处理同一事实的另一案件中完全照搬了此观点。[⑮] 江苏省无锡市中级人民法院也认为流担保约款在《民法典》背景下仍属无效条款。[⑯] 笔者经过案例检索,[⑰]尚未发现法院在实务案例中

---

⑥ 参见最高人民法院民法典实施工作领导小组主编:《中华人民共和国民法典理解与适用》,人民法院出版社2020年版,第1070页。

⑦ 参见孙宪忠、朱广新主编:《民法典评注:物权编》(第4册),中国法制出版社2020年版,第124页。

⑧ 参见黄家镇:《论〈民法典〉流押规定的解释适用》,载《甘肃政法大学学报》2021年第2期。

⑨ 参见汤文平:《法学实证主义:〈民法典〉物权编丛议》,载《清华法学》2020年第3期。

⑩ 参见刘保玉:《民法典担保物权制度新规释评》,载《法商研究》2020年第5期;王海峰:《让与担保制度中的物权法定、关系构造与私权自治》,载《法律适用》2021年第10期。

⑪ 参见谢鸿飞:《〈民法典〉担保制度内在体系的变迁》,载《东南学术》2021年第5期;许一君:《论履行期届满前达成的以物抵债协议——兼评〈九民纪要〉第45条》,载《私法》2020年第2期;刘国栋:《〈民法典〉视域下股权让与担保的解释论路径》,载《北方法学》2021年第5期。

⑫ 参见杨善长:《流押条款法律效力辨——兼及法律父爱主义立法思想之取舍》,载《河北法学》2017年第3期。

⑬ 参见李亚成:《试论抵押权人私力救济行为的法律属性》,载《法制与经济》2020年第6期。

⑭ 山东省临沂市中级人民法院民事判决书,(2021)鲁13民终4095号。

⑮ 参见山东省临沂市中级人民法院民事判决书,(2021)鲁13民终4094号。

⑯ 参见江苏省无锡市中级人民法院民事判决书,(2021)苏02民终3727号。

⑰ 参见中国裁判文书网文书库2021年12月20日,https://wenshu.court.gov.cn/website/wenshu/181217BMTKHNT2W0/index.html?pageId=b6e35b577f2186e97e8decea26ab2ed1&s21=%E6%B5%81%E6%8A%BC。

公开支持“流担保合意在《民法典》背景下为有效”这一观点。由此可见,虽然在理论界存在重大争议,但关于流担保合意的效力问题在实务界似乎早已是“定于一尊”,即流担保合意仍旧无效。

实际上,对于《民法典》第 401 条、第 428 条是否为强制性的效力性规定,很大程度上取决于对该些条文中“只得就担保财产优先受偿”一句的解释,尤其是对“只得”一词的解释。在原《担保法》司法解释、[18]《物权法》的相关条文[19]中,明确使用“不得”这一禁止性语词。所以,从语义逻辑上看就是从“双方不得约定流质流押条款”到“只得就担保财产优先受偿”,那么这两者是否存在同义反复的关系呢?笔者对此持否定意见,理由在于:第一,二者指向对象不同。如果从“物债二分”的法律体系出发,可知前一句中的重点在于“约定条款”,此是于负担行为的角度;后一句中的重点在于“只得优先受偿”,此是于物权优先效力领域的角度。第二,二者所规制的主体不同。前一句在于“双方”,它表明该条法律规范拘束交易双方;后一句明显旨在拘束一方即债权人,规定其只能行使优先受偿权,也就是对债权人权利的限制。而理论界一般认为仅约束一方的强制性规定原则上不是效力性的强制性规定,并且这二者属于完全不同的禁令样态。就算禁令约束双方还应结合禁令的意旨等其他因素,非由逻辑演绎直接得出结论。[20] 总之,原《担保法》司法解释、《物权法》中的相关条文与《民法典》中的相关条文在文本内容上似相差甚远,不能简单得出此二者之间存在继受关系。

除了否定继受关系,还要回到《民法典》自身的体系和价值判断中来论述此问题。苏永钦教授指出,“法典仅存的功能就是体系化,就是透过法典对某一法律领域内在体系的外部化,创造找法、储法、立法和传法上的更高效益”,[21]此语所言极是。当《民法典》物权编仅对流担保规范赋予优先受偿的

---

⑱ 《最高人民法院关于适用〈中华人民共和国担保法〉若干问题的解释》(已失效)第 57 条规定:“当事人在抵押合同中约定,债务履行期届满抵押权人未受清偿时,抵押物的所有权转移为债权人所有的内容无效。该内容的无效不影响抵押合同其他部分内容的效力。债务履行期届满后抵押权人未受清偿时,抵押权人和抵押人可以协议以抵押物折价取得抵押物……”

⑲ 《物权法》(已失效)第 186 条规定:“抵押权人在债务履行期届满前,不得与抵押人约定债务人不履行到期债务时抵押财产归债权人所有。”

⑳ 参见朱庆育:《民法总论》,北京大学出版社 2016 年版,第 367 ~ 370 页。

㉑ 苏永钦:《只恐双溪舴艋舟,载不动许多愁——从法典学的角度评价和展望中国大陆的民法典》,载郭春镇主编:《厦门大学法律评论》(2020 年卷总第 32 辑),厦门大学出版社 2021 年版,第 15 页。

效力并且尚未言及其他时，有关流担保规范的效力还需在《民法典》的体系中找寻其他理据，例如，回溯至总则编、合同编，但《民法典》中并未存有单独、明确的规定去指明交易双方约定流担保即为无效。[22] 另外，民事法律行为之无效的宣告有其独特的法律秩序意蕴，王泽鉴教授认为，无效、得撤销、效力未定，此为规范私法自治的机制，但效力瑕疵的具体确定实为评价问题，应视所欠缺要件及违反性程度而定。[23] 拙见以为，经双方合意达成的流担保约款毕竟体现了意思自治，而且它也只是体现在具体交易中的特定个体身上，与公共利益无直接关联。将流担保约款评价为无效可能只关注其在交易结果方面显现的"不公"，此有片面评价流担保之问题，更在处理国家司法管制与私人自治之间存在违反比例原则之嫌。毕竟除了无效之法律行为，也还存在可撤销、效力待定等其他效力瑕疵模式，基于法秩序对效力瑕疵严重程度的层次安排，[24]也不应如此武断地认定流担保约款即为无效。

实际上，当流担保约款经过总则编、合同编的检视之后并未出现效力瑕疵，进而似可说流担保约款已为有效。但物权编仅将其效果限制在优先受偿的效力之中，当事人根据流担保约定进而去法院主张履行此约定时，严格按照法律条文也并不会得到法院的实际支持，[25]如果说其有效，其实益也许只是在口号上宣扬了"私法自治"，而且这种实益也只能体现在自治层面上的主动履行，换句话说此合意并未得到现行法律秩序的整体承认，这是物权编有意地对总则编、合同编进行"掣肘"。行为自由有两种，一般情况下行为自由可以以任何方式行使之，另外是通过法律行为行使。[26] 这借用到《民法典》流担保规范时，也就意味着司法者根据立法者的字面条文，最终的裁判并不会承认当事人能依照法律行为的实现方式去行使流担保约定这一行为自由。但是，未得到法秩序承认与法秩序对此进行否定是属于完全不同的评价体系，

㉒ 持同样观点的参见孟强：《〈民法典物权编〉应允许流质流抵》，载《当代法学》2018 年第 4 期；郝秀辉、赵金瑞：《航空器"流押契约"的正当性及立法路径的选择》，载《南京航空航天大学学报（社会科学版）》2021 年第 3 期。

㉓ 参见王泽鉴：《民法总则》，台北，三民书局 2020 年版，第 569 ~ 570 页。

㉔ 参见杨代雄：《法律行为论》，北京大学出版社 2021 年版，第 370 页。

㉕ 虽未明确否定流担保约款的效力但也驳回了当事人主张按照流担保约款去履行债务的典型判决参见上海市浦东新区人民法院民事判决书，(2021) 沪 0115 民初 2422 号；北京市丰台区人民法院民事判决书，(2021) 京 0106 民初 11779 号。

㉖ [德]迪特尔·梅迪库斯：《德国民法总论》，杜景林、卢谌译，法律出版社 2004 年版，第 214 页。

我国现今法律规范使得当事人之间产生了类似于“自然之债”的法律关系,即意思自治暂时并未得到法秩序整体的回应和支撑,有学者反而认为此是《民法典》立法者搁置争议、面向未来的明智之举,[27]笔者对此表示赞同。在现有实务案例中,法院大多认为流担保约款属无效而不予支持,此举在裁判结果上与法秩序暂不承认流担保合意的裁判结果相一致,只是论证思路和裁判逻辑有待转变。这种情况其实与立法语言存有模糊、司法裁判惯性有极大关系。其次,为了权衡意思自治与司法管制的关系,尊重个人自决,特别是为了减少今后因时而变进行制度转轨的社会成本,司法裁判也不宜不考虑案件实际情况就直接依据现有法律条文来宣告流担保约款无效。

所以,笔者主张现阶段司法裁判原则上不应涉及对流担保约款进行效力评价,在立法对相关问题持开放态度时,理论界中认为流担保约款无效的观点也还需提供更强的论据。但现阶段明确地主张流担保合意已经为有效,此举也值得商榷,并未完全体察到流担保交易背后的制度背景和运作机理(详见下文)。毕竟国际趋势也并未完全定型,是否延续之前对流担保约款采取禁止模式之立法还是随着情势逐步放开并将流担保整体地纳入法秩序,静观其变也许才是可取的态度。从这个角度讲,辽宁省鞍山市中级人民法院认为,“本案保证单约定如果付某华逾期未能偿还款项车辆即归属高某伟,该约定属于流质条款,流质条款不发生物权效力,即高某伟不能依照流质条款的约定取得案涉车辆的所有权”,[28]这一只谈及流担保约款不发生物权效力而并未言及其他的做法,值得赞赏并推崇。[29] 将《民法典》流担保规范仅作为驳回当事人请求确认效力的裁判依据,而不对其具体内容进行评价,现今主流裁判观点也确是如此。[30]

总而言之,立法者在《民法典》流担保规范的效力性质上有意不作出明确

---

[27] 参见陈永强:《〈民法典〉禁止流质之规定的新发展及其解释》,载《财经法学》2020年第5期。

[28] 辽宁省鞍山市中级人民法院民事判决书,(2021)辽03民终2830号。

[29] 其他并未明确言及流担保约款的法律效力而去关注相关法律规范能构成当事人具体诉讼请求之客观履行障碍的典型判决参见北京市海淀区人民法院民事判决书,(2020)京0108民初43132号;北京市第二中级人民法院民事判决书,(2021)京02民终2389号。

[30] 参见上海市浦东新区人民法院民事判决书,(2021)沪0115民初2422号;北京市丰台区人民法院民事判决书,(2021)京0106民初11779号;北京市海淀区人民法院民事判决书,(2020)京0108民初43132号;北京市第二中级人民法院民事判决书,(2021)京02民终2389号。

回答，而司法者将其作为判决驳回相关当事人诉讼请求的法律依据，此是秉持着实用主义的态度超越了既有的学术争论，将此“留白”交给社会实践，今后可由司法解释等办法对流担保制度进行政策式地调整，此符合流担保规制的历史经验和处于金融风险增长的现实国情，也符合相应的比较法趋势，[31]在整体上应予以肯定。不过，政策式地规制流担保是否有其理据？本文从以下三个角度对流担保规范中占据主导地位的政策理念进行论证。

（二）政策式规制的历史渊源：再访 lex commissoria

古罗马法学家盖尤斯说：对过去的法律进行解释，必须考察它的起源，因为在起源中才能看到所有的部分。[32] 而在当今世界的担保法领域，相关学者较为一致地认为禁止流担保这一法律现象及相关法律制度的雏形最早来自罗马法，[33]如 Homer 教授就直接说道，“在普通法中，抵押人在抵押条款中永远失去他的地产，但受罗马法的影响之后便认为抵押只是一种担保交易而不是转让”，[34]由此初步可以推测：第一，流担保这一法律现象具备跨法系的历史共相。第二，在西方法律文化共识中，虽无法明确断定流担保这一法律现象的最早出现时间，但他们认为禁止流担保的历史渊源出自罗马法而且对后世的影响颇为深远，这在一定程度上为两大法系的规则适用渊源及互相借鉴经验提供了学术桥梁。[35]

据有关学者考证，罗马法上的信托即 fiducia，它意味着标的物的所有权在内部外部均移转给了债权人，债权人与债务人之间的关系仅为债权债务关

---

[31] 比较法上除了法国、韩国、日本等国家已经明确肯定流担保条款为有效之外，仍然有例如《欧洲示范民法典草案》第 IX－5：101 条之一般规则中明确指出，违约前所达成的担保物权人取得担保财产所有权的协议，或者类似效果协议，均为无效，但另有明确规定的除外；例如《EBRD 动产担保交易示范法》第 24 条也规定流押条款为无效。最值得注意的是，联合国贸易法委员会于 2016 年制定了《贸易法委员会担保交易示范法》，关于是否放开流押流质争议巨大，因而最终没有明文表明态度，此种看似无奈的“搁置态度”实际上值得我国学习。

[32] 参见［古罗马］优士丁尼：《学说汇纂》（第 1 卷），罗志敏译，中国政法大学出版社 2008 年版，第 19 页。

[33] 大陆法系学者观点参见［德］马克斯·卡泽尔、［德］罗尔夫·克努特尔：《罗马私法》，田士永译，法律出版社 2018 年版，第 325 页。

[34] See Homer F. Carey et al.，“Studies in Foreclosures in Cook County：Foreclosure Methods and Redemption”，*Illinois Law Review* 27，1932－1933，p. 595－628.

[35] See William James Coughlin，“Clogging Redemption Rights in Illinois”，*John Marshall Law Quarterly* 3，1937，p. 11－22.

系,[36]而且在实现程序上,fiducia(信托)同质权、抵押权一样,均是通过流担保的形式或者其形式变种去实现债务清偿,在很长一段历史时期里,对于债务未获清偿的情形,于设质时双方可约定债权人将质物用于 datio in solutum(代物清偿),也可以将质物变价出卖于他人。[37] 由此可见,允许流担保存在的历史时期也并不短暂,担保物权实现方式也有了不同选项。

不过随后,古罗马帝国的经济状况及周边环境发生了巨大变动。在后古典时期的信用危机中,以暴利剥削方式滥用流担保交易的情形日渐增多,即将价值远超过债权的物作为流质担保物交给债权人,以便在债务人不能支付时债权人能直接由质物获得清偿。公元 320 年 Constantine the Great(君士坦丁大帝)鉴于此种情况,便颁布了一项敕令,[38]结合美国学者 Pharr 对其的翻译,[39]我们需要注意以下两个问题:

第一,该条敕令的规制目的在于不公平的交易实践,特别是针对 the harshness of the provision for forfeiture(没收财产条款的严厉残酷性);

第二,根据体系解释的精神,注意该条敕令最后一句话"Creditores enim, re amissa, iubemus recipere, quod dederunt. Dat. prid. Kal. Febr. Serdica"即强制剥夺债权人财产、强制恢复原状,可见其敕令的革命性极强,带有利用强权

---

[36] 参见王闯:《让与担保法律制度研究》,法律出版社 2000 年版,第 63 页。

[37] 参见[德]马克斯·卡泽尔、[德]罗尔夫·克努特尔:《罗马私法》,田士永译,法律出版社 2018 年版,第 325 页;更为深入的研究参见[德]弗·彼得斯:《古典罗马法和后古典法中通过质权人取得质物》(Der Erwerb des Pfandes durch den Pfandglaubiger im kassischen und nachklassischen Recht),载《卡泽尔祝贺文集》1973 年第 137 页。

[38] See Brev. CTh. 3, 2, 1 (= CTh. 3, 2, 1 = CJ. 8, 34, 3): "Imp. Constantinus A. ad Populum. Quoniam inter alias captiones praecipue commissoriae legis crescit asperitas, placet infirmari eam et in posterum omnem eius memoriam aboleri. Si quis igitur tali contractu laborat, hac sanctione respiret, quae cum praeteritis praesentia quoque depellit et futura prohibet. Creditores enim, re amissa, iubemus recipere, quod dederunt. Dat. prid. Kal. Febr. Serdica, Constantino A. VI. et Constantino Caes. Coss."

[39] "Emperor Constantine Augustus to the People. Since among other captious practices, the harshness of the provision for forfeiture is especially increasing, it is Our pleasure that such provision shall be invalidated and that hereafter all memory of it shall be abolished. If any person, therefore, is suffering under such a contract, he shall be relieved by this sanction which cancels all such past and present agreements and prohibits them for the future. For We order that creditors shall surrender the property and recover that which they have given." See Clyde Pharr et al., *The Theodosian Code and Novels and the Sirmondian Constitutions: A Translation with Commentary, Glossary, and Bibliography*, Liber I – VI, Princeton, Princeton University Press, 1952, p. 12.

重新分配财富的意味,以维护统治。

该条敕令颁布后的历史状况及社会效果在以往的国内外研究中鲜有提及,但实际上这对考察禁止流担保的法律现象有着重要意义,尤其是从Constantine the Great(君士坦丁大帝)至Justinian(优士丁尼)这段间隔的历史时期。不过,关于禁止流担保起源的相关历史事实之考证仍一直处在争论之中,并未出现绝对具有说服力的证据资料及观点,广泛考察其他资料才能使相关历史事实更为明确。而研究视角的拓展往往会带来一些新的观点,随后便就有欧洲学者主张,其实最早明确禁止流担保的法律规范并非来自君士坦丁大帝的敕令,而是来自《阿拉和克罗马法辑要》,并且经过一定的证据材料佐证,其进一步认为最早明确禁止在担保物权中进行流担保交易的法律起源来自该辑要之重要组成部分。[40] 该辑要继承了此习惯法,继续明确禁止在信托关系当中达成流担保约款。[41] 随后,该辑要的编纂者和释义者鉴于当时一系列的社会危机,尤其是为了避免在无法just estimation(公正估价)时债权人利用对债务人的oppression(经济压迫)以获得superfluum(超额利益),积极能动地又将此规则扩大适用范围至所有担保物权。[42] 就此,就有观点认为辑要的编纂者引进了一项新的规则,完全违背了君士坦丁敕令中的规则意涵。[43] 最后,在加深的社会危机与法律文化传播的影响下,优士丁尼时期的立法者综合了以上所有的因素,考虑建立统一的禁止适用体系,甚至是特别考虑到selling the pledge(债权人自我出售约款)和retaining or acquiring it in ownership(保留、获取担保物所有权约款)有着一样压迫债务人的法律效果,所以也一并将其禁止,此导致流担保的法律概念核心范畴发生膨胀,外延也逐渐模糊。由此,传统上认为的禁止流担保规范之含义及范围大致已经确定,成为原《法国民法典》第2028条、第2088条以及《德国民法典》第1149条、第1229条等立法的精神来源。[44]

---

[40] See Hugo Krüger, Conrat (Cohn), Max: Breviarium Alaricianum, Zeitschrift der Savigny-Stiftung für Rechtsgeschichte. Romanistische Abteilung, Vol. 25, Issue 1., 2013, S. 410-420.

[41] See Brev PS. 2, 12, 6 (=PS. 2, 13, 3).

[42] See Brev. CTh. 3, 2, 1 (=CTh. 3, 2, 1=C. J. 8, 34, 3).

[43] See Magdolna Szücs, "Creditor rem Sibi Oppignoratam a Debitore Emere Non Potest", *Journal on European History of Law* 2, 2011, p. 65-72.

[44] 参见[德]马克斯·卡泽尔、[德]罗尔夫·克努特尔:《罗马私法》,田士永译,法律出版社2018年版,第325页;周枏:《罗马法原论》(上册),商务印书馆1994年版,第423页。

综上所述,在重新较为深入地考察罗马法中禁止 lex commissoria 的历史演变之后,拙见以为,有以下几点需要予以重视:

第一,罗马法历史上立法者禁止流担保的个人用意就是出于政策式考量。无论是君士坦丁、阿拉利克二世,还是优士丁尼,他们颁布相关禁止流担保之敕令的目的,均在于控制剥削,缓和当时社会经济发展的危机。尤其是君士坦丁,从整体用语上审读他所颁布的禁止流担保之敕令,可窥见其利用强权去稳固统治、建立君王威信的目的,对于规则制定之中所蕴含的非理性因素值得我们警惕,毕竟此敕令也是一项政治决断。[45]

第二,罗马法历史上对流担保的禁止在实际效果上也属于政策式调控经济的一部分。例如,在《阿拉和克罗马法辑要》中,阿拉利克二世还禁止转售对战争具备重要作用的资源如 Potentiores(强效矿石),[46]还为了经济交易的稳定进而也禁止转让处于法律争讼之中的 res litigiosa(争讼物),[47]禁止流担保也许同此些行为禁止一样,均作为调控社会经济的制度部分。甚至可以说,禁止在民间交易中出现流担保之可能原因就是为了打击政敌,也有整顿腐败征税官僚体制的目的。[48]

第三,纵观罗马法史,立法者在对流担保进行规制的背后存在强烈的 policy concept(政策理念)。我们通过考察禁止流担保规则的历史起源,发现在罗马法时期,流担保从允许到禁止,其禁止范围也从窄入宽地变迁,这也在表明一种理念:流担保的规制较易受立法者对整体经济社会形势判断的影响。就此,欧美学界及实务界中有相当有力观点认为,禁止流担保的规则属性就是一种由社会控制的公共政策。[49]

(三)政策式规制的经济渊源:流担保交易中的投机风险

罗马法基于政策考量而逐步禁止流担保约款,该影响直至今日依旧存在,在其起源上,我们似可断言禁止或允许流担保均是一定时期政策的产物,

---

[45] See William James Coughlin, "Clogging Redemption Rights in Illinois", *John Marshall Law Quarterly* 3, 1937, p. 11 -22.

[46] See Brev CTh. 2, 13, 1 (=CTh. 2, 13, 1 422).

[47] See Brev CTh. 4, 5, 1 (=CTh. 4, 5, 1).

[48] See Magdolna Szücs, "Creditor rem Sibi Oppignoratam a Debitore Emere Non Potest", *Journal on European History of Law* 2, 2011, p. 65 -72.

[49] See Sasfin v. Beukes, 1 SA I (A) 14D -E. (1989); Burdese, A, op. cit. p. 125, n. 2. 58; Biscardi, A, op. cit. p. 190, n. 24.

但禁止流担保仍为许多立法例在千百年的历史中所延续借鉴,这并非政策一词所能概括,这背后当然有深刻的交易理念和交易形态作为支撑。

大陆法系学者大多认为,交还请求权被认为是根植于担保法本身的性质的,[50]这种观念意味着"担保 = 清算"。而我国学者在谈论流担保时,至多也只是在实现担保物权方式时将流担保与清算型担保作简单比较,并非细究其原理。[51] 但是,笔者认为,规制流担保的重点也许并非在流担保这种交易形态本身,而是在流担保交易完成时对相关债务清算与否以及对清算方式进行规制。因为流担保的典型含义只在于在债务期限届满前将担保物抵给债权人以清偿债务,至于如何具体地清偿债务,流担保的传统概念并未明确回答。具体而言,如果摆脱清算义务作为担保本身所必需之特质,那么流担保这一交易形态可以搭配着以下四种灵活的债务清偿方式:第一,移转担保物所有权 + 双向清算。此时,当事人约定了流担保并且根据担保物权的传统观点对担保物进行抵偿之后,如果债权仍有剩余,债务人还应继续清偿;如果担保物抵偿价格高于债权数额,此时债权人应将多余的数额交还于债务人。此为实现担保物权的典型形态,即债权人与债务人都要进行"多退少补"的工作。第二,移转担保物所有权 + 债权人单向清算。此时,当事人约定了流担保并且规定当最终将担保物进行抵偿时如果其价格超过债权总数额,那么债权人对此超出部分应进行退还,债务人在担保物抵偿数额不足以清偿债务总数额时不承担额外债务,仅以此担保物价值为限,即债权人在最终债务清偿时负有单向清偿的义务。第三,与第二种交易模式相反,移转担保物所有权 + 债务人单向清算。此时债务人负有单向清偿的义务,就债务总数额超出担保物价值的部分,债权人可不予返还;至于少于担保物价值的部分,债务人应继续清偿,即债务人负有清算义务,债权人以担保物价值为限享有债权。第四,移转担保物所有权 + 排除清算,此即狭义的流担保。此时,虽然双方约定了流担保但在最终债务清偿时双方均不对最终债务进行清算,双方均以担保物的价值为限承担责任,使得债务关系终结。至于债权人与债务人的利益所得,详见表1。

---

[50] [德]曼弗雷德·沃尔夫:《物权法》,吴越、李大雪译,法律出版社2002年版,第381页。
[51] 参见王闯:《让与担保法律制度研究》,法律出版社2000年,第55~56页。

表1　流担保交易模式与债权人、债务人的利益所得

流担保交易模式	债权人获得清偿数额	债务人
移转担保物所有权+双向清算	债务总数额	可能获得:担保物价值-债务总数额,也可能继续清偿
移转担保物所有权+债权人单向清算	可能只获得担保物的价值,也可能获得债务总数额	承担以担保物价值为限的数额责任,可能获得:担保物价值-债务总数额
移转担保物所有权+债务人单向清算	可能只获得担保物的价值,也可能获得债务总数额	承担以担保物价值为限的数额责任,可能继续承担:担保物价值-债务总数额
移转担保物所有权+均无清算(即传统观点的流担保)	担保物价值	仅承担担保物价值为限的数额责任

由此,在流担保这一交易形态中,移转担保物的所有权搭配着清算义务及具体方向能包含四种不同的具体交易方式。[52] 我国学界以往并未对流担保交易作具体细分,这使得争议所指的对象模糊不清。在第一种交易模式与第四种交易模式中,无论是债权人还是债务人,他们所得或所失均是可以在一定程度上量化的,此两种交易模式属于张五常先生在研究佃农租约时所言之"定额租约",它们对交易双方的风险认定与划分是相对固定的,但随着整体市场交易的变化,也无法确定交易的最终结果是否公平。甚至还可以说,基于"物的有限责任",第四种狭义流担保交易模式所蕴含的不公平因素也许比第一种更小,正如近来有商法学者主张"有限责任不是典型的民事责任,是事前约定的风险承担机制",[53]有限责任于交易活动中的提前预估、限制作用便得以体现,正如法人的有限责任。此也能够较为明显地表现出对于债务进行最终清算、实行多退少补的办法,并非消解流担保交易中债权人与债务人利益失衡的"神器",对清算义务的盲目迷信应予破除。因为一旦坚持任何担保物权的实现均需要清算债务,由清算产生的交易成本也可能会反映在债务人

[52] 我国部分学者其实已经意识到这其中的细微之处,如孙维飞教授,但未做整体归纳,参见孙维飞:《定义、定性与法律适用——买卖型担保案型的法律适用问题研究》,载《华东政法大学学报》2021年第6期。该篇文章只讨论到了债权人单向清偿辅以流担保交易这一种类型。

[53] 赵廉慧:《有限责任的性质与功能》,载《广东社会科学》2021年第6期。

起初进行借贷交易的成本中,因为基于对理性经济人的假设,理性的债权人也可能明白清算债务不利于其自身经济效益的提升,[54]这也是现实生活中不断涌现出除清算债务之外其他担保物权实现方式的重要原因。谢哲胜教授也意识到了此问题,所以他认为,即使要管制流担保也应配合债务人之有限责任,最终才会实现保护债务人的规范目的。而反观第二种模式与第三种模式,债务人与债权人最终面临的清偿结果均是不确定的,只有根据担保物的价值与债务数额作出比较后才能得出最终结论,此交易模式均含有相当程度的投机成分。交易方均将担保物的价值作为衡量的标尺,而如果此价值又能随着时间在交易市场上涨落起伏,交易方之间自然也结成了比单纯清算债务更为紧密的交易关系,甚至在一定条件下双方已经共担风险、共享收益,形成了类似于张五常先生所言之"分成合约"。由此,借鉴张五常先生对几类合约形式的研究,根据"合约收益最大化"以及"私有产权约束"这两个假说,我们可以认为,基于当事人完全意思自治达成的流担保交易原则上都应假定成符合公平原则、符合经济效率的交易形态。交易当事人选择不同的交易模式只是各自风险偏好及博弈能力不一而已,但至于此假定能否被推翻,还需要在具体个案中予以综合评判。[55]

虽然在担保法理中,就被担保的债权清偿与担保标的物变价而言主要存在处分型和归属型这两种清算模式,而根据具体变价方式的不同其实又能具体分为清算型、流质型、请求处分、请求归属这四种实现债权的典型方式。[56]但在流担保交易中,伴随着不同的清算方式,就使得原本具有一定投机含义的借贷担保交易变得更具投机色彩。所以,基于意思自治的私法原理而放开对流担保的管制之后,如何应对以上四种具体的流担保交易类型?如果仍将意思自治贯彻到底进而全部允许,此实质上是在打开"潘多拉魔盒",交易当事人是否具备抵御交易失败的能力,是否存在矫正不公平交易的机制以及是否存在公开透明的投机市场,等等,这些都是随之而来的问题。但是,市场经济的发展仍然离不开一定的投机交易,价格的自由涨落自然蕴含着投机风

---

[54] 类似观点参见季秀平:《论流质契约的解禁》,载《河北法学》2005 年第 4 期。

[55] 关于张五常先生所提观点之论述参见[美]罗纳德·H. 科斯等:《财产权利与制度变迁——产权学派与新制度学派译文集》,刘守英等译,格致出版社、上海人民出版社 2014 年版,第 83~121 页。

[56] 参见王闯:《让与担保法律制度研究》,法律出版社 2000 年版,第 355~357 页。

险,投机的目的也是民商事交易的核心目的之一,民商法领域其实不应对此进行过分苛责。因为流担保交易中蕴含的巨大投机风险在一定历史时期利弊均难以明确,因时而变、因地而变的特征较为明显,所以在利弊衡量之下对其进行政策式规制,也就是说,投机风险是促成对其进行政策式规制的经济渊源。

(四)政策式规制的现实渊源:疲弱的后端保障

上一部分阐述了应然层面上的投机风险导致流担保在意思自治与经济效率之间反复拉扯,但实然层面上以我们现今的法律制度和社会制度能否应对此投机风险?答案也许是否定的。可以把当事人的具体担保交易视作这个机制运作的前端,典型如通过合同效力瑕疵、履行障碍等应对措施,而将对债务人及其债权人的救济、处置视为后端,典型如审判程序、破产程序、执行程序等,在这前后端的运作中,前端对流担保调控一旦完全放松,后端对于当事人的救济和社会经济的调控便是随之而来的问题,因为自由往往会承载于一定成本之上。在当今学界中,有部分学者认为流担保约款可以视作一种特别的违约责任,[57]甚至是可将流担保合意中的担保物认为是"违约物",[58]依循着此种思路便可在放开流担保管制的同时对其借鉴违约金酌减的规则以增加公平性,也就是如果担保物的价值超出债务一定比例之后才有清算返还的义务。[59] 这种利用审判、仲裁程序中裁判者的自由裁量权对当事人交易数额进行个案调控的做法,比僵硬地利用效力对流担保条款进行规制的手段更显柔和,此处个案的程序调控也的确处在规制流担保的较后端,这种规制手段所蕴含的智慧值得借鉴。但是,如果将流担保的规制仅完全借鉴违约金酌减的经验,并承认这是规制流担保交易的最终手段,笔者认为值得商榷,理由在于:第一,违约金的酌减在理论和实务上争议颇多,例如,对于申请酌减的主体、酌减的幅度等均有较大争议,而法院的实际判决也对酌减数额的把控相当随意,当事人的预期时常遭到破坏。而且,在面对裁判者对数额进行调控时,如果设定严格的比例,此时就会僵化,与利用效力瑕疵对流担保进行规制

---

[57] 参见李伽:《股权让与担保法律构造、裁判分歧与立法进路》,载《宁夏大学学报(人文社会科学版)》2021 年第 5 期。

[58] 参见李运达:《"买卖型担保"法律性质的反思与证成》,载《西部法学评论》2021 年第 2 期。

[59] 参见汤文平:《法学实证主义:〈民法典〉物权编丛议》,载《清华法学》2020 年第 3 期;王海峰:《让与担保制度中的物权法定、关系构造与私权自治》,载《法律适用》2021 年第 10 期。

的实际效果相差无几。如果设定浮动的比例,同案同判的司法效果又不见得成功。这也是近些年来违约金酌减带来的"前车之鉴"。第二,运用违约金酌减的规则,本质上是在利用个案程序去管控流担保,而利用程序去管控流担保交易其实也不能单纯利用超额比例进行管控,超额利益只是衡量双方当事人交易是否公平的条件之一,类似违约金酌减时还需要考察其他综合因素,如考虑当事人的过错、履行情况等其他因素。第三,违约金酌减的程序毕竟是个案程序,它在当事人一对一诉讼时能够发挥一定的作用,但无法容纳集体清偿程序,在面对集体与个体的关系、效率与公正的关系方面有很大的不足,对当事人的救济和交易的调控影响范围也很有限,而且其所带来的仅有裁判者进行事后酌减这一单一的调控手段。

实际上,在后端规制程序之中,更为综合全面的规制程序其实是破产免责制度,它在性质上就属于事后性的调控措施,它关注民商事主体陷入破产境地后财产的处置及债权的实现等诸多问题。[60] 经过笔者初步统计,在现今所有放开流担保交易的国家或地区,在其后端基本都有破产制度予以"兜底",其均含有自然人破产制度。[61] 美国学者直言不讳地主张,个人破产就是发挥着准社会保障的功用。[62] 我国有学者更是断言,个人破产法律制度是迄今唯一能够使自然人对其债务的无限责任转化为有限责任的途径(死亡除外)。[63] 笔者认为,个人破产制度能够较为有效地应对个人投机交易,而投机交易正是流担保交易中所隐藏的巨大问题,债务人可能承担着变化不定的清偿数额,债权人也可能面对着不具较强预见性的清偿数额,在这场投机交易中,债务人和债权人很可能都"血本无归",一旦任由此发展,系统性的金融风险甚至是经济危机也有可能降临。但在个人破产制度中,大部分带有投机交易性质的债务均是可以豁免的。[64] 这对交易双方而言都是一个预警机制和防

---

⑥⓪ 参见许德风:《论个人破产免责制度》,载《中外法学》2011 年第 4 期。

⑥① 检索发现传统大陆法系国家如德国、法国、意大利、西班牙、葡萄牙、俄罗斯、韩国、日本等均有个人破产法,载中华人民共和国商务部官网境外法规库 2022 年 1 月 2 日,http://policy.mofcom.gov.cn/page/list/nations.html。

⑥② See Teresa A. Sullivan et al., "Limiting Access to Bankruptcy Discharge: An Analysis of the Creditors' Data", *Wisconsin Law Review* 1983, 1983, p. 1091 – 1146.

⑥③ 参见韩长印:《中国破产法的发展状况及法学论题》,载《法学杂志》2004 年第 2 期。

⑥④ 参见徐阳光:《个人破产免责的理论基础与规范构建》,载《中国法学》2021 年第 4 期。

控风险扩张的机制,因为个人破产的宗旨在于拯救,即破产免责与全新开始[65]。其次,就具体制度而言,破产撤销权作为体现破产法公平原则的一项关键制度,在保障破产立法宗旨实现、纠正债务人损害债权人利益的行为等方面具有不可替代的重要作用,为各国破产立法所重视,[66]并且破产撤销权的行使采客观要件,比普通债权人撤销权更显强大。[67] 还有破产清偿中对债权优先顺位的排序、较为规范的通知公示程序、较为专业的破产管理人等这些具体制度设计,都在相当程度上帮助债务人以及公平对待他的债权人,也可为他的债权人提供较为有效的集体救济手段。由此,破产法学者合理地主张,为不幸人群设置一种公平的、可预期的个人破产解决机制,使其通过可预期的制度利用获得救济,才是国家成熟的标识。[68] 所以可以说,个人破产制度对投机的流担保交易兼具实体性和程序性的规制作用,它对流担保交易所造成的弊病有一定的应对之效。

虽然,个人破产制度的残缺也会导致其他法律制度在体系上的不完整,[69]但是也不能"神话"个人破产制度的功效,它仅是后端保障程序中的一环,在个人破产法极其成功的美国,[70]它还是会发生全国大范围的、历史上反复出现的由流担保交易产生的 foreclosure crisis(断赎危机),[71]其影响至今仍未解决,这种危机带来了巨大的因社会保障而产生的救济成本、[72]房地产市场的崩溃、[73]犯罪率上升、住宅危机[74]等诸多问题,直至现今的拜登政府依旧不得不

---

[65] 参见徐阳光、武诗敏:《个人破产立法的理论逻辑与现实进路》,载《中国人民大学学报》2021 年第 5 期。

[66] 参见王欣新:《破产撤销权研究》,载《中国法学》2007 年第 5 期。

[67] 参见韩长印:《破产撤销权行使问题研究》,载《法商研究》2013 年第 1 期。

[68] 参见刘静:《信用缺失与立法偏好——中国个人破产立法难题解读》,载《社会科学家》2011 年第 2 期。

[69] 参见孙颖:《论我国个人破产法律制度的构建》,载《现代法学》2006 年第 3 期。

[70] 美国在立法和司法中均允许流担保约款,在法律理念上可视为放任流担保的立法例。但具体情况较为复杂,并非如国内学者既往研究那般简单明了,笔者拟另撰文分析。

[71] See Ilyas Lakada, "The Foreclosure Crisis in Chicago", *Public Interest Law Reporter* 16, 2011, p. 146.

[72] See Dustin A. Zacks, "The Phantom of the Foreclosure Crisis: Cancellation of Indebtedness Taxation", *Probate & Property* 27:5, 2013, p. 74.

[73] See Emily S. Taylor Poppe, "Homeowner Representation in the Foreclosure Crisis", *Journal of Empirical Legal Studies* 13, 2016, p. 809.

[74] See Alexandra P. Everhart Sickler, "Mitigating the Foreclosure Crisis with Bankruptcy Mortgage Modifications", *UC Davis Business Law Journal* 9, 2008, p. 85.

在全国范围内采取 foreclosure moratorium(强制性暂停断赎程序)的办法去缓解危机。[75]

总之,在未建立个人破产制度的当下,从缺乏后端管控金融风险的角度看,似不宜大规模地完全放开流担保交易。这也是笔者主张对流担保合意之效力采取观望态度的重要原因,在相关问题没有最终定论时,面对突发的可能状况直接在前端调控中(例如合同效力调控)宣告其无效便是一条最为直接"掐断"因投机产生金融风险之祸根的路径,从一长段历史时期看虽不具有灵活性但措施足够果断,符合政策式规制流担保的内涵,直接宣告流担保合意无效甚至可视为较为强硬的规制政策,这为进一步调控流担保留下了足够空间,为理性商讨和试验留存了时间。其次,直接宣告无效的措施在面对类似美国发生的大规模社会危机时,相比其他手段更显效率优势,在一定时期内也具有预期性,可以节省相当一部分社会成本。不过,对于现今拥有破产资格或能力的主体,尝试逐步完全放开流担保交易便是一条可行的路径,不必"因噎废食"。我国学界此前就存在有益的尝试,例如,在 2015 年由中国法学会商法学研究会组织起草并发布的《中华人民共和国商事通则立法建议稿》第 26 条便规定:"在抵押、质押担保中,当事人可以约定债务人不履行债务的,抵押物、质物归抵押权人、质权人所有。"最后还应予以明确的是,个人破产制度仅是后端保障机制的重要一环,还有整体的社会保障、社会福利制度。事前手段的介入如利用行政法、刑法去管制高利贷行为,规范金融机构合规审查等均是此综合治理的重要环节,毋宁说个人破产制度只是具备着象征意义的典型代表。而我国人均 GDP 于 2021 年年底才刚达到世界人均 GDP 的水平,[76]较低水平的国民人均收入伴随着债务纾困手段较少、社会保障力度不强的现实国情,都使得政府对投机交易的控制不敢放松,不完全放开流担保交易也有着深层次的考量。所以根据市场经济运转的阶段性情况政策式地管控流担保交易,也是由我国现今的社会现实所决定的。

---

[75] See Biden, *Administration Announces Additional Actions to Prevent Foreclosures*, White House(july. 23, 2021), https://www.whitehouse.gov/briefing-room/statements-releases/2021/07/23/fact-sheet-biden-administration-announces-additional-actions-to-prevent-foreclosures/.

[76] 相关数据来自国家统计局官网:http://www.stats.gov.cn/tjsj/zxfb/202201/t20220117_1826404.html。

二、限于"履行期"之一隅:规范意旨的背反

将《民法典》中的流担保规范同第410条、第436条作对比时,即债务履行期届满后当事人可以就担保财产折价以实现债权,相关问题的争论依旧不少。在原《物权法》时期,许多法院的裁判观点近乎将"债务履行期届满与否"作为区分流担保约定的唯一标准,甚至连最高人民法院的裁判观点也如此。[77] 而在《民法典》实施将近一年后,亦有法院在未全面考虑其他因素后直接将债务履行期届满前达成的以物抵债合意作为流担保合意予以认定,并宣告其无效。[78]

有学者主张,流担保合意比事后折价协议更能凸显高效率、低成本,[79]但为何《民法典》对流担保合意仍有如此"戒备"?典型的观点便是——鉴于社会经验,债务履行期届满前抵押权人与抵押人之间的经济地位不平等所以容易导致担保协议的不公平。[80] 笔者认为,该种观点值得深思,理由如下:第一,社会经验需要进行系统、全面的社会调查,法学家对此应当保持一定的理性态度。第二,将主债务履行期届满作为区别对待流担保与事后折价的标准,其实质上是在将主债务履行期届满这一时间点作为衡量用担保物抵债是否公平的唯一因素,在思维逻辑上其实就是认为:"债务履行期届满前的合意"为"非公平交易"的充分条件,"债务履行期届满后的合意"则为"公平交易"

---

[77] 参见最高人民法院民事裁定书,(2017)最高法民申284号;福建省高级人民法院民事裁定书,(2018)闽民申511号。

[78] 参见贵州省黔西南布依族苗族自治州中级人民法院民事判决书,(2021)黔23民终814号:该案中,魏某明、吴某平与瑞莱达公司、铨盛公司于2019年7月26日签订的《债务转让协议》对商品混凝土款1346437.5元进行了确认、承继及安排,明确约定由魏某明、吴某平承担清偿责任,完全符合债务转移的法定要件,且各方当事人对此均不持异议,法院予以确认。虽然《债务转让协议》中还约定"三方约定该欠款在2019年12月30日前归还,如到期未归还,魏某明、吴某平的商铺:D-6-负2-7和D-6-负2-6房产归瑞莱达公司所有,同时瑞莱达公司支付给魏某明、吴某平折价后多余部分2180012元-1346437元=833575元后,所有欠款清零"。也就是说,在该案中完全不存在担保关系,仅仅存在工程款结算关系。

[79] 参见高圣平:《论流质契约的相对禁止》,载《政法论丛》2018年第1期;李谦:《流担保契约:反思、回归与重构》,载《西部法学评论》2020年第4期。

[80] 参见孙宪忠、朱广新主编:《民法典评注:物权编》(第4册),中国法制出版社2020年版,第126页。

的充分条件。但本文认为从工具理性而言，仅用履行期去测定当事人之间的交易是否公平这本身就不精准、不灵敏。笔者以下述几则典型情况为例：

情形一：缺乏考虑债务期限届满后的时间、履行要素⑧①

2018 年 4 月 20 日双方签订协议，约定流押条款。当事人于 2021 年 1 月提起诉讼，一审法院于 2021 年 3 月作出一审判决，二审法院于 2021 年 5 月 31 日作出终审判决认为，相关约定违反流押禁令，案涉车辆的钥匙等与车辆有关的材料应当及时归还债务人。

情形二：缺乏考虑期限将至时双方的约定⑧②

原告前向诉外人即被告母亲黄某梅借款 300 万元，将系争房地设定抵押权予黄某梅。嗣于 2012 年 7 月 20 日借款期限将至之际，原告仍无力清偿借款，遂再次签立保证书（借款契约），重签本票、借据并同意加设流押条款。

情形三：缺乏考虑一次或多次债务展期⑧③

借款到期后被告孙某芹未按合同约定履行还款义务。被告与原告分别 4 次签订贷款展期协议书，在最后展期的贷款最后展期届满前交易双方同意用债务人的财产以双方议定价格抵偿甲方在乙方的部分贷款本息。

情形四（假设）：缺乏考虑履行权利的享有方

A 与 B 签订借贷合同，约定由 B 提供其所拥有的机器设备作为抵押，并明确当 B 到期不履行债务时，仅 B 有权主张就该机器设备抵偿给 A 进行债务清偿，而 A 并无此权利。后双方实际履行了借贷、担保合同。

情形五（假设）：缺乏考虑对担保物已经预先估价的交易模式

C 与 D 签订 100 万元的借贷合同，约定由 C 提供其所拥有的机器设备作为抵押，双方在债务履行期届满前约定，当 C 到期不履行债务时该机器将作价 110 万元或根据有资质鉴定机构 E 就担保物给出的价格抵价给 D。

综合上述典型情形，我们可以较为清晰地看到单纯使用履行期届满与否去调控流担保交易所存在的不精确。虽然确如有关学者所言，《民法典》中的流担

---

⑧① 参见海南省第二中级人民法院民事判决书，（2021）琼 97 民终 892 号。

⑧② 笔者发现该种类型的典型案例在我国台湾地区存在，遂拿来借鉴。

⑧③ 参见辽宁省锦州市中级人民法院民事判决书，（2021）辽 07 民终 1799 号。

保规范较之前显然作出了极大的软化,[84]但面对纷繁复杂的交易关系,相关问题仍是令人担忧的。如果要让流担保规范发挥保护担保人利益的所谓“立法原意”,[85]那么就应综合、全面、动态地考察债权人与债务人的缔约情况。

拉伦茨曾指出,判断是否确有法律漏洞存在,须以法律本身的观点、法律根本规整意向、借此追求的目的以及立法者的“计划”为准,总之,法律漏洞是一种违反计划的不圆满性。[86] 就此运用到《民法典》中有关于流担保规范上,我们可以认为此处存有隐藏的法律漏洞,其原因就在于:就双方在履行期届满之前达成的流担保合意,仅赋予债权人就特定担保财产优先受偿的权利,有时反而是不利于债务人,甚至是可能使得违反诚实信用原则的债务人获益,更可能在特定情形下危害交易双方的利益。其实,这里也体现了诚实信用原则或 estoppel(禁反言原理)对具体规则的修正与指导作用。[87] 面对规范语义过宽、失之精确的隐藏法律漏洞,一般是通过目的性限缩的办法来应对,[88]部分学者已经意识到了此问题,有的提出可以承认担保合同订立后双方再次达成的流担保协议,[89]有的主张应完全放开履行期的限制。[90] 虽然期限届满与否和当事人之间的利益失衡与否之间无必然联系,但也要承认当事人之间达成流担保合意的时间点可以作为衡量的标准之一,用期限届满的标准去区分流担保约款也具有很强的实践操作性,因为期限届满往往是根据当事人的约定而显露出的一个具体时间点,这对简化裁判思维和统一裁判尺度有着一定的促进作用,所以在条文中给定债务履行期的限定条件依然可以保留,只是需要增加若干除外情形,具体如下:

就“情形一”而言,双方虽然是在债务履行期限届满之前达成的流担保合意,但双方实际上的确已经按照此合意进行了履行,并且时间长达 3 年多,双

[84] 张善斌、钱宁:《〈民法典〉中流质条款解释论研究》,载《河北法学》2020 年第 4 期。

[85] 参见孙宪忠、朱广新主编:《民法典评注:物权编》(第 4 册),中国法制出版社 2020 年版,第 308 页。

[86] [德]卡尔·拉伦茨:《法学方法论》,陈爱娥译,商务印书馆 2003 年版,第 251 页。

[87] 参见于飞:《民法基本原则:理论反思与法典表达》,载《法学研究》2016 年第 3 期。

[88] 参见[德]卡尔·拉伦茨:《法学方法论》,陈爱娥译,商务印书馆 2003 年版,第 267 页;[德]奇佩利乌斯:《法学方法论》,金振豹译,法律出版社 2009 年版,第 184 页;于程远:《民法上目的性限缩的正当性基础与边界》,载《法学》2019 年第 8 期。

[89] 参见向蓬春:《让与担保制度研究》,法律出版社 2014 年版,第 86 页。

[90] 参见孙宪忠、朱广新主编:《民法典评注:物权编》(第 4 册),中国法制出版社 2020 年版,第 127 页。

方在实际上已经用事后行为认可了相应的履行后果，而且债权人对此已经形成了合理信赖。如果担保人在相对较长的一段时期内未借助公权力去推翻此种履行后果，如果仅因后续担保人自身对此履行后果的不满而主张《民法典》第410条或第428条，此与诚实信用原则不符，也与鼓励交易的法律政策不符，也会产生不良的社会效果。

就“情形二”而言，双方虽然也是在债务履行期限届满之前达成的流担保合意，但如果坚持认为履行期限是一个固定时间点，而不考虑当事人实际达成流担保合意距离债务期限届满的时间差距和其他附随情况，这种僵化的思维模式会在某些情形不利于债务人自身。因为及时结清债务对于担保交易当事人而言有时存在巨大的经济利益，而且债务履行期限前本身就是一段时间，当事人的利益状况很可能在债务履行期限届满前就已经明晰，债务清偿的数额和后续安排当事人也可能早有预期，理性的经济人基于其对未来合理的预期而达成的交易，当不涉及公共利益时法律并无否认之权限。但还要予以说明的是，除了宽松对待履行期的时间限制，还要注意当事人之间在履行期限届满前又签订书面流担保协议的情形。因为书面协议这一根据当事人意思达成的要式法律行为，包含证明、警示、说明的传统功效，[91]它往往可以表明当事人之间对相关约款的严肃性，基于契约严守的私法理念也应着重关注。

就“情形三”而言，就最终单个的交易看，当事人确实是在相应债务的履行期届满之前达成的流担保合意，但结合整体的一系列交易来看，在经历多次债务展期之后债务人相较没有债务展期的情况处于更加有利的地位，债权人盘剥债务人的可能性较低，所以立法者就更有理由在此时果断地遵循意思自治这一原理，不应“搁置”当事人之间的真实意思表示。而且以上此种带有债务展期的交易，经常出现在银行等金融机构作为债权人的担保交易中，债务展期的发生可因为多种原因发生，例如，银行内部的考核、债务人的申请、存在连环交易等情况，所以对于债务展期后发生的有关交易，立法者应当保持更加谦抑的态度，不应让法律父爱主义泛滥以致摧毁规范目的。

就“情形四”而言，双方确实是在债务履行期届满前就担保财产的移转达成了一致，但实际上拥有这一移转请求权的主体仅为债务人自己，债务人完

---

[91] 参见杨代雄：《法律行为论》，北京大学出版社2021年版，第360页。

全可以根据其自身的经济状况灵活自如地选择是否直接移转担保财产的所有权去抵偿债务,债权人却并无直接请求的权利。这种履行选择权的设置,在缔约程序合法的前提下实质上十分有利于债务人。因为选择权的设置使得交易风险完全转移给了债权人,债务人在担保财产价值下降时完全可以不去清偿数额更高的主债务数额,而直接将担保物抵债。还应注意的是,债务人如果主动提出交易双方可达成流担保约款时,此时同双方约定债务人享有选择权的情形极为类似,因为这二者都体现出债务人就流担保合意达成的积极主动,通过此主动积极的促进行为,我们可以断定债务人对其担保债务清偿有着独特的考虑,这独特的目标追求法律秩序应当予以正视并尊重。

就"情形五"而言,担保交易当事人虽在债务履行期限届满前就担保物的具体价值进行了预估,但双方的交易预期和利益状况比一般交易更加明晰。Magdolna Szucs 教授认为,债务人对担保物估价不清或双方对担保物的价值持概括性的态度,以至于双方对担保物的价值均没有得出 just estimation(公正预估),这是债权人获得超额担保利益的根源。[92] 此一语中的地揭露了流担保背后所隐藏的巨大风险即对担保物进行公正估价的缺失。所以,在担保交易中,一旦当事人双方对担保物的价值有着一定的预估并且能清楚地表达出来,那么在其他因素不变的情况下,基于对债务人理性经济人的假定和正当缔约程序的维护,债务人受债权人压榨的可能性就越低。其实,流行于欧洲交易实践的 Pacto Marciano(马西亚诺协议)就是如此,它与流担保协议的最大区别就在于,后者是根据债务数额的多寡与担保物建立占有关系,而前者是根据第三方评估机构对担保物的估价来对担保物的价值进行确定,进而能够消除债务人和其他普通债权人的损失风险。[93] 此种思想在《欧洲示范民法典草案》(DCFR)第Ⅸ-7:105 条,《法国民法典》第 2460 条[94]等较新立法例中被灵活吸收,我国亦可对此进行借鉴。

总而言之,履行期届满前达成的流担保合意并不一定使债务人处在不利处境,僵化地适用现行法律条文反而会使得保护债务人的合法利益、促进公

---

[92] See Magdolna Szücs, "Creditor rem Sibi Oppignoratam a Debitore Emere Non Potest", *Journal on European History of Law* 2, 2011, p. 65-72.

[93] See Magdolna Szücs, "Creditor rem Sibi Oppignoratam a Debitore Emere Non Potest", *Journal on European History of Law* 2, 2011, p. 65-72.

[94] 参见李世刚:《法国担保法改革》,法律出版社 2011 年版,第 278 页。

平交易的规范意旨无法达致,立法者在此处存在立法局限,应通过以上法教义学的方法进行针对性的漏洞填补。在今后修法或者是制定司法解释时,可有以下示例参考:

第 XXX 条　流押规范

抵押权人在债务履行期限届满前,与抵押人约定债务人不履行到期债务时抵押财产归债权人所有的,只能依法就抵押财产优先受偿。但有以下几种情形的除外:

(一)交易方在债务履行期限届满后按照既有流押约定已经实际履行;

(二)交易方在距离债务履行期限届满之前的剩余合理期限内达成流押约定;

(三)交易方在债务履行期届满前以书面形式达成流押约定;

(四)交易方在债务届满后的债务延展期内达成流押约定;

(五)交易方约定仅债务人享有履行流押条款的选择权或当债务人主动提出签订流押条款;

(六)交易方事先已经约定了担保财产的抵债价值或可得确定其抵债价值的方法。

三、囿于"依法优先受偿"之窠臼:规范效果的缺憾

(一)财产标的的指代不明

对不动产而言,《民法典》第 401 条的主要作用是指示法院对负担行为的规制。结合《民法典》第 214 条的规定,[95]在当今法律没有明确允许流担保和未赋予流担保约款以登记资格时,第 401 条明确指出债权人只能就特定担保财产行使优先受偿权,在不动产抵押权已经登记时,对相应不动产享有优先受偿权自是当然之理,但当担保人不履行流担保约定而债权人通过诉讼或仲裁的方式主张要求过户登记相应不动产时,此诉求因第 401 条的规定可能不

[95] 《民法典》第 214 条规定:"不动产物权的设立、变更、转让和消灭,依照法律规定应当登记的,自记载于不动产登记簿时发生效力。"

会被支持。同样,在债权人提起案外人异议之诉时,因第 401 条的存在债权人的权利可能也仅是作为优先权而运行,其单独不足以成为能够排除强制执行的民事权益。

对动产而言,在《民法典》第 428 条流质规范中,因动产质权的设立本身就需要占有标的物,[96]权利质权的设立也需要交付权利凭证或登记,[97]非同于仅以抵押合同就能设立动产抵押权,[98]前两者的公示要件较为完备,优先受偿权乃于权利设定之时就已存在,流担保规范对其主要也是起着规制相关负担行为的作用,此与不动产中约定流担保一致。但在动产抵押中,其权利顺位的规定主要存在于《民法典》第 403 条、第 414 条[99]中。黄家镇教授对此主张,第 401 条适用范围的限缩实质上将产生第 403 条之规定被架空的规范效果,故在第 401 条适用于动产抵押权场合,应对其适用范围进行限缩解释,将其限制在已登记之动产抵押权,而未登记之动产抵押只能适用第 403 条,[100]其意在压缩流担保规范的适用范围。但笔者对此持反对意见:一方面,根据对第 401 条进行语义解释来看,立法者统一规制不动产抵押与动产抵押的用意十分明显,对既有条文进行目的性限缩之前应穷尽法律解释方法,不轻易“击碎”法律条文语词的核心地带,[101]尽力澄清其中误会是研究者的首要任务。而根据第 403 条的文义,动产抵押采登记对抗的物权变动模式,未经登记的动产抵押权仅是不得对抗善意第三人,该善意第三人的范围根据现有的立法、

---

[96] 《民法典》第 429 条规定:“质权自出质人交付质押财产时设立。”

[97] 《民法典》第 441 条规定:“以汇票、本票、支票、债券、存款单、仓单、提单出质的,质权自权利凭证交付质权人时设立;没有权利凭证的,质权自办理出质登记时设立。法律另有规定的,依照其规定。”

[98] 《民法典》第 403 条规定:“以动产抵押的,抵押权自抵押合同生效时设立;未经登记,不得对抗善意第三人。”

[99] 《民法典》第 414 条规定:“同一财产向两个以上债权人抵押的,拍卖、变卖抵押财产所得的价款依照下列规定清偿:(一)抵押权已经登记的,按照登记的时间先后确定清偿顺序;(二)抵押权已经登记的先于未登记的受偿;(三)抵押权未登记的,按照债权比例清偿。其他可以登记的担保物权,清偿顺序参照适用前款规定。”

[100] 参见黄家镇:《论〈民法典〉流押规定的解释适用》,载《甘肃政法大学学报》2021 年第 2 期。

[101] 参见陈坤:《法律解释与法律续造的区分标准》,载《法学研究》2021 年第 4 期。

司法解释其实是有一定范围辐射的,[102]转而言之,未经登记的动产抵押权依旧能够较部分普通债权优先受偿,所以相关法律规范所内含的原意在实质上不存在偏差。但另一方面,《民法典》中的流担保条文在其立法表达方面确实也存有缺陷,该些条文均在宣示现有法律秩序仅承认流担保具有优先受偿这一法律效果,即只承认其可能构成一种担保物权而并无其他,这种宣示最好是以引用性条款[103]出现,将优先受偿这一法律效果转引自动产抵押的顺位规定中,此既符合体系性建构的要求,也能一定程度避免该条文出现"词不达意"的情况。不过,该句中"依法"一词似乎也能发挥出此种转介效果,但"依法"的指向不甚明确、较为模糊,虽可体现立法者在尽力关照整个法律秩序的用意,因为债权优先权的顺位排序不仅存在于《民法典》物权编中。但"依法"一词其实属于立法者相应的立法承诺,鉴于我国长期以来在部门法中频繁使用"依法"的立法惯性以及《民法典》作为民商事基本法的体系价值,如果在立法者未及时跟进立法的条件下,"依法"一词的使用应属于立法技术上的缺陷。

(二)转换后果的未竟之功

关于在现行流担保规范中是否存在法律行为的转换,韩国学者李英俊明确主张在流担保中存在无效行为转换的法理,[104]而在国内学者中,亦不乏支持者:如陈永强教授主张,依此无效转换技术,虽然所有权移转无效,但可以成立抵押权或质权,适用抵押权或质权之规则;[105]龙俊教授主张,在对当事人的意思表示进行解释后,如果在实质意义上符合了抵押权的设立条件亦可通过

---

[102] 参见《最高人民法院关于适用〈中华人民共和国民法典〉有关担保制度的解释》第54条规定:"动产抵押合同订立后未办理抵押登记,动产抵押权的效力按照下列情形分别处理:(一)抵押人转让抵押财产,受让人占有抵押财产后,抵押权人向受让人请求行使抵押权的,人民法院不予支持,但是抵押权人能够举证证明受让人知道或者应当知道已经订立抵押合同的除外;(二)抵押人将抵押财产出租给他人并移转占有,抵押权人行使抵押权的,租赁关系不受影响,但是抵押权人能够举证证明承租人知道或者应当知道已经订立抵押合同的除外;(三)抵押人的其他债权人向人民法院申请保全或者执行抵押财产,人民法院已经作出财产保全裁定或者采取执行措施,抵押权人主张对抵押财产优先受偿的,人民法院不予支持;(四)抵押人破产,抵押权人主张对抵押财产优先受偿的,人民法院不予支持。"

[103] 引用性法条的特征与作用参见黄茂荣:《法学方法与现代民法》,台北,台湾大学法学丛书编辑委员会编辑2020年版,第303~305页。

[104] 参见[韩]李英俊:《中国的让与担保——韩国法视角》,金路伦校,载周长军主编:《山东大学法律评论》(日韩法专辑),山东大学出版社2019年版,第164页。

[105] 参见陈永强:《以买卖合同担保借贷的解释路径与法效果》,载《中国法学》2018年第2期。

采取无效法律行为转换的思路解决这一问题;[106]王洪亮教授也主张,《民法典》中流担保的规定将当事人的意思转化为变价清算约定并可以根据具体情况类推适用该条规定。[107] 该种学说的核心就在于,其认为赋予流担保以优先受偿效力,是当事人的合意在法律父爱主义的关怀下被转换为立法所拟制的合意,而且转换也较为符合均衡交易的基本准则。

但是,在学界亦有反对观点存在。黄家镇教授从以下两个方面进行反驳:第一,从条文规定的表述看,立法者放弃对流押约定作绝对否定性的判断的立场很明显,放弃"不得"这样禁止性的行文表述即为明证。第二,转换纯属思维逻辑上的多余,不符合当事人的真实意思。[108] 谢鸿飞教授便依此进路,在支持不应适用无效法律行为转换的基础上,提出可以将流担保约定转换为以资抵债的约定和实现担保物权方式的约定。[109]

本文认为,此问题的争议还必须先从无效法律行为转换的含义开始论述。弗卢梅认为,转换意味着原本应生效的无效法律行为作为另一个法律行为而生效,[110]但值得注意的是,德国民法学界通说认为转换之规定适用于所有无效的理由,但不适用于可撤销的或效力待定的法律行为,[111]我国学界基本也对此持赞同意见。[112] 所以,在对无效之法律行为进行转换之前必须确定被转换之法律行为为无效法律行为,但在流担保合意中,如笔者在上文中所述,根据现行《民法典》流担保规范的立法理念,我们应搁置流担保合意本身为无效还是有效的问题。其次,转换由 Feststellung(确定)和 Wertung(价值权衡)两部分构成。[113] 对前者而言,流担保是直接用担保财产的所有权去清偿债务,传统观点又认为所有权包含使用价值如用益物权和交换价值如担保物权,[114]而

---

[106] 参见龙俊:《民法典物权编中让与担保制度的进路》,载《法学》2019 年第 1 期。

[107] 参见王洪亮:《让与担保效力论——以〈民法典担保解释〉第 68 条为中心》,载《政法论坛》2021 年第 5 期。

[108] 参见黄家镇:《论〈民法典〉流押规定的解释适用》,载《甘肃政法大学学报》2021 年第 2 期。

[109] 参见谢鸿飞:《〈民法典〉担保制度内在体系的变迁》,载《东南学术》2021 年第 5 期。

[110] 参见[德]维尔纳·弗卢梅:《法律行为论》,迟颖译,法律出版社 2013 年版,第 703 页。

[111] 参见[德]本德·吕特斯、[德]阿斯特丽德·施塔姆勒:《德国民法总论》,于馨淼、张姝译,法律出版社 2017 年版,第 477 页。

[112] 参见王泽鉴:《民法总则》,台北,三民书局 2020 年增订新版,第 584 页;杨代雄:《抵押合同作为负担行为的双重效果》,载《中外法学》2019 年第 3 期。

[113] 参见[德]维尔纳·弗卢梅:《法律行为论》,迟颖译,法律出版社 2013 年版,第 707 页。

[114] 参见史尚宽:《民法物权论》,中国政法大学出版社 2011 年版,第 47 页。

担保物权在传统上又被认为是一项优先受偿权，那么自然可以认为流担保在客观层面能够具有优先受偿这一权能，转换的客观要件其实也能具备，支持转换的观点也有一定的法理基础。但在“价值权衡”时，对于如何厘定当事人之间假定的意思表示，尤其是如何获取当事人在缔结合同时的交易目的，[115]这也许是个案衡量的范畴。换个角度看，将担保财产的所有权看成一束权利束时，[116]处于内部的各个 right（权利）可以在理论上构成无数个其他新型权利，不止能组合成担保权。如果当事人订立流担保协议时因担保财产的交换价值极低而债权人唯独就是为了取得相应的使用利益，在转换时也能将流担保转换成用益物权或租赁权。所以，即使在法理上能够转换，[117]将流担保转换成具有优先受偿效力的担保权也只是这众多转换可能性中的一种，并非唯一。从这一点看，否定转换的观点可能也失之武断，值得进一步探讨。不过，现行流担保规范并未对转换后的多种可能性持开放态度，在笔者看来此属于未竟之功。

（三）“担保物权≠优先受偿”的壮志未酬

这一问题其实牵涉到对担保物权的本质探讨，传统观点认为担保物权作为一种价值权，因支配物的交换价值所以权利的最终实现还是要遵循清算标的物的基本办法，[118]也即在债务履行期限届满后当债务人无法清偿债务时，债权人应当只对担保物的交换价值进行计算，利用变价数额终结债务关系。传统观点看似遵循了担保交易当事人之间的真实意思表示，也符合担保交易从属于主债务的基本原理，但其弊病在于将担保物变价用以清偿债务的常见情形当成担保物权的本质构成要素并进行僵化贯彻，传统观点在信息科技异常发达、交易实践极其复杂的 21 世纪中日益受到挑战和质疑，现将“担保物

---

[115] 参见［德］本德·吕特斯、［德］阿斯特丽德·施塔姆勒：《德国民法总论》，于馨淼、张姝译，法律出版社 2017 年版，第 478 页。

[116] 参见王涌：《私权的分析与建构：民法的分析法学基础》，北京大学出版社 2020 年版，第 5 页；较早研究参见王涌：《寻找法律概念的“最小公分母”——霍菲尔德法律概念分析思想研究》，载《比较法研究》1998 年第 2 期。

[117] 笔者其实对无效法律行为之外的其他效力瑕疵能否转换持肯定态度，初步认为不应简单拘束于无效法律行为中，具体原因另文再叙。

[118] 参见王泽鉴：《民法物权》，台北，三民书局 2018 年台自增订版，第 209 页；黄薇主编：《中华人民共和国民法典释义》（上），法律出版社 2020 年版，第 779 页；高圣平：《动产让与担保的立法论》，载《中外法学》2017 年第 5 期；李媚：《流质契约解禁之反思——以罗马法为视角》，载《比较法研究》2013 年第 5 期。

权≠优先受偿”的命题作如下论述:

第一,“价值”一词在法哲学领域存在双重含义,建构价值权时应当仔细考虑。具体而言,在衡量价值与公平的哲学关系领域,存有主观价值论的公平观与客观价值论的公平观。如果注重客观价值论,其必注重对交易的实体内容进行干预;而承认主观价值论,则主要从程序上保障交易之公平。[119] 如果放弃价值衡量必定存在唯一答案的苛刻要求,我们会发现交易当中的价值衡量其实是一个因人而异、言人人殊的主观磋商过程,清偿其实也是一个个殊化很强的法律概念。民商法领域的基本理念还是在于对意思自治的尊重,也即要以尊重当事人的主观价值为原则,以运用客观价值去矫正主观价值为例外,而获取主观价值的最佳办法便是对当事人合意进行具体而充分的解释。因而,可以断言,实现担保物权的程序只是一个协助担保财产之主观价值得以充分暴露的过程,将主观价值转化为可量化的客观价值仅是其中的手段之一,优先就担保财产变价后的金钱数额受偿亦循此理。

第二,对担保物权的权利属性应秉持实用主义的态度,担保物权的实现程序不光是优先受偿的实现程序,还可以是其他权利的实现程序,具体有三点理由:于体系建构而言,在担保法领域,由于其核心关注点是交易价值,那么权利的属性就不再是所谓的“金科玉律”,[120]民法体系基于现实商业经济生活可以逐步柔化进而更有适应力;[121]其次,对于担保权的性质本身就一直处在争议之中,诸如大陆法系出现了诸如 Ginossar 所有权理论,[122]苏永钦教授也主张担保权只不过是物化的债权关系,[123]所以在立法实践中亦可对担保物权实现的各种方法采取试验性的态度;最为重要的是,应全面观察担保物权实现程序所具有的现实价值。传统观点中的担保物权实现程序似将债务人与债权人作为“水火不容”的对立方,债权人优先受偿由担保财产变价而来的利益,最终债务关系得以终结。但是,现代社会纷繁复杂的商业实践使得担保

[119] 参见徐国栋:《民法哲学》(增订本),中国法制出版社 2015 年版,第 534 页。

[120] See Thomas W. Merrill & Henry E. Smith, “The Property/Contract Interface”, *Columbia Law Review* 101, 2001, p. 789 - 809.

[121] 参见谢在全:《担保物权制度的成长与蜕变》,载《法学家》2019 年第 1 期。

[122] 参见张静:《所有权概念有体性之超越及其体系效应——以析评 Ginossar 所有权理论为视角》,载《南大法学》2021 年第 5 期。

[123] 参见苏永钦:《可登记财产利益的交易自由——从两岸民事法制的观点看物权法定原则松绑的界线》,载张仁善主编:《南京大学法律评论》(第 34 期),法律出版社 2010 年版,第 16 ~ 44 页。

交易者之间的关系不再纯粹对立,例如担保交易当事人可约定,当债务人无法清偿债务时,债权人可以获得担保物的1/2所有权或用益物权,当事人能因担保物权的实现程序转化为更为紧密的合作关系,过分强调变价权或价值权会破坏当事人之间的正常交易诉求及符合效率的商业安排。

第三,重申"担保物权 = 优先受偿权"的法律效果既忽视了古代中国的交易经验也忽视了他国的有益经验。在我国担保交易的历史长河中,典权一直发挥着重要而独特的融资担保功能,典权当中也内含了流担保的法律思想。[124]经过官府立法和民间交易习俗的塑形,典权在其最终实现过程中至少有5种实现方式即清偿债务的方式,[125]多种交易方式的背后是对当事人真实意思的尊重,其并未僵化接受担保融资仅是优先受偿的观念。就发达国家的经验而言,鉴于美国的综合国力以及我国与美国之间密切的经济关系,借鉴美国的司法实践对我国担保制度的现代化有着较为特别的意义。具体而言,我国学者普遍认为美国交易实践中的forfeiture(没收条款)与流担保有着相同含义,[126]而美国法院也会对forfeiture(没收条款)进行有意识的司法改造,根据个案的具体情况将其转化为a contract of conditional sale(附条件出售协议)[127]或rescission(直接废除)[128]或转化成赔偿金(damages)[129]或变为specific performance(实际履行),[130]此可见"担保物权 = 优先受偿权"的判断在美国法院的实际判例中也并非一个先验、自洽的概念,司法机关对担保物权的具体实现拥有一定的自由裁量权。更要注意的是,就担保物权最终如何实现的问题,美国《统一商法典》第9-610条(b)中规定只要是"合理的商业处分方

---

[124] 参见王利明:《物权编设立典权的必要性》,载《法治研究》2019年第6期。

[125] 参见龙登高、温方方:《中国传统典权交易的回赎机制——基于清华馆藏山西契约的研究》,载《经济科学》2014年第5期。

[126] 参见季秀平:《论流质契约的解禁》,载《河北法学》2005年第4期;孙鹏、王勤劳:《流质条款效力论》,载《法学》2008年第1期。但美国法中的流担保思想并非如国内部分学者理解的那样,实际上存在复杂的运作机理,笔者另行撰文分析。

[127] "Because purchase was under a mortgage, purchasers had a homestead right; however, if purchase had been under a contract with a forfeiture clause, no title would have passed under an equitable mortgage theory." See First Nat'l Bank of Everett v. Tiffany, 40 Wash. 2d 193, 200, 242 P. 2d 169, 173 (1952); Churchill v. Ackerman, 22 Wash. 227, 231, 60 P. 406, 408 (1900). 此继承了英国衡平法院的判例思想,典型为Metzler v. James, [1888] 12 Colo. 322, 19 Pac. 885.

[128] See Miller v. Moulton, 77 Wash. 325, 328, 137 P. 491, 492 (1914).

[129] See Jenson v. Richens, 74 Wash. 2d 41, 47, 442 P. 2d 636, 640 (1968).

[130] See Russell v. Stephens, 191 Wash. 314, 71 P. 2d 30 (1937).

法”均可得到满足,这实际上在尊重当事人真实意思和商业交易习惯上走得更远,统合了流担保、清算型担保以及其他担保类型,坚持着实用主义的态度而向未来张开了怀抱。[131]

总而言之,担保物权的现代化意味着担保物权的权利面向和层次愈加多样,对当事人利益诉求的回应也愈加包容。而《民法典》的立法者可以充分发挥中国民商事立法的后发优势,为世界贡献出担保物权现代化变革的中国方案和智慧,将担保物权予以现代化转型的“壮志”在中国民法典中实现。这虽然是整个担保制度的问题,但此种“壮志未酬”在流担保中体现得更加彻底,因为在流担保中交易者就是通过移转担保物的所有权进行融资交易,所有权在我国财产权体系中具备最完整的权能,进而在理论上其也能够完全容纳当事人在担保物权实现中的所有特定诉求,当事人对有关担保物之特定权能的拆分或组合亦有交易预期,但现行法依旧“矮化”了流担保交易,仅将流担保合意局限在优先受偿的权能中,有意干扰了当事人之间多样的交易模式,此不可谓科学的规制方式。从实用主义的角度看,流担保实现方式的多样化诸如授权给司法解释或者法官进行具体裁判,这都可以为整个担保物权实现方式的多样化铺就道路,因为担保物权实现方式的丰富性也是衡量担保制度现代化的重要标准。[132] 将来有必要时,可以考虑扩大解释“依法优先受偿”一语的法律含义,甚至可以对其进行目的性扩张,使优先受偿的语义范畴足够宽广以至容纳新型的担保实现方式。或者积极进行立法,制定相应的特别法,将“依法”一词的空间效用充分发挥。

四、结语

社会科学家马克思·韦伯说道,每一个新事实都必然要产生在手段与目的、所欲的目标与无可避免的附带后果之间协调平衡的问题,这不仅不是经

---

[131] 参见美国法学会、美国统一州法委员会:《美国〈统一商法典〉及其正式评述》(第3卷),高圣平译,中国人民大学出版社2006年版,第386页。

[132] 参见李林启:《实现担保物权非讼程序研究》,法律出版社2021年版,第2页。

验科学所能回答的问题,而且不是任何科学所能回答的问题,[133]法律科学当然也不例外。在极其贴近交易生活的担保制度里,面对担保交易背后复杂的社会背景和经济形态,真正的法律科学也许就是准确地量定社会需求,就是立足于传统但更倾向于向现实和未来敞开胸怀。《民法典》流担保规范的立法理念表达出一种实用主义态度,将流担保制度的具体塑造纳入政策式规制的范畴,为促进融资交易和丰富担保物权的实现方式预留了诸多可能;但在现行条文的具体内容方面,似乎又回避了创新的难题。不过,向纵深发展的市场经济呼吁法律制度的协同并进,而法律制度日益完善的前提在于理念的逐步革新,所以从这个角度讲,《民法典》第 401 条和第 428 条是中国担保制度现代化的一个全新尝试与开端。

On the Contradictory Attributes of the Lex Commissoria in the Civil Code under the Modernization of Guarantee System

Abstract: There are contradictions in the legislative concept and specific content of the lex commissoria in the Civil Code. On the one hand, it transcends the traditional debate on whether to violate is invalid or effective at the conceptual level, expressing the pragmatic meaning of policy-based regulatory lex commissoria with the original intention of pragmatism, providing more possibilities for the construction of specific content. Regardless of the current application of the lex commissoria or its revision in the future, the dominant concept should be policy, which originates from the history of Roman law, the internal economic form and the actual national conditions of our country; on the other hand, the existing content is relatively conservative. The legislators emphasize the importance of the lex commissoria during the debt performance period and use it as the only tool to measure whether the interests of the parties are out of balance. This leads to the failure of the normative intent, and targeted loophole filling measures should be taken. It also missed a good opportunity in the

[133] 参见[德]马克思·韦伯:《社会科学方法论》,韩水法、莫茜译,商务印书馆 2013 年版,第 176 页。

setting of the legal effect of priority compensation, which is manifested in the failure to fully describe the liquidation rationale, the failure to clearly point out the subject matter of the property, the lack of room for conversion, and the failure to try to innovate the traditional "security interest = priority compensation" concept. The contradictory nature of concept renewal and old-fashioned specific content makes the current standard of guarantee not perfect in theory and practice, which is related to the economic and social transformation period in which innovation and stability are coordinated in parallel in our country, but it may also be regarded as our country's latest attempt under the modernization of guarantee system.

Key words: Lex Commissoria; Policy; Speculation; Pragmatism; Modernization of Guarantee System

清华法律评论(第十一卷第一辑)
第183~213页

行政知识嵌入行政法学的路径选择

——以2005~2021年CLSCI文献引用数据引入

刘　星*

目　　次

摘　要　面对行政法学日益孤立封闭的发展困境,行政法学界主动尝试引入行政知识来改良行政法学知识体系。然而,行政学的基础性功能究竟体现在哪些方面,却一直未能得到厘清和证实。鉴于文献引用具有作为考察

* 刘星,东南大学法学院博士研究生。

本文系江苏省研究生科研与实践创新计划项目“数字政府建设中的电子行政裁量研究”(KYCX21_0070)阶段成果。

学科间关系的重要指标价值,本文以CLSCI中的15种期刊为样本,统计2005~2021年行政法学文章中的行政学文献引用情况,发现并证实行政学对于行政法学的三重功能:背景上的描述解释功能、概念上的前置整合功能以及研究视角上的平衡功能。在澄清法教义学与学科属性差异非嵌入困境之主因的基础上,反思行政过程论和政府规制论的局限性。相较而言,政策导向之行政法学由于具有整体嵌套性的优势,能够调和与法教义学的矛盾,实现行政知识的体系化嵌入,因此成为行政知识嵌入行政法学的最佳路径。

关键词 行政法学　行政学　行政知识　行政行为　行政过程论　政府规制论

在行政法的研究图谱中,始终潜伏着行政学的影子。面对行政法学"画地为牢"以致成为社科学科领域"陌生人"的发展困境,行政法学者主动将目光投向行政法学的邻近学科——行政学,积极运用行政知识改造行政法学。德国学者沃尔夫等指出,"只有应用行政学的方法和知识才能为行政法的问题提供面向未来的解决办法,实现公共行政的现代化。行政学应当成为行政法的基础学科"。[①] 霍夫曼教授甚至认为,"将行政学的知识引入正在进行专业化分工的行政法学的改革工作,是行政法学的'百年大计'"。[②] 以大桥洋一等为代表的日本行政法学者认为,"从法学上方法论解放出来的行政法学在与相邻学科进行合作的时候,最应当重视的一个伙伴就是行政学"。[③] 行政学对于行政法学的改造价值被提至前所未有的高度。

在中国行政法的研究中,伴随着行政法学"行政"面向的转向,行政学知识的引入越来越受到行政法学界的重视。然而,"长期以来,出于两门学科学者的自觉的界分(基于学科分工)或警惕行政法学流变为行政学(相反亦成立),这一方面以及许多的议题,行政法学未及研究"。[④] 尽管行政学与行政法学保持一定的互动,却始终存在龃龉和误解,"虽不至于'鸡犬之声相闻,老

① [德]汉斯·J.沃尔夫、奥托·巴霍夫、罗尔夫·施托贝尔:《行政法》(第1卷),高家伟译,商务印书馆2002年版,第109页。

② 参见[日]大桥洋一:《行政法学的结构性变革》,吕艳滨译,中国人民大学出版社2008年版,第286页。

③ [日]大桥洋一:《行政法学的结构性变革》,吕艳滨译,中国人民大学出版社2008年版,前言。

④ 高秦伟:《行政法学方法论的回顾与反思》,载《浙江学刊》2005年第6期。

死不相往来’,也多少会有某种隔阂、陌生”。[⑤] 行政知识在嵌入行政法学的过程中始终面临着某些困境。

如果承认行政学对于行政法学的基础性功能,那么这种基础性功能究竟体现在哪些方面呢?行政知识嵌入行政法学面临的主要困境是什么?现有嵌入路径上的尝试是否足以打破两者之间的隔阂?在学科体系关系上,行政学与行政法学应该秉持一种怎样的学术立场进而推进两者之间的共进关系?这一系列问题到目前为止都还没有得到系统深入的探讨,也缺乏实证分析。基于此,本文以 2005 ~ 2021 年 CLSCI 所刊发的行政法学文章为基础,统计文章中行政学参考文献引用数据并进行相关分析,以期能够厘清上述疑惑,探寻行政知识嵌入行政法学的体系化路径,推进行政法学方法论的革新。

一、数据描述中的功能“悖论”

期刊文献是了解学术群体知识积累的最具体、最重要的渠道,因此,探讨学科发展的研究往往将期刊文献当作重要的分析对象。对学术共同体来说,“引文与参考文献的体制化惯例绝非小事一桩”,因为它“在根本上体现着学术发表的公正性,而此公正性的确大大促进了知识的进步”。[⑥] 尽管不少学者都将行政学视为行政法学的基础学科,但是行政学的基础性功能究竟体现在哪些方面,却一直未能得到证实。缘于学科间关系在很大程度上可以通过参考文献来体现,因此本文尝试通过统计 2005 ~ 2021 年 CLSCI 所刊发的行政法学文章中的行政学参考文献,并进行相关数据分析,以此来观察行政学与行政法学的相互关系。

(一)文献统计说明

从某种意义上说,行政学是一门借来的学问。正是由于行政学交叉学科的特性,数据统计面临的首要难题就在于行政学文献的识别和认定。对此,我们采用严格主义的排除法。第一步,筛选出期刊中的行政法文章。此步主

⑤ 余凌云:《公共行政变迁之下的行政法》,载《华东政法大学学报》2010 年第 5 期。

⑥ 美国科学工程与公共政策委员会:《怎样当一名科学家:科学研究中的负责行为》,刘华杰译,北京理工大学出版社 2004 年版,第 18、28 页。

要涉及行政法总论与部门行政法的问题,特别是与社会法、经济法的交叉问题。对此,凡属于行政执法问题,都视为行政法文章。其他文献,例如笔谈、新闻报道等予以排除。第二步,对筛选出来的行政法文章进行参考文献的梳理,剔除法学类参考文献。相对而言,法学文献特征比较明显,容易予以排除。第三步,对剩余参考文献进行甄别。具体来说,先排除经济学文献,除保留涉及政府管制(政府管制也属于行政学重要的研究范畴)的文献外。由于行政学与政治学、社会学研究内容的重叠程度较高,部分政治学家和社会学家也是行政学家,我们将政治学、社会学文献予以保留,但政治哲学领域与行政学研究内容差异较大,我们将政治哲学文献予以排除。同时,对于诸如亚里士多德的《政治学》《马克思恩格斯选集》等类似的综合性经典文献以及毛泽东、邓小平等伟人的经典著作,由于很难判断其学科归属,我们也予以排除在行政学文献之外。

需要特别说明的是,所统计的参考文献既包括直接引用的参考文献,也包括文末所附参考文献,在同一篇文章中重复引用的文献只统计一次。对于学科归属存在争议的参考文献,将综合权衡文章主题、内容以及作者所属学术共同体来进行判定。部分专著或者论文交叉特征明显,统计时对其学科属性判断难免有一定的主观性,可能会影响统计的精度,但这类情况毕竟相对较少,对分析结果产生的影响不大。

(二)数据对比中的功能"悖论"

按照上述标准,我们对 2005 ~ 2021 年 CLSCI 行政法学文章的参考文献进行"清洗"之后,对参考文献中含有行政学文献(1 篇及以上)的行政法学文章都作标记以示区别。如表 1 所示,整体上,在所有的行政法学文章中,含有行政学文献的行政法学文章所占比例均在 20% 以上,特别是《中国社会科学》,含有行政学文献的行政法学文章占比达到 75%,说明绝大部分行政法学文章都有行政学文献的引用(包括直接引用和间接引用),行政学对于行政法学的基础性作用似乎得到了引证。

表 1　CLSCI 含有行政学文献(1 篇及以上)的行政法学文章统计表

年份	中国社会科学	法学研究	中国法学	清华法学	中外法学	法学评论	法学家	法商研究	法制与社会发展	法律科学	环球法律评论	现代法学	法学	政法论坛	比较法研究
2005	0/0	3/4	7/17	0/1	0/1	0/7	0/1	2/8	0/0	0/4	0/0	1/6	2/9	1/15	0/2

续表

年份	中国社会科学	法学研究	中国法学	清华法学	中外法学	法学评论	法学家	法商研究	法制与社会发展	法律科学	环球法律评论	现代法学	法学	政法论坛	比较法研究
2006	0/0	0/3	3/9	1/1	1/2	3/7	0/3	2/8	0/1	3/7	0/2	1/2	2/9	1/5	1/2
2007	0/0	1/4	1/10	0/2	0/0	0/2	0/3	5/8	0/1	3/7	1/3	2/4	1/6	1/2	1/4
2008	0/0	2/4	1/6	2/2	0/0	0/2	1/4	3/7	4/5	2/5	1/3	0/5	1/11	1/3	0/1
2009	1/1	2/4	3/9	1/5	2/4	1/4	1/5	6/10	0/5	3/5	1/6	6/10	3/10	0/2	0/2
2010	1/1	2/7	1/9	1/1	2/4	0/5	0/3	3/10	0/5	0/3	1/6	1/6	0/8	3/6	1/3
2011	1/1	1/4	2/9	2/4	2/4	3/7	0/1	0/5	0/4	1/4	1/5	0/2	1/9	1/4	1/2
2012	1/1	2/3	3/7	1/4	1/3	1/8	0/2	2/7	2/5	2/4	1/4	0/2	4/5	3/7	0/3
2013	1/1	4/9	3/9	0/5	0/0	4/6	1/5	2/4	2/4	1/4	0/2	0/2	0/6	1/3	1/3
2014	1/1	5/6	1/8	2/3	3/6	1/6	1/7	2/4	4/5	2/2	1/6	1/2	1/5	1/4	0/0
2015	0/0	2/4	4/9	1/8	0/2	4/6	2/4	0/2	2/5	2/2	2/7	2/5	5/11	1/4	0/0
2016	2/2	0/3	2/5	1/5	0/3	6/8	0/0	5/7	1/3	4/7	1/5	1/6	4/7	1/2	0/1
2017	1/1	1/4	3/7	1/4	0/2	1/6	1/4	2/3	4/5	1/2	1/2	1/2	2/4	4/7	0/6
2018	2/3	0/3	4/7	1/3	2/10	1/3	1/4	3/8	1/4	0/1	1/6	0/1	3/7	1/6	3/3
2019	0/0	3/7	1/11	2/2	4/11	2/6	2/5	2/3	1/6	1/2	0/2	1/1	1/3	5/5	0/3
2020	1/2	1/7	2/10	0/1	1/3	2/3	2/4	2/5	1/4	1/2	1/4	1/6	1/9	0/3	1/6
2021	0/2	1/5	2/9	2/5	3/10	1/7	1/3	1/5	2/4	0/4	1/5	1/5	1/12	0/2	1/5
占比	75%	37%	28.5%	32.1%	32.3%	32.3%	22.4%	40.4%	36.4%	40%	20.6%	28.4%	24.4%	31.3%	21.7%

注:分子代表行政法学文章参考文献中含有行政学文献,分母代表期刊一年的行政法学文章数量。

然而,如果进一步设定标准,将每篇行政法学文章的参考文献数量设为10篇以上(含10篇),行政学文献5篇以上(含5篇),结果却出现很大反差。如图1所示,除《中国社会科学》中满足此条件的行政法学文章占比达到38.8%外,其余基本在10%以下,特别是《比较法研究》,行政法学文章中尚没有单篇文章行政学文献达到5篇以上。从行政学文献在单篇行政法学文章的数量来看,行政学对于行政法学的基础性作用似乎又不明显。当然,以上的统计都是基于绝对量的标准,描述不够精准。因此,为了更全面地了解,我们同时采用相对量标准,做进一步统计。将每篇行政法学文章的参考文献基数设为10篇以上(含10篇),将行政学文献占单篇参考文献总量设为20%以上(含20%),此时,满足此条件的行政法学文章变得更少。《中国社会科学》中满足此条件的行政法学文章占比降为12.6%,其余均在5%上下浮动,《清华法学》和《比较法研究》均没有行政法文章满足此条件。于是乎,问题即已浮现出来:作为行政法学基础学科的行政学,如果其相关文献在行政法研究的参考引用中所占比例过低,行政学对于行政法学的基础性作用又何以体现呢?在行政学文献数据的统计描述中,行政学对于行政法学的基础性功能存在"悖论"。

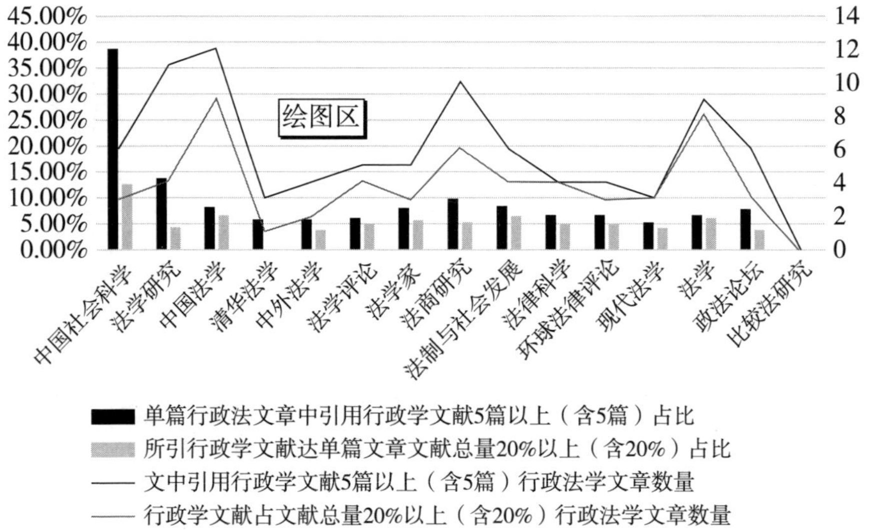

图1　行政学文献引用数量与占比统计

二、行政学之于行政法学的基础性功能

数据描述中的功能"悖论"的存在,显然对行政学之于行政法学的基础性地位提出了质疑。在行政学参考文献数据上,我们似乎看不出行政学对于行政法学的重要价值。然而,如图2、图3和表2所示,如果我们对数据进行进一步的挖掘,从不同主题出发,从局部观察,则会发现在特定的研究领域,行政学的基础性功能在文献引用中得以体现。

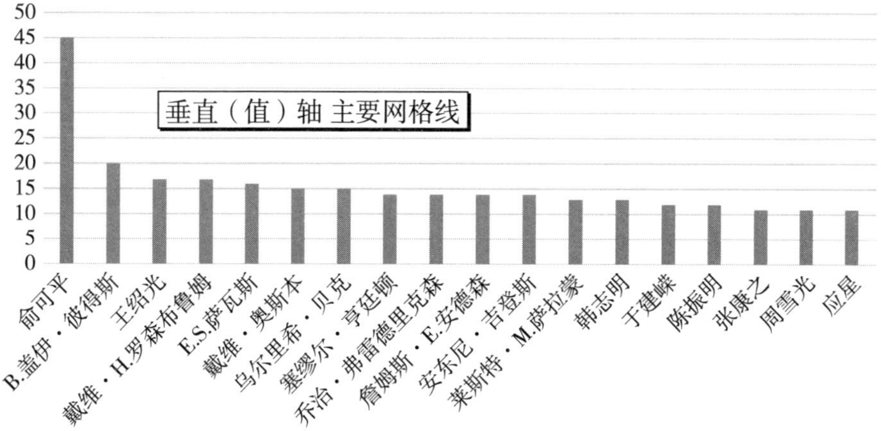

图 2　总被引超过 10 次以上的行政学者

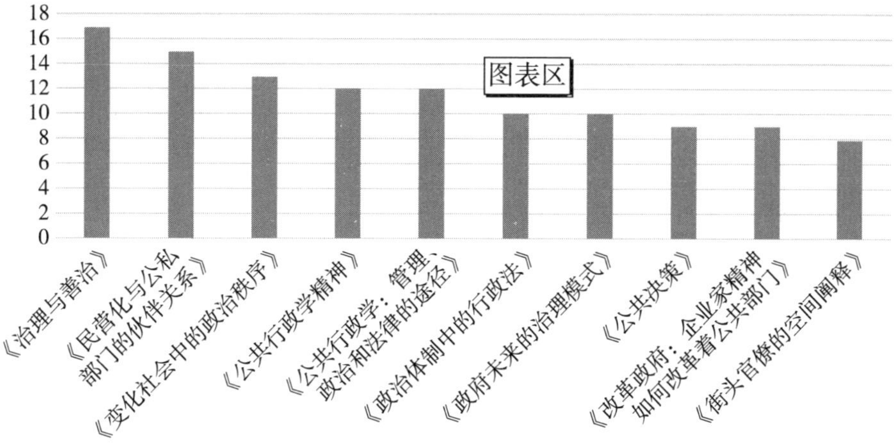

图 3　总被引过 10 次以上的行政学文献

注：以上行政学文献的作者从左到右依次是：俞可平、E. S. 萨瓦斯、塞缪尔·亨廷顿、乔治·弗雷德里克森、戴维·H. 罗森布鲁姆、肯尼思·F. 沃伦、B. 盖伊·彼得斯、詹姆斯·E. 安德森、戴维·奥斯本、韩志明。

表2　行政学文献高引文章一览表

篇名	行政学文献数量/篇	行政学文献占比/%	作者	期刊
社会稳定风险评估的法治批判与转型	43	62.3	林鸿潮	《环球法律评论》2019年01期
基层信访治理中的“法治”话语冲突	33	70.2	马原	《环球法律评论》2018年01期
街头政治的形成:城管执法困境之分析	28	44.4	刘磊	《法学家》2015年04期
公共危机管理问责制中的归责原则	25	43.1	林鸿潮	《中国法学》2014年04期
中国政府治理的法治路径	23	39.7	石佑启 杨治坤	《中国社会科学》2018年01期
行政自制的可能性分析	19	73.1	崔卓兰 刘福元	《法律科学》2009年06期
公共服务供给权责配置研究	19	32.7	李蕊	《中国法学》2019年04期
城镇规划区违建执法困境及其解释	17	44.7	陈柏峰	《法学研究》2015年01期
公共政策合法性供给机制与走向——以医改进程为中心的考察	15	33.3	马长山	《法学研究》2012年02期
论行政自由裁量权的内部控制	15	31.3	崔卓兰 刘福元	《中国法学》2009年04期

(一)背景上的描述解释功能

行政法学作为规范科学,传统上以规范本身为研究对象,但是其规范功能得以发挥的前提在于对行政事实的充分把握与理解;行政学作为关于事实的科学,行政本身就是其学科研究对象,其学科优势即在于深入行政内部探究行政运作机理。通过文献统计分析,行政学之于行政法学的背景描述与解释功能得以确认。

一方面,行政学通过对行政实际运作过程的描述,能够为行政法学对行政活动进行规制提供背景性常识以及事实的类型学划分。从常引文献看,萨瓦斯的《民营化与公私部门的伙伴关系》、亨廷顿的《变化社会中的政治秩序》等论著所引频次较高。从文章引用目的来看,主要在于获取相关领域社会背景的事实描述,增强论证力度。另外,以《我国应急行政主体制度之反思与重构》一文为例,行政法学者首先借助于行政学对传统应急行政主体的描述,将传统应急行政主体的基本构造设计之偏差进行分类,区分为偏重分散型和专业型的应急主体、轻视综合—协调型的应急主体和偏重临时型的应急主体、轻视常设型的应急主体,在此基础上从行政法的视角探讨重构应急行政主体制度之基本原则。总体而言,行政法学引用行政学文献的目的在于借助行政学的事实功能,探讨不同领域行政活动的行政法规制路径。⑦

另一方面,行政学通过对行政实践背后的内在机理解释,能够弥补形式法治的不足。这一点在行政执法领域得到很好的体现。韩志明的《街头官僚的空间阐释——基于工作界面的比较分析》在基层执法裁量研究中得到多次引用(8次),从引用目的看即在于运用行政学的街头官僚理论探讨规制行政裁量的综合性方法。⑧ 以《中国土地执法摇摆现象及其解释》为例,法学研究者将执法摇摆现象的发生归结为法律不完备或者土地执法部门能力有限,行政学者对此结论提出质疑,通过实证调研发现:土地执法中的摇摆现象,并非完全是因为法律不完备或者土地执法部门能力有限,还在于中国体制下的"嵌入式执法"。⑨ 以《作为法律隐喻的"猫鼠游戏"城管执法的另一种观察视角》为例,作者以E市L路城管中队副队长协管员的身份,对城管执法的日常工作进行参与式观察。研究发现,将城管执法过程中的"猫鼠游戏"视作一种非正常法律现实的观点失之偏颇,这一法律隐喻建构了稳定地兼顾不同法律主体及目标的执法秩序,行政执法过程看似充满讨价还价策略,却遵循着基本的法治精神。⑩

---

⑦ 参见戚建刚:《我国应急行政主体制度之反思与重构》,载《法商研究》2007年第3期。

⑧ 参见韩志明:《街头官僚的空间阐释》,载《武汉大学学报(哲学社会科学版)》2010年第4期。

⑨ 参见何艳玲:《中国土地执法摇摆现象及其解释》,载《法学研究》2013年第6期。

⑩ 参见吕德文:《作为法律隐喻的"猫鼠游戏"城管执法的另一种观察视角》,载《中外法学》2019年第2期。

(二)概念上的前置整合功能

现代行政法的开山鼻祖奥托·迈耶最大的理论贡献就在于从繁杂的行政管理、司法判例中,总结、分析出一般范畴,在于对概念的精确界定和法学方法的发展。正是基于“纯粹的法律思考”,行政法学的概念和逻辑体系才得以建立,行政法学才能与行政学划清界限,成为一门独立的法学学科。

然而,纯粹法学方法对概念的精致化要求导致从行政事实中抽象出行政法概念的过程异常漫长,现代行政过程中的很多活动已无法纳入传统的行政行为概念体系之下,而这些行政活动却具有法律规制的必要性。行政法学要实现对未形式化行政活动的规制,就需要借助于行政学对各类行政活动的描述所形成的稍显“粗糙”的初级概念特征,进而才可能开展更高层次的法学概念抽象作业。以民营化为例,以公私协力的形式完成行政任务,但是很难将民营化“对号入座”式地归为某一定型化的行政行为概念之下,此时行政法学就需要借助行政学对民营化的具体描述进行概念上的再抽象。正是缘于此,萨瓦斯的《民营化与公私部门的伙伴关系》得到了多次引用(15 次),⑪而行政协议概念的生成则可视为对其凝练再抽象的直接结果。之所以有关政府工具、政策工具、规制工具等参考文献屡次在行政法学文章中出现,其根本原因即在于此。

另外,由于行政法上的行政行为具有片段化、节点式的特征,难以进行整体连贯式考察,因此,行政法学往往需要借助行政学上的过程性概念对不同阶段的行政行为进行贯通整合。以行政法学从行政学中引入“行政过程”概念为例,它的借用对传统行政法的制度与功能拓展具有重要的理论意义。过程性理念的引入,带给行政法学思维框架的体系转变,此时行政法学不再仅仅局限于行政主体与行政相对人的单向时空分析,而是由原来的法律分析方法转向法律分析和政治过程分析相结合。⑫

行政学上过程性概念的引入,在整合结果导向的行政行为的同时,也带来实定法上分析的困境。以行政学中的“行政决策”概念的引入为例,“将行政决策定位为行政过程中的一般性制度,可以解决以往对行政决策微观行为

---

⑪ 参见[美]E. S. 萨瓦斯:《民营化与公私部门的伙伴关系》,周志忍译,中国人民大学出版社 2002 年版。

⑫ 参见王锡锌:《行政正当性需求的回归——中国新行政法概念的提出、逻辑与制度框架》,载《清华法学》2009 年第 2 期。

性质单一性判断所必然具有的不周延性进而难以在各个行政领域共同适用的问题”,⑬与其相关的《公共决策》也得到多次引用(9次),⑭但是行政法学现有的概念群始终无法给其提供容身之所,强行将行政决策塞入行政行为体系,会带来学科逻辑体系上的混乱。⑮ 如何处理这种矛盾,一直是行政法学比较棘手的问题。可以预见,如果将行政学中的行政执行、政策反馈等概念引入,也会面临同样的问题。

(三)研究视角上的平衡功能

行政学与行政法学由于具有不同的面向,其研究视角始终存在差异,但恰是这种差异给两者带来互补性。传统上,行政学研究除法律途径之外,还包括政治和管理途径,这三种研究途径一直处于一定的张力之中;在学科主导价值的追求上,行政学追求效率、效能,行政法学追求合法,因此行政学与行政法学两者之间也始终存在一定的张力。总体上,行政学能带给行政法学更加平衡的研究视角。

传统行政法学主要是面向司法的路径,以外部控权为主。“而行政学考察的侧面并不限于控制行政活动的规范。行政学考察的与其说是法律行为,不如说更多的是行政的事实行为……行政学重视预算这一规范所具有的控制功能,也重视没有法规性质的行政规则的控制功能。”⑯行政法学希望通过行政自制来更好地实现控权目的。由于行政学在行政自制研究上有较为充足的知识积累,行政法学在行政自制的研究中自然会引用较多的行政学文献。以《论行政自由裁量权的内部控制》一文为例,⑰其行政学参考文献达到15篇,占比达30.6%;以《行政自制的可能性分析》一文为例,⑱其行政学参考文献达到19篇,占比达73.1%。行政自制的强调,改变了以往过分倚重司法的传统控权模式,在控权方式上更加全面、多元与平衡。

行政学对行政法学“平衡”功能的另一个体现就是行政效能观念的引入。

---

⑬ 戴建华:《作为过程的行政决策——在一种新研究范式下的考察》,载《政法论坛》2012年第1期。

⑭ 参见[美]詹姆斯·E.安德森:《公共决策》,唐亮译,华夏出版社1990年版。

⑮ 参见熊樟林:《重大行政决策概念证伪及其补正》,载《中国法学》2015年第3期。

⑯ [日]西尾胜:《行政学》,毛桂荣译,中国人民大学出版社2006年版,第43~44页。

⑰ 参见崔卓兰、刘福元:《论行政自由裁量权的内部控制》,载《中国法学》2009年第4期。

⑱ 参见崔卓兰、刘福元:《行政自制的可能性分析》,载《法律科学(西北政法大学学报)》2009年第6期。

传统上,行政法学聚焦于行政行为的合法性,行政学聚焦于行政行为的合目的性(效率、效能)。伴随着行政法学的发展,行政法学单纯追求行政行为的形式合法,已不能满足当前行政实践的要求。行政行为不仅要满足合法的要求,更要追求行政效能的提高。与注重规范分析的传统行政法相比,新行政法不仅要评价一个已经作出的行政行为的合法性,还要评估行政行为的合目的性。⑲ 行政法学在控制行政权力之外,还肩负着保障行政权力的责任,以更好地推动行政任务的实现,在合法性与合目的性之间维持"微妙"的均衡。正如沈岿教授所强调的,"行政法学若仍然固守必须与行政(管理)学划清界限的窠臼,仍然坚持效能(效率)为行政管理原则而非行政法学原则,就无法具备公法理论应有的历史性、经验性、解释性和批判性等优良品质"。⑳ 另外,行政法学也开始关注行政伦理的治理作用。弗雷德里克森的《公共行政的精神》和库珀的《行政伦理学》在行政法学研究中得到了多次引用(分别为12次、7次)即是例证。㉑ 现代公共治理理念越来越重视软法的重要价值,可以预见行政伦理视角将在行政法研究中受到更多的重视。

从根本上说,无论是背景上的描述解释功能,还是概念上的前置整合功能,抑或是研究视角上的平衡功能,其实都是一种"补充"功能,三种功能之间存在交叉,但是其侧重点却有所不同。背景上的描述解释功能更多地着眼于行政事实,为行政法学理解行政实务提供常识性知识基础;概念上的前置整合功能更强调借助行政学概念来发展和完善法教义学概念的模糊作用;研究视角上的平衡功能实质是行政学促进行政法学在规范主义与功能主义之间维持均衡结构上所发挥的作用。行政学对于行政法学的基础性功能即主要体现在上述三个方面,这或许也为行政法研究自觉树立更加立体的思维方式提供了一种可能的思考路径。

⑲ 参见郑春燕:《转型政府与行政法治》,载《浙江大学学报(人文社会科学版)》2021年第1期;向淼、郁建兴:《法治行政:中国公共行政学的法律路径——一项新的研究议程》,载《公共管理学报》2021年第4期。

⑳ 沈岿:《论行政法上的效能原则》,载《清华法学》2019年第4期。

㉑ 参见[美]乔治·弗里德里克森:《公共行政的精神》,张成福等译,中国人民大学出版社2003年版;[美]特里·L.库珀:《行政伦理学:实现行政责任的途径》,张秀琴译,中国人民大学出版社2001年版。

三、法教义学与学科属性差异非嵌入困境之主因

尽管从特定领域看，行政学对于行政法学的基础性功能得以发掘与证实，但根据文献引用的数据统计，整体上看，行政知识嵌入行政法学的现状并不理想。虽然法教义学本身的封闭性确实在一定程度上带来嵌入路径上的困境，然而从根本上深究，体系化的嵌入接口缺失以及行政学学术地位“式微”或为根源。

（一）嵌入接口缺失导致难以实现体系化对接

在对待法学以外知识的嵌入上，法教义学始终扮演着“微妙”的角色。一方面，尽管近些年法教义学受到激烈批判，甚至在大陆法系的德国对其持负面看法的学者也逐渐增多，㉒但法教义学本身的体系化价值不应被遮盖。行政法教义学之本质在于将个案体系化地归类于个别规则之下（以及该规则背后之原则），是以行政行为为基础的封闭范畴。自奥托·迈耶将德国行政法总论“以法学方法——而有别于公共管理——为基础，循线民法总则为考量、显现高度抽象性、不无侧重干涉行政”以来，㉓行政法教义学一直从事着体系化的编成，而这种体系化的编成在提升行政法学作为概念法学知识纯度的同时，也带来了体系上的封闭。由此，也自然在某种程度上导致科际整合上的隔阂。

不过，伴随着关于法教义学方法论层面的争论日益达成和解，时至今日，恐怕没有人会反对法教义学与社科法学合作的必要性。另一方面，随着对法教义学理解的深入，关于法教义学排斥事实的误解已逐渐得到澄清。在法教义学的认识上，“所谓‘法释义学只重视概念堆砌’‘法释义学漠视社会现实’等说法，都是对法释义学的严重误解，也是一种不能确实把握法释义学真正意涵的表现”。㉔ 法教义学已经不再局限于法律秩序的形式理由，也开始将一

㉒ 德国波鸿鲁尔大学曾在2017年就法学教育发布过改革的草案，该草案几乎没有对法教义学的正面看法。参见 Professorium der Juristischen Fakultät der Ruhr-Universitä Bochum, Erklärung zur Reform der Juristenausbildung, ZDRW 2017, 90ff.

㉓ 参见翁岳生：《行政法》，中国法制出版社2009年版，第92页。

㉔ 黄舒芃：《变迁社会中的法学方法》，台北，元照出版公司2009年版，第3页。

些社会学、历史学、经济学的实质理由纳入考量之中,这就为社科法学与教义法学的合作提供了可能。[25] 因此,在行政法学的知识生产上,法教义学并不构成行政法学与行政学之间交叉融合发展的主要阻碍。

然而,在这一问题上,内心的冲动和现实的考量却充满着矛盾。虽然,行政法学以外的知识有利于横向地解决法律问题并扩充法学上的反射知识,并改变论证的方式,[26]可是,“从其他学科引进方法来开拓本学科的视野,这也存在一种危险,会危及法学作为一个独立学科的根基,会使人们对法学或行政法学专业的信心受到挫折”。[27] 行政知识的大量引入,“意味着规范主义进路在行政法学与行政管理学/公共管理学之间的区分又进一步模糊化了”。[28] 法学研究的作用,究竟在于释义学地形塑法律规则与制度,还是关注法律作为社会治理的工具特性,发展促进法律实效性的条件?行政法学者似乎又陷入了两难的境地。[29]

行政学者崇尚技术理性,法律工具主义倾向明显,往往将行政法作为公共行政的治理工具,而这在行政法研究中恰被视为行政知识嵌入所面对的“阿喀琉斯之踵”。对于行政法教义学而言,不在于是否应该引入行政学理论和方法进行知识改造,而在于如何寻找到最佳的嵌入接口来平衡行政法的价值特性和工具特性。尽管当前法教义学的功能主义取向已经为学科之间科际整合提供了窗口,但是正如有学者指出的那样,我们必须反思其他学科的研究成果是否能被法学所吸纳以及该如何吸纳,[30]换言之,这种学科交叉的研究应通过何种方式实现“规范上的封闭、知识上的开放”。[31] 尽管成本收益分析、专业技术知识等在行政法学,包括行政法教义学上能够贡献一定的智力支持,但是这

---

[25] 参见宋旭光:《面对社科法学挑战的法教义学——西方经验与中国问题》,载《环球法律评论》2015 年第 6 期。

[26] [德]沃尔夫冈·霍夫曼-印:《行政法中的“法学外”知识、日常理论与启示学》,李剑译,载《公法研究》2017 年第 2 期。

[27] 高秦伟:《反思行政法学的教义立场与方法论学说——阅读〈德国公法史(1800—1914):国家法学说和行政学〉之后》,载《政法论坛》2008 年第 2 期。

[28] 《中外法学》编辑部:《中国行政法学发展评价(2010—2011)——基于期刊论文的分析》,载《中外法学》2013 年第 4 期。

[29] 郑春燕:《行政任务取向的行政法学变革》,载《法学研究》2012 年第 4 期。

[30] 张嘉尹:《宪法之“科际整合”研究的意义与可能性——一个方法论的反思》,载台北《世新法学》2010 年第 3 卷第 2 期。

[31] 李忠夏:《宪法教义学反思:一个社会系统理论的视角》,载《法学研究》2015 年第 6 期。

种零散状、碎片式的嵌入,难以进行系统化对接,行政学对于行政法学的改造功能难以得到有效发挥,行政法学自身提出问题和解决问题的能力受到很大限制。体系化嵌入接口的缺失成为行政知识嵌入行政法学面对的主要障碍。

(二)行政学学术地位"式微"削弱嵌入内在驱动力

当前,行政法学由面向"司法"进路转向面向"行政"进路的趋势已然很明显,这种转向意味着公共行政内部视角在行政法(学)中地位的提高。从前文的文献引用分析中,我们可以发现,在面向"行政"进路的行政法研究中行政学文献的引用频率较高。然而,行政法学界对行政学却始终抱有成见。尽管在当前的研究中行政法学者普遍承认公共行政变迁对行政法的影响,也尝试吸纳行政知识嵌入行政法学,但在对待行政学的态度上却显得比较冷漠。客观地讲,行政法学界出于维护行政法学独立学术品格的担忧是有必要的,但是本应联系紧密的学科之间存在较深的隔阂和误解却也让人迷茫。

传统上,行政法学属于法学学科,行政学属于管理学科,两者学科属性差异似乎很明显。行政学以提升行政效率、效能为学科目标,行政法学主要研究行政行为的合法性问题。诚然,正义是法律的核心价值,作为部门法学的行政法学其首要价值亦是追求正义。然而,伴随着福利国家的到来以及给付行政的发展,在行政行为的评价上,不仅要求行政行为合法,而且要求行政行为正当、正确。效率、效能等价值在行政法学中日益凸显。与此同时,行政学经过百余年的发展,效率、效能、产出等核心价值在得到彰显的同时,正与公平、正义、参与等民主理念相结合,促使良善治理的形成。威尔逊于1887年在《行政学研究》中曾指出,"公共行政就是公法明细而系统的执行活动"。[32]虽然公共行政的法律路径一度失语,但是经过罗尔、斯派塞、特里、纽博尔德、罗森布鲁姆等一大批公共行政宪法学派学者的努力,法律的价值在公共行政学中重新得到重视。[33] 由此可以看出,效率效能与公平正义在当前行政学和行政法学的价值追求中逐渐趋向平衡和统一。

然而,相同的研究对象、趋同的价值理念并未换来学科间紧密而真诚的

㉜ See Woodrow Wilson, "The Study of Administration", *Political Science Quarterly* 2, 1887, p. 197 – 222.

㉝ See John A. Rohr, *To Run a Constitution: The Legitimacy of the Administrative State*, Kansas, University Press of Kansas, 1986, p. 1 – 214; Stephanie Newbold & David H. Rosenbloom, *The Constitutional School of American Public Administration*, Oxfordshire, Routledge, 2017, p. 1 – 36.

合作。以往,提及这个问题,我们总是归因于学科属性不同所带来的方法论上的差异。可是,方法论上的差异究竟在行政知识嵌入行政法学的困境中扮演着什么样的角色呢?或者说方法论上的差异是不是阻却嵌入的关键要素呢?以法律经济学观之,由于经济学在社会科学领域强大的学术影响力,在法律的经济分析上经济学得到了很好的演绎。相比之下,行政学的学术影响力就相形见绌。在行政学百余年的发展历程中,学术性危机和存在性危机始终没有间断。[34] 学科危机的背后,反映的实质是公共行政学本身理论的匮乏:公共行政学过度依赖其他学科的理论,自身核心理论的营造用“乏善可陈”来形容也不为过。[35] 迄今为止,在这百余年的发展中行政学内生了哪些富有洞见而又能辐射其他学科的学术思想或者理论呢?很遗憾,这个问题可能会将行政学界带入集体性失语。公共选择理论、博弈论以及制度变迁理论等这些在行政学研究中运用娴熟的理论,其实都是源于经济学的贡献。更为棘手的问题是,作为事实科学的行政学还要面对另一“窘迫”的现实——与现实的脱节[36]以及问题解决能力的局限。[37] 身份危机的存在,导致即便在行政学发达的美国,其学术成果在嵌入不受法教义学拘束的行政法的过程中依然存在“鸿沟”。

中国公共行政学本土化研究尚未能构建中国公共行政学完整的话语体系,对中国公共行政实际问题的产生以及运作机制未能作出自洽而有力度的理论阐释,以至于行政学界也要进行自我拷问——公共管理学是否有足够的力量向其他学科领域输出公共管理理论与知识?[38] 与此同时,学科边界的模糊,迫使行政学界不间断调整自身的研究范围,明确什么是行政学研究的大

---

[34] See Norma M. Riccucci, *Public Administration: Traditions of Inquiry and Philosophies of Knowledge*. Washington, Georgetown University Press, 2010, p. 25–27; Ion Georgiou, “Seeing the Forest for the Trees: An atlas of the Politics-administration Dichotomy”, *Public Administration Review* 74:2, 2014, p. 156–175.

[35] See Rebecca Nesbit et al., “Wrestling with intellectual diversity in public administration: Avoiding Disconnectedness and Fragmentation While Seeking Rigor, Depth, and Relevance”, *Journal of Public Administration Research and Theory* 21:S1, 2011, p. 13–28.

[36] See Christopher Pollitt, “Public Administration Research Since 1980: Slipping Away from the Real World?”, *International Journal of Public Sector Management* 30:7, 2017, p. 555–565.

[37] See Hae-Ok Pyun and Claire Edey Gamassou, “Looking for Public Administration Theories?”, *Public Organization Review* 18:2, 2018, p. 245–261.

[38] 参见颜昌武、张立伟、马亮:《公共管理学是一门借来的学科吗?》,载《上海行政学院学报》2020年第6期。

问题和真问题，随之而来的后果就是学科间对话和知识传承的困境。尽管行政学从教材编排到专业期刊都将行政法甚至行政诉讼法纳入其研究范畴，但是由于未能发掘出行政学对于行政法学的独特贡献，自然就难以获得行政法学界的认同。行政学者对于中国行政实际运作的了解并不优于与行政立法和执法联系更为紧密的行政法学者。行政学从社会科学边缘走向核心，还有太多的工作需要去完成，学术地位"式微"无形之中造成了行政知识嵌入行政法学的内在动力不足。

四、行政过程论与政府规制论之不足

法教义学与学科属性差异并非导致嵌入困境之主因得到证实后，接下来要面对的问题便是：如果暂且抛下固有的成见和偏见，行政知识该如何嵌入大陆法系式的行政法学呢？众所周知，美国的行政法学中并不存在德日式的行政行为体系，其交叉学科知识和理论的运用也比较灵活，"相比欧陆国家的行政法，英美国家的公法更适合于回应新公共管理并存活下去"。[39] 正是基于此，有学者认为，美国的行政学和行政法学的融合并无借鉴意义，因为其"欠缺开拓大陆法系传统意义上所说的'法教义学'或者'法学（法律科学）'的条件和必要性"。[40] 然而，即便如此，面对行政法学日益"孤立化"的现实，大陆法系行政法学依然转向英美行政学寻求知识改良，行政过程论和政府规制论的引入就是例证。

（一）行政过程论：虽作形式补救但理论体系不成熟

自以"行政行为"作为阿基米德支点构建行政法体系以来，对行政现实只做静态、节点式地考察的弊端就广受诟病，行政过程论正是基于修补该漏洞而提出。不过，行政过程论并非行政法学内生，而是受政治学和行政学的启发作出的学术借鉴。20世纪中期以前的政治学研究，主要也是采用的制度静态分析，但是伴随着政府干预主义的发展以及行政国家的到来，政府过程更加复杂化，这种单纯的法条推理和规则解释已经难以解决现实问题，书斋式

---

[39] ［新西兰］迈克尔·塔格特编：《行政法的范围》，金自宁译，钟瑞华校，中国人民大学出版社2006年版，第143页。

[40] 黄舒芃：《变迁社会中的法学方法》，台北，元照出版公司2009年版，第188页。

的政府学已难以指导政府实践。与此同时,20 世纪 50 ~ 60 年代行为主义社会科学的研究范式得到广泛认同。因此,以拉斯韦尔、戴维・杜鲁门、阿尔蒙德为代表的政治学者于是开始转向政府过程,[41]广泛采用现代科学的经验性研究方法,对政府的实际运作状态进行考察,理论指导现实的能力得到很大提高,“政府过程论”因此成为现代政府研究的重要方法。以远藤博也、盐野宏等为代表的日本行政法学者敏锐捕捉到这一学术进展,将“政府过程论”引入行政法学。

“政府过程论”是一种“大政府”的过程框架,力图展示立法、行政、司法以及各政治实体的利益博弈过程。行政法学对其进行了限缩性改造,针对行政机关的行政行为,尝试通过“行政过程”对行政行为进行全局性动态式考察。行政过程概念的导入,“可以弥补行政行为概念的不足,对于构建适合于现代行政法学的理论体系和对现实行政过程进行法律规范具有重要的理论和现实意义”。[42] 以行政黑名单制度为例,基于行政过程论视角可以对其不同阶段的准备行为、具体行政行为、内部行政行为、行政事实行为等进行全方位流程式考察。[43] 正是基于行政过程对行政行为动态整体考察的优势,盐野宏、大桥洋一等所倡导的行政过程论成为当前日本行政法学界的主要流派。

然而,行政过程论也面对着理论和实务中的巨大挑战。首先,行政过程论自身理论体系不自洽。“各学者都提倡以全面、动态的思维方式考察现代公共行政过程中的法律现象,并都将自己的观点冠以‘行政过程论’之名,但各行政过程论者之间的观点并不一致。由于各行政过程论者研究的侧重点不同,各种观点之间缺乏整合性甚至相互矛盾。”[44]其次,所预设的将行政行为进行节点与整体相结合的考察目的未能实现。行政过程论目的在于整合静态、节点式的行政行为,将复数式的行政行为纳入整个行政过程进行全局式

---

[41] [美]哈罗德・D. 拉斯韦尔:《政治学:谁得到什么? 何时和如何得到?》,杨昌裕译,商务印书馆 2009 年版,第 19 ~ 76 页;[美]杜鲁门:《政治过程:政治利益与公共舆论》,陈尧译,天津人民出版社 2005 年版,第 231 ~ 248 页;[美]加布里埃尔・A. 阿尔蒙德、小 G. 宾厄姆・鲍威尔:《比较政治学:体系、过程和政策》,曹沛霖等译,东方出版社 2007 年版。

[42] 江利红:《论行政法学中“行政过程”概念的导入——从“行政行为”到“行政过程”》,载《政治与法律》2012 年第 3 期。

[43] 参见范伟:《行政黑名单制度的法律属性及其控制——基于行政过程论视角的分析》,载《政治与法律》2018 年第 9 期。

[44] 江利红:《以行政过程为中心重构行政法学理论体系》,载《法学》2012 年第 3 期。

考察,但该方案却未能克服原有弊端,反而产生新的节点和整体割裂的问题。以盐野宏为代表的行政过程论,"并不是利用制度去描述全部行政活动,而是用制度与行为分别描述不同的行动活动,因而在此方案中,用共通制度去描述无法用行为形式描述的行政活动,但制度与行为是排斥关系",[45]行政行为的节点和整体依然处于割裂的状态。最后,行政过程论在司法实践上面临法律适用的难题。"行政过程论者主张应考虑'整体行政过程',但在现实之行政过程中,至如何程度?以何为基准?等问题,均语焉不详,从现实法解释方法论角度,几乎不具有任何意义,甚至可能带来理论上的混乱。"[46]因此,正如有学者指出,"行政过程论方案实际上仅仅是对经典行政行为形式方案进行'小修小补'的改良版,并非一个完整的替代方案"。[47] 从行政法教义学的角度看,行政过程论并不能为法教义学的发展提供切实的补充或者新方案,反而增加了法教义学的体系负担。正是因为行政过程作为方法论上的路向值得肯定,而承担理论建构的方法则显得空洞,德国行政法学虽然也从行政过程视角出发考察行政行为,却尝试作出以行政法律关系作为阿基米德支点建构行政法体系的努力。

若从行政学或者政治学的角度观之,行政过程论自引入行政法学肩负对行政行为进行整合贯通的重任,其对于行政法学方法改良的学术使命即已完成,无法再为行政法学的发展注入更多的养分。特别是,政府过程学说经过拉斯韦尔、戴伊等政策科学家的努力,已经深度融入公共政策分析之中,单独作为一种体系化理论未能获得进一步的发展。行政过程论的引入,虽然解了行政法学的一时之围,但学科间后续的合作上则显得后劲不足。一言以蔽之,行政过程论作为行政法上的一种新理念应该得到倡导,但是作为行政学嵌入行政法学的整体路径很可能已经面临知识枯竭。

(二)政府规制论:提高行政法解决社会问题能力但视野偏狭

严格来讲,政府规制理论并不是行政学的理论创见,而是发轫于20世纪60~70年代的美国经济学。由于政府规制本质上是一种问题导向的政策分析理论,因此与行政学的分支学科——政策科学存在很大程度的暗合,特别是政策科学中的政策工具与规制理论中的规制工具呈现高度的重叠性。如

---

[45] 黄宇骁:《行政法学总论阿基米德支点的选择》,载《法制与社会发展》2019年第6期。

[46] 陈春生:《行政法之学理与体系》(第2册),台北,元照出版公司2007年版,第284页。

[47] 黄宇骁:《行政法学总论阿基米德支点的选择》,载《法制与社会发展》2019年第6期。

今,规制理论已经成为一门综合学科,“当我们谈及规制属于何种学科时,恐怕很难将其归为行政法学、经济法学、经济学或公共管理学麾下的任何一个学科。规制是跨学科和交叉学科的属性,‘处于不同学科和方法论之间的边界线上’”。[48] 正是综合交叉的特性,促使规制理论获得空前发展,对真实世界行政过程有着超强的解释力,由此作为一种强有力的分析工具被引入行政法学。如果说行政过程论着眼解决行政行为静态、片段式的困境,那么政府规制理论则走得更远,不仅考察行政过程中动态、整体的行政行为,而且研究如何选择规制工具更好地实现规制目标。因此,部分行政法学者开始尝试将已在英美(主要是美国)行政法占据方法论主导地位的政府规制理论导入大陆法系行政法学,对其进行整体式改造。

然而,规制理论并非那么完美。一方面,规制理论的功能主义倾向明显,很可能会遮盖甚至阻碍法教义学的发展。规制理论着眼于各类社会问题的解决,以行政目的为导向,这就为信息社会、风险社会、民营化等背景概念导入行政法学,与行政学衔接提供了接口。此时,“行政的手段、目的与沟通基础在个别的课题上一下子即可轻易描绘出来。同时规制的必要性也比较容易分析,也可以还原到必要的法律规制根据……然而相反地,这种从具体课题出发的方法,如果就把它当作行政法改革的替代的话,便大有问题”。[49] 功能主义发展的另一个极端就是行政法学有可能遁入行政学而无法自拔,此时“政府管制之下的新行政法也就变成了行政学、社会学,目前由一些行政法学者撰写的政府管制论文已经有了这种回到100年前行政学的征兆,也许他们还没有意识到”。[50] 另一方面,规制理论有其固有局限性。正如有学者指出,“政府规制(包括社会学规制和经济性规制)只是政府行政任务中极为有限的部分。其本身在经济学、政府管制学派中有着严格的定义,而不能将所有政府行政任务都泛指为‘政府规制’。这是不严肃的”。[51] 规制只是行政法的一部分,除了规制之外,给付行政、信息行政、诱导行政等也是行政法的重要组成部分。尽管规制理论中也有激励性规制甚至不排除特定情况下的合作,但

---

[48] 胡敏洁:《从“规制治理”到“规制国”》,载《检察日报》2018年11月6日,第3版。

[49] 程明修:《行政行为形式选择自由——以公私协力行为为例》,载台北《月旦法学》2005年第120期。

[50] 于立深:《概念法学和政府管制背景下的新行政法》,载《法学家》2009年第3期。

[51] 朱新力、唐明良:《行政法基础理论改革的基本图谱》,法律出版社2013年版,第3页。

是其视角始终是“管理或制约”,尝试以规制理论来架构整个行政法体系还是显得有些偏狭。例如,在社会政策领域,规制理论由于其适用领域的天然局限性就不足以解释社会政策问题,同时由于中国国情的特殊性,使得任何一个领域的“规制”都可能会沦为一种政府的政策工具,未必会充分考量其原本的目的。厘清哪些可以借助规制理论分析,社会政策分析又与规制理论分析存在何种差异,有助于为社会政策的法律问题研究提供导引。[52] 因此,原来尝试以政府规制理论构建“新行政法”的学者后来逐渐放弃了这一理论构想。[53]

综上所述,在行政知识嵌入行政法学的路径选择上,无论是行政过程论还是政府规制论都是有益的尝试,对于纾缓行政法困境和改良行政法体系都作出了对应的理论贡献。不过,行政过程论虽为整合片段式的行政行为能作形式上的补救,但理论成熟度不足。同时,行政过程只是行政学研究方法上的总体指向,并无获得学科式的体系化发展,行政法学与行政学学科间合作的紧密度和持续性难以获得进一步推进。政府规制论在大陆法系行政法学的导入,确实能够提高行政法解决社会问题的能力,但却存在视野偏狭以及侵蚀概念法学纯度的问题。规制工具只是政府工具或政策工具中的一部分,不能囊括所有的行政行为,在行政学与行政法学的体系对接上是存在缺陷的。

五、最佳嵌入路径:政策导向之行政法学的展开与限度

在行政知识嵌入行政法学的路径选择上,前述行政过程论和政府规制论都只是截取其中的一个面向展开,无法形成闭环,实现体系化对接。由此,问题即已呈现出来:行政学与行政法学在学科对接互动上存在一种体系化的路径吗?诚如有学者指出,“行政法学与行政学得共同讨论之理想图像(指导理念)、建制原则,或甚至进一步建立行政组织、行政行为、行政程序、行政控制(‘行政争讼法’为其中的一部分)等之实质指引”。[54] 要实现这种体系化对

[52] 参见胡敏洁:《规制理论是否足以解释社会政策?》,载《清华法学》2016 年第 3 期。

[53] 例如,原来主张用规制理论架构行政法学体系的朱新力教授等,后来主张以“合法性”与“最佳性”的二维分析结构作为分析框架和思想基础。参见朱新力、唐明良:《行政法基础理论改革的基本图谱》,法律出版社 2013 年版,第 3～4 页。

[54] 翁岳生:《行政法》(上册),中国法制出版社 2009 年版,第 112 页。

接,就要求学科之间在内容体系上存在高度的交叉重叠以及互补性,且学科均已获得成熟发展,具有相互打通的可能性,而作为行政学重要分支学科的政策科学为行政法学与行政学的互动提供了可能的嵌入融合路径。

(一)关于"政策法学"误解的澄清

"法政策学"和"政策法学"在法学研究中并不是新鲜词,但是两者之间的差别却被忽视以致造成误解。法政策学,"顾名思义,它是有关法律制度设计的学问"[55]"无非就是在探讨政策与立法之间互动、互相影响关系"[56],因此,我们可以说,法政策学是一门广义的立法学,是研究如何进行立法设计的学问。

政策法学与法政策学有交叉却不完全相同。政策法学起源于20世纪40年代的政策科学。尽管如前文所述,行政学在自身发展中理论建树严重依赖其他学科,但是发端于政治学而后由政治学界和行政学界共同推进的政策科学,可能是目前为止这两门学科对社会科学最大的理论贡献。"政策科学(政策研究或政策分析)是'二战'后首先在美国兴起的一个跨学科、综合性的新研究领域,它的出现被誉为当代西方社会科学发展过程中的一次'科学革命'(德洛尔、里夫林语)、当代西方政治学的一次'最重大的突破'(国际政治学会主席K.冯贝米语)以及'当代公共行政学的最重要的发展'(罗迪语)。"[57]政策科学带来社会科学研究范式的转变,法学研究受此影响,政策法学应运而生。由于政策科学的基本架构是由政策制定—政策执行—政策反馈等环节组成,与立法—执法—司法的法律运行过程基本一致,因此,以拉斯韦尔、麦克道格尔等为代表的政策科学家用同样的方法分析法律,政策法学派就此产生。[58] 如果说法政策学只是研究立法机制设计的话,那么政策法学的研究范围则拓展到了立法、执法、司法的整个过程。

然而,关于政策法学的误解可能还不止于此。一方面,在对政策法学的

---

[55] 解亘:《法政策学——有关制度设计的学问》,载《环球法律评论》2005年第2期。

[56] 陈铭祥:《立法政策——将政策转化为法律之理论与实践》,载台北《月旦法学杂志》2002年第86期。

[57] 陈振明:《政策科学的"研究纲领"》,载《中国社会科学》1997年第4期。

[58] See Myres S. McDougal, "The Law School of the Future: From Legal Realism to Policy Science in the World Community", *The Yale Law Journal* 56:8, 1947, p.1345–1355; Harold D. Lasswell & Myres S. McDougal, "Criteria for a Theory About Law", *Southern California Law Review* 44:2, 1971, p.362–394.

传统认识上,正如政策法学派的创始人拉斯韦尔和麦克道格尔所描述的那样,政策法学是以政策的视角和方法来研究法律,此时法律成为特定政策目标的工具,这就必然导致具有强烈法治信仰的法律人异常排斥所谓的“政策法学”。不过,面对外界的批判,政策法学派内部也开始发生分化,产生了理念学派和实证学派,经过两大学派的激烈交锋,最终诞生了“新公法学派”。[59] 与传统的政策法学相比,新公法学派更加注重实体正义,法律的应然面和实然面逐渐建立起勾连,政策法学的政策面向和法律面向之间的冲突得到了调和。例如,我们所熟知的斯图尔特教授就是新公法学派的代表。[60] 另一方面,如果放眼整个公共行政学,追求政治、管理和法律价值的平衡已经成为当前公共行政的一种趋势。特别是经过纽博尔德、罗森布鲁姆等行政学者的努力,法律的途径在公共行政研究的地位重新得到确认。[61] 因此,简单地认为政策法学就是纯粹的工具论,是不公允的。

(二)政策导向之行政法学的路径展开

近些年行政法学的研究,[62]特别是“新行政法”,最终的目标就是期望建立一种能够“兼容法解释功能与承担政策目的的制度设计功能的中国行政法学理论体系”。[63] 虽然行政法学与行政学疏离已久,但是,随着公共行政法律路径的再次觉醒,两者的整合与转型再次被重新审视。[64] 在两者的整合和转

---

[59] See William N. Eskridge & Gary Peller, “The New Public Law Movement: Moderation as a Postmodern Cultural Form”, *Michigan Law Review* 89:4, 2011, p. 707 – 791.

[60] 参见[美]理查德·B. 斯图尔特:《美国行政法的重构》,沈岿译,商务印书馆2011年版,第187~204页。

[61] 纽博尔德和罗森布鲁姆两位公共行政学者均重视从法律、政治与管理三种途径对公共行政相关课题开展综合研究。近年最新的研究成果见以下论文:Stephanie P. Newbold, “A Transformative Era: The Roberts Court, Constitutional Interpretation, and Public Administration”, *Administration & Society* 52:6, 2020, p. 862 – 889; David D. Rosenbloom et al., “Madison's Ratchet: Ambition Counteracting Ambition and the Aggregation of Political, Managerial, and Legal Controls Over Federal Administration”, *American Review of Public Administration* 48:6, 2018, p. 495 – 505.

[62] 参见陈爱娥:《行政行为形式—行政任务—行政调控——德国行政法总论改革的轨迹》,载台北《月旦法学》2005年第120期;毛玮:《论行政法的建构性与规范性》,载《现代法学》2010年第3期;沈岿:《监控者与管理者可否合一:行政法学体系转型的基础问题》,载《中国法学》2016年第1期;王贵松:《作为利害调整法的行政法》,载《中国法学》2019年第2期。

[63] 朱芒:《中国行政法学的体系化困境及其突破方向》,载《清华法学》2015年第1期。

[64] 参见廖义铭:《从理性到反思——行政学与行政法基本理论于后现代时期之整合与转型》,载《人文及社会科学集刊》2004年第16卷第4期;郁建兴、向淼:《从分离到整合:公共行政与法律间关系的理论演进与实践变迁》,载《中国行政管理》2016年第8期。

型中,行政学与行政法学都指向政策科学,希望通过政策分析与行政法的结合达到融合发展之目的,政策导向之行政法学也随之被提出。[65]

政策导向之行政法学,顾名思义,是指以政策科学为分析视角,以兼顾法解释与政策调控为功能取向的行政法研究范式。"'由法释义学到政策导向之行政法学',不仅在理论上能够建立政策或法律规划拟订、执行及评估回馈的完整架构,方法上也可以整合政策(治)、管理及法律的研究途径,应用上更得以解决立法、执法与司法运作阶段分割支离的脱节问题,从而在理论与实务方面都具有可行及发展的极大空间,进而对于国内行政法学仍偏重主流释义学的情况也将有所补足周延。"[66]政策在本质上是一种价值的权威性分配。因此,就方法论而言,政策导向之行政法学有利于将公共选择理论、博弈论、机制设计理论等导入行政法,能够将行政法"制定—适用—裁判"运行过程中的各个主体纳入观察范围,对各主体的行为动机进行法社会学分析,展现行政法运作的真实图景,从而"发展一种以人类行为理论为中心的社会科学的行政法学";[67]同时,政策分析以社会问题解决为目标导向,通过科学的机制设计,能够发挥行政法学的社会调控功能。

相较于行政过程论,政策科学已经形成相对完备的知识体系,并且发展成为整个社会科学领域具备较大影响力的基础性学科,政策导向的行政法学具备丰富的知识沉淀。相较于政府规制论,政策分析能够规避单一的规制视角,视野更为开阔,政策工具选择策略上更为灵活,政策导向的行政法学更加适应行政任务取向的行政法学变革。最为关键的是,由于在体系上能够与"立法—执法—司法"形成闭合区间,政策导向之行政法学在行政知识嵌入行政法学的路径中具有整体嵌套性。我们以政策分析的经典框架——史密斯政策执行模型为例作出说明(见图4)。史密斯认为,理想化的政策首先应该满足政策内容是否合法与妥当、政策规定是否具体与可行等条件,影响政策执行成败的关键在于负责政策执行的主体、受公共政策影响的政策对象的特性如何以及政策内外环境的优劣。政策发布后即在社会上产生一种"张力",政策付诸实施以后,政策执行者和受政策影响者,就会感受到这种张力以及

[65] 参见高誓男:《由法释义学到政策导向之行政法学》,台北,元照出版有限公司2018年版。

[66] 高誓男:《由法释义学到政策导向之行政法学》,载《中国行政评论》2016年第22卷第3期。

[67] 包万超:《面向社会科学的行政法学》,载《中国法学》2010年第6期。

由此带来的冲突。如果对张力进行处理以后,运作顺畅,就实现某种制度化,由政策转变为固化的制度。[68] 由此可见,“政策制定—政策执行—政策反馈”与“立法—执法—司法”大致能够形成对应关系。

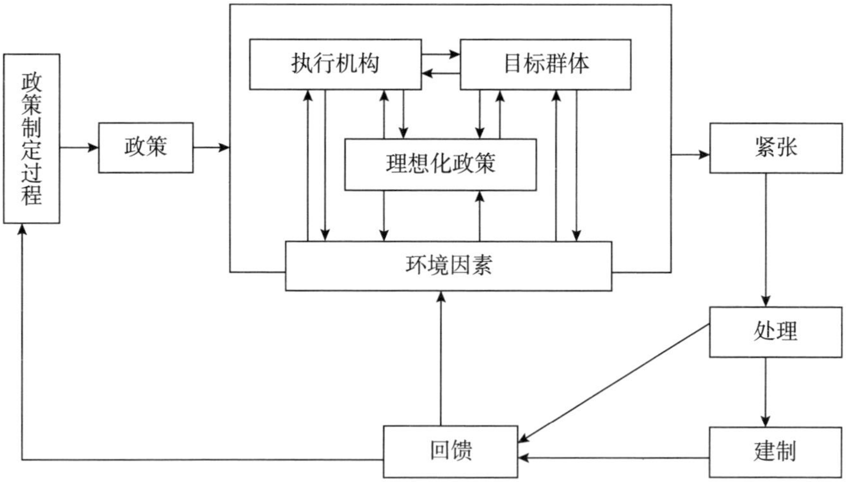

图 4　T. B. 史密斯政策执行模型

就具体的嵌入路径而言,大致可以沿着行政组织—行政行为—行政救济的行政法学学科体系进行对接。首先,在行政组织上,以行政任务为导向,凸显“任务—组织”之间的匹配性。传统行政组织法理论虽然解决了行政职权获得和责任归属问题,但在面对政府机构改革等现实问题时,在话语体系、分析工具等方面显得捉襟见肘。[69] 行政任务的引入,有利于充分利用行政组织学原理对行政组织的职能和结构进行优化设计,进而能够“从管理者角度对其进行类型化,阐明不同类型组织形态的价值、常见领域以及基本的法律规制(如公私法混合规制)”。[70] 其次,在行政行为上,以政策工具作为补充,以弥补单纯行政行为(主要是公法行为)解决问题能力之不足。政策工具“重在行政活动的政策性、功能性分析,注重对行政实务中各种行之有效的手段和

---

[68] See Thomas B. Smith, “The Policy Implementation Process”, *Policy Sciences* 4:2, 1973, p. 197 – 209.

[69] 参见贾圣真:《行政任务视角下的行政组织法学理革新》,载《浙江学刊》2019 年第 1 期。

[70] 沈岿:《监控者与管理者可否合一:行政法学体系转型的基础问题》,载《中国法学》2016 年第 1 期。

措施的整理、归类和制度化”。[71] 由于政策工具以政策目标为导向，在行政手段的创新上具有传统行政法学上行政行为概念无法比拟的优势，众多为完成行政任务而创造出来的政策工具成为提炼行政行为概念的原始“资源库”。[72] 政策工具研究是政策科学的重要分支，关于政策工具的分类以及有效性研究已相对成熟，这为政策工具与行政行为的对接奠定了基础。最后，在行政救济上，不仅政策评估等所具有的行政自制功能可以作为传统司法控制手段的有效补充，而且能够为行政行为的综合评价提供丰富的分析方法。绩效评估的引入，特别是其中的成本效益分析，将使得在考察行政行为时，“不局限于法律上的效率与效益观念，而是全面研究行政的失误（行政的瑕疵）”。[73] 成本收益原则是以行政效能为导向的公共行政学的首要分析原则，通过定量与定性分析、事实与价值分析，行政活动将得到综合评判，进而提高决策科学性，降低决策风险。[74] 总之，政策导向之行政法学，由于具有整体嵌套式对接的优势，能够从政策与法律互动与融合的路径展开行政法问题研究，目前已经展现出其应用价值。[75]

（三）政策导向之行政法学的嵌入限度

政策导向之行政法学的嵌入限度实质上关涉与行政法教义学矛盾的调和。肇始于政策科学的功能主义基因，政策导向之行政法学与行政法的建构性具有内在一致性，但是与行政法教义学的规范性要求却始终存在矛盾。行政法研究方法的创新仍然需要以法教义学为基础，“如果仅强调创新而不以实在法分析为逻辑前提、不以传统行政法学方法论为立足点的话，开放性将是无根基的开放性，将导致方法论的虚无以及本学科的虚无”。[76] 现阶段如果抛弃法教义学立场，我们所倡导的政策导向之行政法学将立刻全盘滑向行政

---

[71] 鲁鹏宇：《法政策学初探——以行政法为参照系》，载《法商研究》2012 年第 4 期。

[72] 刘星：《行政知识如何嵌入行政法教义学——以“行政行为”概念为切入点》，载《法律方法》2019 年第 28 卷第 3 期。

[73] ［德］汉斯·J. 沃尔夫、［德］奥托·巴霍夫、［德］罗尔夫·施托贝尔：《行政法》（第 1 卷），高家伟译，商务印书馆 2002 年版，第 99 页。

[74] 参见郑雅方：《论我国行政法上的成本收益分析原则：理论证成与适用展开》，载《中国法学》2020 年第 2 期。

[75] 参见王东、汪磊：《政府购买养老服务制度中政策与法律的互动与融合——基于法政策学视角的分析》，载《四川师范大学学报（社会科学版）》2021 年第 6 期。

[76] 高秦伟：《反思行政法学的教义立场与方法论学说——阅读〈德国公法史（1800—1914）：国家法学说和行政学〉之后》，载《政法论坛》2008 年第 2 期。

学。因此,政策导向之行政法学的嵌入须立基于法教义学,寻求与行政法教义学的调和,弥补法教义学之缺陷。

首先,政策导向之行政法学可以在概念的凝练上贡献智力支持。法教义学是以概念、规则和原则等为基本要素的法律解释学,概念在法教义学中扮演着关键角色。自奥托·迈耶以“行政行为”构筑行政法学体系以来,为实现控权目的,行政行为的类型化就成为行政法学的主要任务。伴随着新的行政活动方式的涌现,行政行为的类型任务显得异常繁重。然而,按照萨维尼习惯法、学术法和法典法的传统阶段论,行政行为的类型化将是一个异常漫长的沉淀过程。如果坚持将行政行为作为行政法的阿基米德支点,那么围绕行政行为类型化的过程就是对行政实践中的政策工具进行筛选、甄别、归纳与抽象的过程。以传统行政法上的行政行为“行政许可”为例,其概念的形成过程即是对行政实践中的政策工具——特许、认可、核准、登记等方式的整理、归类与抽象过程。由于法教义的严苛化要求,行政法学对新生手段的关注具有一种天然的滞后性,在对新型行政手段的研究上,一般是行政专家先通过某类政策工具概念名称加以提炼,然后才进入行政法学的研究视野。“每一种政府工具都具有某种特征,使其可以得到识别”,⑦这就意味着,政策工具研究往往能够起到“前置”作用,为某类行政活动方式纳入行政法规制提供初级概念定义。现行司法判例中,关于行政行为的扩充性解释往往就是行政活动中政策工具创新所带来的结果。因此,在概念的分类与抽象化过程中,政策导向之行政法学可以提供基础性条件支持。

其次,政策导向之行政法学可以弥补现有法教义学法律论证方法之不足。维持乃至巩固法教义学的主导地位仍是行政法学界的努力方向,毕竟“行政法释义学作为行政法学的核心内容,是行政法学者的安身立命之所在,也是行政法学与公共行政学、经济学、社会学等其他学科对话交流之‘资本’所系。中国行政法释义学体系的建构,仍应是中国行政法学研究的重点甚至重心所在,这一点不应因‘新行政法’的崛起而受到太大的冲击”。⑧ 因此,政策导向之行政法学也必须以法教义学为基础进行演绎。令人欣喜的是,诞生

---

⑦ Lester M. Salamon, *The Tools of Government: A Guide to the New Governance*, Oxford, Oxford University Press, 2002, p. 19.

⑧ 李洪雷:《中国行政法(学)的发展趋势——兼评“新行政法”的兴起》,载《行政法学研究》2014 年第 1 期。

于政策法学的"政策论证"作为一种新的论证方法,相比传统三段论证的涵摄诠释的建构模型可能更为精密。[79] 政策分析者将信息(I)、限定词(Q)、主张(C)、根据(W)、支持(B)与反驳(R)作为基本要素予以勾勒,进而构建起将信息转化为政策主张所遵循的特有路线,形成政策论证的独特模式。目前,政策论证的模式包括来自权威、方法、归纳、分类、直觉、原因、符号、动机、类比、相似案例和伦理等 11 种不同的推理方式,完全可以作为文义解释法、历史解释法、体系解释法、目的解释法、比较解释法等法律解释方法的有效补充,填补制定法的漏洞。特别需要提及的是,政策论证的解释所包含的准则,例如寻找词语、句子和整个论证的隐含意义,区别词语、句子或者论证的表面含义与其在争论者语境中的含义以及观察解释宽容准则等与法教义学存在内在一致性,这种论证方法以传统的法律解释学为基础,易为法律人所接受而转化为内在观点。[80]

最后,政策导向之行政法学可以建构以权利救济为基点的多层次统合分析路径。传统上,我们习惯于以请求权基础为核心的案例分析方法,纯粹从请求权基础的单一视角审视行政法案例,但这样会带来诸多缺失。案例中所呈现的当事人及主张的权利,并不能合理地呈现现实的状况,许多权利受侵害的利害关系人并没有提出诉讼。最为关键的是,案件中所关涉的利益,并不能在诉讼程序中作完整的呈现,许多涉及私权救济的背后是政策层面的问题,从当事人请求权的结构,根本无法探讨这些问题。[81] 质言之,司法判例只能解决个案中的权利义务问题,无法解决个案背后所反映的体制机制问题,而采用"权利与救济—制度与程序—政策与策略"多层次统合分析路径,可以很好地将行政法教义学个案微观分析与行政学的中观、宏观政策分析结合起来,有利于更好地理解规范与事实之间的相互关系。第一层级的分析,以传统行政法所关心的保障相对人权益或者防止行政权力滥用为出发点,特别着重当事人是否因行政主体的违法或者不当行使职权而受到损害,进而探究救济的可能性与途径。第二层级的分析,以当事人主张权利救济背后的相关制

---

[79] 这种判断仅仅是基于笔者的观察和理解,仍有待进一步研究与探讨。

[80] 由于政策论证涉及内容较多,文中未能进一步展开。具体可参考:Dunn W, *Public Policy Analysis: An Introduction*, routledge, 2012, p. 338 ~ 380. 已有学者尝试运用政策论证的模式进行观点解释。参见林子仪等:《宪法:权力分立》,台北,学林出版有限公司 2003 年版,第 317 页。

[81] 参见叶俊荣:《行政法案例分析与研究方法》,台北,三民书局 1999 年版,第 41 页。

度与程序为出发点，超越个人权利救济的格局，从整体制度的内涵与程序，探究事件发展过程中各种权力部门的互动以及事件所以不断发生的背景原因，进而思考制度变革的方向。第三层级的分析，以超越制度层面的考量，探讨案件背后政治系统与民间部门的政策取向与策略思考。[82] 三层级的分析架构，由内到外，层层递进，打通了行政法学与行政学的学科壁垒。

综上所述，政策导向之行政法学的嵌入限度可以描述如下：以法教义学为同心圆的内环，以政策分析为同心圆的外环，分析方法采用由内环向外环延伸的解释模式，同时法教义学不间断从“外环”土壤中汲取养分，以完成概念的抽象任务，弥补传统法律解释方法之不足。由此，也就实现了“规范上的封闭、知识上的开放”。

六、结语

行政学对于行政法学的三重基础性功能在文献引用统计中得以被发现和证实，在某种程度上已经暗含了行政知识嵌入行政法学的方向指引。以行政法学对应急法治的研究为例，行政学对应急突发事件的类型划分为行政机关制定应急处理规则提供了基础性条件，在突发事件的处理方法上既要重视复议、诉讼等传统的行政法手段，也要关注协商谈判、投诉热线等更具弹性的政策工具，并通过预防、预警、应急处置等过程性概念来整合不同阶段的应急措施，将其中涉及的某些行为(例如约谈、违法信息公布等)纳入行政处罚、行政许可、行政征收、行政强制等行政行为概念体系之内进行行政法层面的探讨，在评价行政手段时，除合法性要求外，其在化解危机、维护稳定上的社会政策效果指标也应一并纳入考虑。上述研究进路正是政策导向之行政法学分析方法的体现。本文所倡导的政策导向之行政法学则是以更加体系化的方式展现行政知识嵌入行政法学的可行性，以及平衡行政法的规范性与建构性关系的可能性。

行文最后，仍有遗憾：行政知识为何物？作为一个前提的条件并没有在文中作透彻的阐释说明。行政知识不仅包括行政学所总结的行政理论，而且

---

[82] 参见叶俊荣：《行政法案例分析与研究方法》，台北，三民书局1999年版，第42～50页。

也包括行政实务经验。行政的范围有多广,行政知识的范围就有多广,难以对其进行精准的限定,因此,行政知识是一个模糊性概念。不过,对行政知识进行归类总结却很有必要,因为这能为行政知识更顺畅地嵌入行政法特别是部门行政法奠定基础。“嵌入”一词恰当地表达行政学对于行政法学的基本立场,行政知识对行政法学的补充性改造是以一种渗透的方式进入的。对于如何打通行政学与行政法学之间的关系,政策导向之行政法学下的嵌入路径只是促进两个学科间融合的一次尝试,旨在建立一种交叉研究的“学术自觉”。由于行政法的法学品格必须得到维护,因此,对行政法学而言,行政学始终只能提供外围性质的智力支持。然而,这种外围知识恰是行政法学亟须的养分。正是从这种意义上讲,行政法学未来的研究对行政法学者提出了更高的要求,即不仅要求成为行政法学家,在一定程度上还要成为熟悉行政知识的行政学家。

The Path Choice of Embedding Administrative Knowledge into Administrative Law:

——Introduced with CLSCI Reference Data from 2005 to 2021

Abstract: Faced with the increasingly isolated and closed development dilemma of administrative law, administrative law scholars take the initiative to introduce administrative knowledge to improve the knowledge system of administrative law. However, the basic function of administration has not been clarified and confirmed. In view of the value of bibliography as an important indicator to examine the relationship between disciplines, taking 15 CLSCI journals as samples, this paper makes statistics on the bibliography of administrative science in administrative law articles from 2005 to 2021, and finds and confirms the triple functions of administrative science for administrative law: The function of description and interpretation in the background, pre-integration in the concept and balance in the perspective of research. On the basis of clarifying the main cause of the non-embedding dilemma caused by legal doctrinalism and the difference of disciplinary attributes, the author reflects on the limitations of administrative process theory and government regulation theory. In contrast, policy-oriented administrative law is the best way for administrative knowledge to be embcddcd in administrative law because it has the advantage of overall nesting, can reconcile the contradiction with law doctrine, and realize the systematic embedding of administrative knowledge.

Key words: Administrative Law; Administrative Science; Administrative Knowledge; Administrative Act; Theory of Administrative Process; Theory of Government Regulation

【实务研讨】

清华法律评论(第十一卷第一辑)
第217~231页

动态IP“秒拨”服务提供行为性质之法教义学分析

何　龙*

目　　次

摘　要　实践中将动态IP“秒拨”服务提供行为认定为“提供侵入、非法控制计算机信息系统程序、工具罪”“非法经营罪”“帮助信息网络犯罪活动罪”等的处理模式存在严重缺陷,不可取;共犯处理模式具有一定的合理性,但也存在明显的局限性。动态IP“秒拨”服务提供行为,其本质上是对被提供者信息网络违法犯罪预备行为的帮助,其通过信息网络发布服务信息可以评价为“为他人

* 何龙,中国政法大学刑事司法学院讲师,中国政法大学经济犯罪研究中心研究员,刑法学博士、博士后。

本文得到最高人民检察院理论研究重点课题[GJ2022B11]网络刑事司法与营造数字经济法治环境研究项目以及中国政法大学青年创新团队项目资助。

实施信息网络违法犯罪预备活动”而发布技术支持信息的行为,符合非法利用信息网络罪的行为类型,也契合非法利用信息网络罪的“微罪”属性和“预备行为正犯化”特征,原则上成立非法利用信息网络罪。当例外同时符合以上其他罪名的构成要件时,根据想象竞合的处断原则,成立相应的罪名。

关键词 动态 IP“秒拨” 非法经营 帮助信息网络犯罪活动罪

一、问题意识

在互联网领域,当用户通过电脑或路由器等终端发出宽带连接请求时,服务提供商从宽带接入服务器事先配置好的 IP 地址池中随机为用户分配的一个空闲的 IP 地址,作为用户此次连接的固定 IP。该 IP 地址具有锁定计算机设备的物理位置并识别特定的计算机设备的功能,是互联网行业账号体系 IP 判定安全策略的重要组成部分,对保障互联网防护安全具有重要意义。但近年来,随着网络黑灰产业链的迅速蔓延,通过搭建“秒拨”动态 IP 集群,整合各种 ADSL 动态 IP、服务器线路等,将庞大的网络 IP 资源捆绑后提供给用户使用,用户可以很容易地突破互联网 IP 策略,非正常使用网络。通俗地讲,该技术使原本依靠 IP 地址辨别发送链接请求的计算机是否正常登录进而限制或拒绝其行为而建立起来的网络安全防护策略形同虚设。这就是本文所称的动态 IP“秒拨”服务。

由于动态 IP“秒拨”服务直接洞穿了互联网公司 IP 策略,严重危及国家网络空间安全,有些甚至成为黑产人员实施撞库晒密、爬虫、刷单、诈骗等违法犯罪的帮凶,因此逐渐受到主管机关和司法实务界人士的关注,入罪的呼声越来越高,并且已经出现了大量的入罪判决。但不同于实务界的强烈关注,学术界尚未对此问题展开深入讨论,并且实践中究竟对该行为论以何种罪名,还存在明显的争议。为此,本文在对现有处理模式进行评析的基础上,对动态 IP“秒拨”服务提供行为的实质不法及罪名适用等问题,展开探讨。

二、现有处理模式及不足

本文通过查询“威科先行”案例数据库发现,司法实践中,对动态 IP“秒

拨”服务提供者的行为性质及罪名适用,大致存在以下几种模式:

一是“提供侵入、非法控制计算机信息系统程序、工具罪”模式。该模式是目前司法实践所采取的主要模式,如“米某祥案”。[①] 2014年年底开始,被告人米某祥在互联网上根据客户要求编写实名解异常、支付宝找回、淘宝注册、淘宝足迹添加、淘宝UA算法、修改支付宝密码系列软件,软件具有通过重新拨号更换IP地址的方式绕过支付宝安全防火墙以及发送非常规的网络请求扫描他人支付宝账号实名认证状态的功能。被告人米某祥将软件销售给张某、刘某、吴某等人,非法获利11,000余元。最终,法院以提供侵入、非法控制计算机信息系统程序、工具罪,判处米某祥有期徒刑一年,缓刑二年,并处罚金人民币6000元。从法院判决理由来看,该软件同时具有重新拨号更换IP地址,和扫描他人支付宝账号实名认证的功能,故认定米某祥成立提供侵入、非法控制计算机信息系统程序、工具罪。

二是“非法经营罪”模式。该模式在个别案件中得到采用,如“杨某某案”。[②] 法院查明,杨某某自2013年6月以来,在未取得《电信增值业务许可证》的情况下,两次通过自贡市某通讯有限公司的被告人刘某甲、范某某取得了30个宽带账号,被告人刘某甲、范某某利用工作的职务之便将该30个客户的宽带账号解除绑定,按每个账号设置10至50不等的连接数,供被告人杨某某在淘宝网开设的名为“思源网络科技”的网店上出租,被告人杨某某利用在其家中私设的服务器为用户提供动态IP上网服务(VPS服务),每月收取租金,非法经营数额达12.9万元,获利10万余元。被告人刘某甲、范某某从中收受杨某某给予的好处费11,000元,刘某甲分得5400元,范某某分得5600元。法院认为,杨某某犯非法经营罪,判处有期徒刑一年六个月,缓刑二年,并处罚金100,000元。从法院认定的事实来看,认定杨某某构成非法经营罪的核心事实包括两个:一个是通过网络提供动态IP上网服务,另一个是在家中私自架设服务器,经营VPS服务。显然,后一事实对法院认定杨某某成立非法经营罪起到了决定性的作用。

针对该模式,部分网络公司相关负责人员表示支持,如有人士指出,“秒拨动态IP服务是经营者向用户提供的网络服务,故有必要在非法经营电信业

① 浙江省诸暨市人民法院刑事判决书,(2016)浙0681刑初1102号。

② 四川省荣县人民法院刑事判决书,(2015)荣刑初72号。

务范围内对其加以讨论”“同时,动态秒拨 IP 很多情况下与网络犯罪密切关联,因此有必要将其与下游行为结合起来一并考察”。[③] 显然,在论者看来,动态 IP“秒拨”服务提供者原则上构成电信业务类的非法经营罪,当其行为同时和下游犯罪相结合时,一定条件下可以构成下游犯罪的共犯。

三是“帮助信息网络犯罪活动罪”模式。最高人民法院相关人士提出,动态 IP“秒拨”服务提供者应当构成帮助信息网络犯罪活动罪,其理由是,“为犯罪提供动态 IP 服务的行为,属于网络犯罪的帮助行为,在《刑法修正案九》颁布实施之后,该种帮助行为即被正犯化,除想象竞合犯的场合外,对其使用‘帮助信息网络犯罪活动罪’处理是可取的”。[④] 根据该观点,动态 IP“秒拨”服务提供行为构成犯罪,不以被帮助者即下游犯罪的成立为前提,其提供行为本身就具有独立的违法性;换言之,其提供行为虽具有帮助性,但已经被正犯化。

除了上述实践做法,有学者补充提出了第四种处理模式:“共犯处理模式”。针对前述三种模式均从动态 IP“秒拨”服务提供者提供行为本身来寻找违法性根据,成立单独正犯的做法,有观点提出,动态 IP“秒拨”服务本身是对他人“实施侵入、非法控制计算机信息的违法犯罪行为而提供的程序、工具”,当服务提供者不仅明知被提供者实施上述违法犯罪行为,满足《刑法》第 285 条第 3 款后半段“明知他人实施侵入、非法控制计算机信息系统的违法犯罪行为而为其提供程序、工具”的规定,情节严重,并且同时符合刑法总则中关于共同犯罪的成立条件时,可能成立提供侵入、非法控制计算机信息系统程序、工具罪。[⑤] 显然,该模式认为动态 IP“秒拨”服务提供行为不具有独立的违法性,其违法性从属于被提供者利用该服务所实施的行为是否属于“侵入、非法控制计算机信息系统的违法犯罪行为”。

上述四种模式基本涵括了当前实务界对动态 IP“秒拨”服务提供行为的所有处理模式。本文认为,前三种模式均存在明显不足和严重缺陷,“模式四”(为表述简练,后文将上述四种模式依次称为“模式一”“模式二”“模式

---

③ 门美子:《提供动态 IP 服务的行为定性》,载《中国检察官》2019 年第 3 期。

④ 劳娃:《为犯罪提供动态 IP 服务行为的刑法定性研究——兼及帮助信息网络犯罪活动罪的适用》,载《中国检察官》2019 年第 3 期。

⑤ 参见邓矜婷:《“秒拨”动态 IP 切换技术的性质评析》,载《中国检察官》2019 年第 3 期;邓矜婷:《网络空间中犯罪帮助行为的类型化——来自司法判决的启发》,载《法学研究》2019 年第 5 期。

三”“模式四”)具有一定的合理性,但是也存在明显的局限。具体如下:

“模式一”的主要不足在于:第一,与动态IP“秒拨”技术的核心特征不符。动态IP“秒拨”技术最核心的特征在于,通过IP地址的“秒级跳变”,使互联网通过相对固定IP地址锁定计算机,进而限制其登录的策略归于失败,从而使得原本需要侵入或非法控制计算机系统方可获取的数据或信息,现在“无须侵入或非法控制”即可获得。以黑产人员批量验证密码有效性为例,当黑产人员非法取得他人大量的QQ账号和密码后,为验证账号密码的有效性,其利用他人提供的动态IP“秒拨”技术,通过“秒拨”或IP自动快速切换,短时间内即可过滤和确认其中有效的账号和密码,而这些信息本都是存储在互联网计算机系统中,需要进入后才能获得的。换言之,相对于侵入系统直接获取信息,动态IP“秒拨”技术无须侵入系统即可获取信息的间接性,才是其突破互联网IP策略“突破”之所在。因此,将动态IP“秒拨”技术理解为“侵入、非法控制计算机信息系统”的程序或工具,存在明显错误。第二,将提供动态IP“秒拨”技术一律评价为侵入、非法控制计算机信息系统罪的帮助行为,存在明显的评价不足。实践中,被提供者利用动态IP“秒拨”技术所实施的违法犯罪行为,除了侵入、非法控制计算机信息系统相关违法犯罪之外,不可避免还会存在其他相关的违法犯罪行为。如果认为服务提供者只构成提供侵入、非法控制计算机信息系统程序、工具罪,那为其他类型犯罪提供动态IP“秒拨”技术帮助的行为,则无法予以评价。

“模式二”的不足则更为明显。将动态IP“秒拨”技术提供行为认定为“电信业务”类的非法经营罪,首先必须解决的前提问题是,该行为是否属于“电信业务”?对此不无争议。支持者的理由是,“从表面上看,行为人提供的只是IP地址,但从实质上看,行为人是向用户提供了该用户本来无法接入的多条线路连接(本来只能接入一条,且无法接入不属于自己所在地理位置的线路)……行为人提供的动态IP‘秒拨’服务,使得用户能够连接上更多本来无法连接的,且仅应由运营商提供的线路,因此可以理解为提供了一种‘从有到多’的互联网接入服务。在此基础上,该种业务类型符合《电信业务目录》B14列举的互联网接入的电信增值业务”。[⑥] 而反对者的理由是,“虽然我国的电信条例是有关电信业务的行政法规,但是根据2016年新修订的该条例

⑥ 门美子:《提供动态IP服务的行为定性》,载《中国检察官》2019年第3期。

第2条和第8条,及其所附的电信业务分类目录(2015年版),IP地址的分配不属于其中规定的电信业务”。[7] 可见,支持者看重的是IP地址的实际功效,而反对者看重的是IP地址的形式意义。

对此,本文认为,不应以IP地址分配行为的实质判断取代形式判断,使原本没有被规定为电信业务的情形,被评价为电信业务,否则无异于类推解释,严重违反罪刑法定原则。况且,退一步讲,即使存在将IP地址分配认定为电信业务的可能,对其违反行为,在目前尚无相关前置法作出明确规定,并且司法实践中相关主管机关也持谨慎态度的情况下,直接将其拔高评价为非法经营罪,也与刑法的谦抑性原则,以及法秩序统一性原理明显抵触。[8] 此外,该模式下,也难免过于加重动态IP“秒拨”技术提供者的刑事责任。根据论者的观点,提供者即销售者销售该技术软件的行为已经成立非法经营罪,如果其同时还明知被提供者即购买者使用该软件是用于下游犯罪,则同时成立下游犯罪的共犯。这意味着行为人此时实施了数个行为,成立数个犯罪,将数罪并罚。而这将难以避免出现软件提供者作为帮助犯的刑事责任重于被提供者作为正犯的刑事责任的不合理现象。例如,明知他人实施侵入、非法控制计算机信息系统违法犯罪行为而向其出售动态IP“秒拨”软件,由于他人即购买者构成非法获取、非法控制计算机信息系统罪,提供者构成非法经营罪和提供侵入、非法控制计算机信息系统程序、工具罪(两罪应当数罪并罚),其中提供侵入、非法控制计算机信息系统程序、工具罪与被帮助者所构成的犯罪法定刑完全相同,再加上非法经营罪的法定刑又远高于提供侵入、非法控制计算机信息系统程序、工具罪的法定刑,此时服务提供者的刑事责任将远远重于直接实施计算机信息系统犯罪的服务购买者的刑事责任,明显有失公允。况且,目前以非法经营罪处理的案件中(如陈某某案),[9]存在一个共性就是,行为人的行为均并非单纯的提供动态IP“秒拨”服务,而是同时伴有私自架设服务器,经营互联网接入业务牟利的行为,而这是法院认定成立非法经营罪的重要根据。因此,从法院的判决结论并不能当然得出单纯提供动态IP“秒拨”行为就属于非法经营电信业务,成立非法经营罪的结论。

---

[7] 邓矜婷:《“秒拨”动态IP切换技术的性质评析》,载《中国检察官》2019年第3期。

[8] 参见吕晓华、黄海:《为犯罪提供技术帮助的行为分析——以为犯罪提供“秒拨”动态IP服务为视角》,载《中国检察官》2019年第3期。

[9] 参见湖南省郴州市北湖区人民法院刑事判决书,(2018)湘1002刑初268号。

“模式三”的不足之处，主要在于其不符合帮助信息网络犯罪活动罪的构成要件。根据《刑法》第 287 条之二的规定，帮助信息网络犯罪活动罪的成立，除了要求客观上提供行为与下游信息网络犯罪之间存在因果关系外，还要求帮助者在主观上必须“明知”他人利用信息网络实施犯罪，实践中，动态 IP“秒拨”服务的提供者往往并不知道被提供者即下游黑灰产人员使用该软件的具体用途，认定“明知”存在困难。另外，本罪的成立以被帮助者实施的下游行为属于犯罪为前提，而这里的犯罪是指构成要件意义上的犯罪，还是同时具有违法和责任的犯罪，并不清楚，如果理解为同时具有违法和责任层面的犯罪，则容易不当限缩本罪的成立范围。

相对于以上几种模式，“模式四”具有一定的合理性，但也存在明显的不足。如上，动态 IP“秒拨”服务的本质在于 IP 地址分配。原本互联网公司掌握着 IP 地址的分配权，以实时判定用户计算机地址和访问、登录是否异常，但由于用户使用了动态 IP“秒拨”技术，使互联网公司的安全判定体系失效。不可否认，使用该服务而实施的行为，对国家网络安全形成巨大风险，对相关网络犯罪的侦查造成极大阻碍。但一个不容忽视的事实是，我国目前尚未将侵害 IP 地址分配权的行为纳入刑事规制体系，这使得从侵害 IP 地址的角度追究服务提供者的刑事责任的做法行不通。因此，尝试从对下游黑灰产人员违法犯罪提供帮助的角度寻找其不法根据，就成为一种可能的尝试。但是，正如在“模式一”中所指出的那样，将可能成立被提供者共同犯罪的情形统一在提供侵入、非法控制计算机信息系统程序、工具罪一罪之下，又难以避免类似于“模式一”所存在的问题。换言之，“模式一”中存在的问题，在“模式四”中同样存在，这里不再赘述。而且，提供动态 IP“秒拨”服务的场合，真正成为问题的是，大量案件中提供者对下游网络违法犯罪难以认定存在“明知”，要肯定其成立共同犯罪，无疑也存在困难。

综上，诚然动态 IP“秒拨”服务对网络黑产人员实施下游网络违法犯罪提供了便利，甚至其社会危害性已经超过网络违法犯罪本身，但即便如此，从罪刑法定原则的角度出发，以上处理模式均无法得出妥当的结论，对实践中真正存在争议的案件类型无法评价。因此，有必要反思我国当前信息网络犯罪的现有立法规制体系和司法操作模式，探寻更为妥当、可行的解决方案。

三、动态 IP“秒拨”服务和帮助信息网络犯罪

(一)帮助信息网络犯罪的现有规制体系

动态 IP“秒拨”服务作为网络黑灰产人员黑灰产业链的重要一环,对黑灰产业尤其是信息网络违法犯罪行为的实施,起到了关键作用。但由于这种对违法犯罪的帮助,呈现“一对多”“被帮助者无法或难以查实”“帮助者和被帮助者无共同犯罪故意”等一系列新型特征,通过传统共犯理论来追究帮助者的刑事责任面临巨大挑战。为此,自《刑法修正案七》以来,立法机关逐步建立了相对完善的罪名体系,力求全面惩治和预防此类行为。但同时不得不承认的是,由于实践操作的缘故,现有规制体系并未充分发挥其效力,导致很多案件在处理上存在明显的错误,甚至导致了处罚漏洞。

从我国现有的立法来看,基本上可以把帮助信息网络犯罪行为的规制体系总结为“两种路径、三个罪名”。所谓“两种路径”,是指共犯路径和正犯路径,前者是帮助行为入罪的传统适用方式,后者是当下“帮助行为正犯化”立法、司法潮流下受到大力提倡的新型入罪方式。而“三个罪名”则特指《刑法修正案七》新增加的“提供侵入、非法控制计算机信息系统程序、工具罪”(第285条第3款)和《刑法修正案九》新增设的“非法利用信息网络罪”(第287条之一)以及“帮助信息网络犯罪活动罪”(第287条之二)。其中,提供侵入、非法控制计算机信息系统程序、工具罪属于帮助行为正犯化的典型体现,提供者成立本罪不依附于被提供者是否以及如何实施侵入或非法控制计算机信息系统,其提供行为本身“情节严重时”,本罪即可成立。同理,非法利用信息网络罪的成立,亦不要求具体实施“下游”违法犯罪的人员实施了信息网络所发布的相关违法犯罪行为,设立相关违法犯罪的网站、通讯群组或发布相关违法犯罪信息等“利用信息网络”行为本身“情节严重”的,本罪即可成立。然而,帮助信息网络犯罪活动罪的成立则完全不同,其不仅要求帮助者实施了“提供互联网接入、服务器托管、网络存储、通讯传输等技术支持,或者提供广告推广、支付结算等帮助”行为,更要求被帮助者利用上述帮助实施了信息网络犯罪,换言之,帮助者要依附于被帮助者的行为,要满足共犯从属性的基本要求,才可能成立本罪。因此,可以说,前两个罪名采取的是正犯路

径,而第三个罪名采取的是共犯路径。

一般来讲,不管选择何种路径,适用何种罪名,对时下常发的案件类型都能有效应对。具体到动态 IP“秒拨”服务技术的提供者,根据其具体行为类型的不同,均可能分别或同时触犯以上多个罪名。例如,当所提供的 IP“秒拨”软件本身即具有侵入或控制计算机系统的功能时,该行为就可以评价为“提供侵入、非法控制计算机信息系统程序、工具”,进而成立该罪;如果有证据证明,软件提供者明知被提供者利用信息网络实施犯罪而仍然提供,则同时又可能被评价为“帮助信息网络犯罪活动”行为,涉嫌成立帮助信息网络犯罪活动罪;进一步,如果提供者提供服务是利用信息网络发布其所提供的服务,该服务可用于实施诈骗等违法犯罪,则甚至可能还构成非法利用信息网络罪。由此可见,似乎现有的规制体系已经可以涵摄动态 IP“秒拨”服务技术提供的各种可能的情形,但实际效果却并非如此。例如,提供侵入、非法控制计算机信息系统罪的成立,以软件本身具有侵入或非法控制计算机信息系统功能为前提,当软件不具备该功能时,则本罪不存在适用的可能。而在动态 IP“秒拨”软件提供争议案件中,绝大多数情况下软件只具有自动“秒拨”IP 的功能,而不具有侵入甚至控制计算机信息系统的功能,因而无法成立提供侵入、非法控制计算机信息系统罪。又如,虽然提供软件的行为可能被评价为帮助信息网络犯罪活动,但由于该罪的成立以提供者主观上“明知他人利用信息网络实施犯罪为前提”,对提供者的主观认知有较高的要求,而实践中大量存在 IP“秒拨”服务提供者对下游黑灰产人员是否实施以及如何实施信息网络犯罪,难以或根本无法认定存在“明知”的情形,此时成立帮助信息网络犯罪活动罪遇到困难。对此,虽有观点提出,可以通过将“明知”扩张解释为“推定明知”的方法,灵活适用帮助信息网络犯罪活动罪。⑩ 但这种做法,无异于“明知”事实存疑,却假借“推定明知”认定“明知”事实成立,明显违反事实存疑时作有利于被告人解释的基本原则。

因此,从这个角度来说,对于绝大多数的 IP“秒拨”服务提供行为,尚无法通过提供侵入、非法控制计算机信息系统程序、工具罪和帮助信息网络犯罪活动罪两个罪名进行有效规制。此时,非法利用信息网络罪是可以重点考虑适用的一个罪名。

---

⑩ 参见郭玮:《累积犯视域下网络恶意注册行为的规制》,载《法学杂志》2020 年第 1 期。

(二)另一种模式:非法利用信息网络罪

在本文看来,相比于前述两个罪名,以非法利用信息网络罪规制 IP“秒拨”服务提供行为,具有以下明显优势:

首先,行为类型符合绝大多数 IP“秒拨”服务提供行为的普遍情形。如上,IP“秒拨”服务提供可能发生在传统的“一对一”场合,此时认定提供者是否存在“明知”难度相对较小,但更多的场合是“一对多”,主观“明知”难以甚至无法认定,查实下游黑灰产业又不大现实。因此,追究提供者的刑事责任,不要求其对下游行为“明知”,只要其行为本身客观上符合非法利用信息网络罪的行为类型,即可构成本罪。进一步而言,提供 IP“秒拨”服务,形式上看只是单纯地分配 IP 地址,但作用在于为网络黑灰产人员发展黑灰产业提供技术支持,只不过其提供技术支持的具体方式表现为发布“该软件具有自动‘秒拨’IP 功能”的信息。具体来讲,《刑法》第 287 条之一第 1 款第 3 项所规定的“为实施诈骗等违法犯罪活动发布信息”,其中的“为……发布信息”,既包括“为自己……”而发布,也包括“为他人……”而发布,而“为他人……”而发布又同时包括“为他人……”发布由“他人”实施的违法犯罪的相关信息,也包括“为他人……”发布针对该“他人”提供技术支持的信息。从这个角度来说,IP“秒拨”服务提供行为正符合后一种行为类型。

其次,行为性质符合本罪预备犯的帮助犯属性。IP“秒拨”服务是对下游网络黑灰产行为的帮助,这一点基本达成一致。但在本文看来,不同于正犯帮助,其更多表现为预备犯的帮助。换言之,IP“秒拨”软件的制作和提供,其本身不会对网络安全及秩序造成破坏,真正对网络安全及秩序造成破坏的,是下游黑灰产人员使用该软件实施的黑灰产行为。对此可能存在两种情况:一是下游人员使用软件行为本身就构成犯罪,此时提供者成立帮助犯(包括正犯化的帮助犯)。如在“米某祥案”中,米某祥开发的软件,不仅具有普通的自动重新拨号、更换 IP 地址以避开支付宝安全防火墙的功能,同时还具有“扫描他人支付宝账号实名认证状态的功能”,显然,该功能以先行侵入他人计算机信息系统为前提,软件本身就具有侵入或非法控制计算机信息系统的功能,因此法院对服务提供者以提供侵入、非法控制计算机信息系统程序、工具罪定罪,是正确的。二是下游人员使用软件的行为本身并不构成犯罪,而只是下一步违法犯罪的准备行为,此时软件提供者的帮助充其量只是下游人员预备犯的帮助犯。实践中,占 IP“秒拨”软件使用行为大多情形的是,下游人员使用软件只是为了撞库、晒密等，而该行为只是其以后继续实施诈骗等网络犯罪的预备行为。此时，IP“秒拨”软件提供行为充其量只是对下游黑产人员网络犯罪预备行为的帮助，成立预备犯的帮助犯。而非法利用信息网络罪实质就是对网络犯罪预备行为独立入罪，实现预备行为实行化。[11] 二者完全吻合。

再次，如此一来，既能最大限度简化证明标准、避免处罚漏洞，又能保证坚守罪刑法定原则。如上，相比于其他犯罪而言，对动态 IP“秒拨”服务提供者以非法利用信息网络罪定罪处罚，主观上无须其对下游黑灰产人员的行为存在“明知”，从提供行为本身的客观属性即可推知其主观故意，这无疑大大降低了主观责任的认定难度。并且，由于本罪法定刑为“三年以下有期徒刑或者拘役，并处或者单处罚金”，属于典型的微罪，将其作为规制此类行为的兜底罪名，不必担心刑罚的过度化。此外更为重要的是，如此适用，不至于以牺牲罪刑法定原则为代价。如上，提供动态 IP“秒拨”服务的普遍情形表现为该软件本身不具有侵入、控制计算机信息系统的功能，不符合提供侵入、非法控制计算机信息系统程序、工具罪的实行行为类型；同时，适用帮助信息网络犯罪活动罪，又往往不得不降低甚至牺牲提供者“明知”的认定标准，这既不符合法条的明文规定，也与责任主义原则相违背。正如陈兴良教授所指出的，“即使是在网络社会，罪刑法定原则仍然应该是不可逾越的藩篱”。[12] 因此，打击帮助信息网络犯罪行为，仍然必须在刑法现有规定范围内，对涉嫌罪名的构成要件作出不偏不倚的解释。在本文看来，对 IP“秒拨”软件提供行为以非法利用信息网络罪定罪处罚，完全符合该罪的构成要件。具体而言，一般情况下，软件本身并不具有侵入或非法控制计算机信息系统的功能，而只具有自动拨号、快速更换 IP 地址以逃避服务器限制登录或访问的功能，而该功能的发挥往往客观上蕴含了传授犯罪方法或为他人实施信息网络违法犯罪提供帮助的重要信息。而且，IP“秒拨”服务主要的服务对象就是下游黑灰产业人员，属于典型的“为他人实施诈骗等”行为而提供的帮助。此外，由于信息网络犯罪中黑灰产业的业态复杂，既包括已经涉嫌犯罪的行为，更包括大量的可能尚未构成违法犯罪的普通违法行为，对这些行为提供帮助的软件

---

⑪ 参见喻海松：《网络犯罪二十讲》，法律出版社 2018 年版，第 95 页。

⑫ 陈兴良：《网络犯罪的刑法应对》，载《中国法律评论》2020 年第 1 期。

提供者,唯有通过非法利用信息网络罪才能得到妥当规制。

(三)具体适用

从实践来看,对动态IP"秒拨"服务的提供者更倾向于以提供侵入、非法控制计算机信息系统程序、工具罪和非法经营罪定罪处罚,而鲜有适用非法利用信息网络罪的案例。但正如上所述,本文认为应当以非法利用信息网络罪作为规制此类行为的一般性罪名或兜底性罪名,扩大该罪的司法适用。同时必须注意的是,虽然原则上成立非法利用信息网络罪,但并不当然最终以非法利用信息网络罪定罪处罚,而是必须综合个案的具体情况,根据提供侵入、非法控制计算机信息系统程序、工具罪,帮助信息网络犯罪活动罪和非法利用信息网络罪三罪之间的关系,来选择最终适用的罪名。

相对于非法利用信息网络罪属于"一般罪名",具有兜底性,提供侵入、非法控制计算机信息系统程序、工具罪和帮助信息网络犯罪活动罪属于"特殊罪名",具有特殊性。具体而言,提供侵入、非法控制计算机信息系统程序、工具罪的特殊性在于犯罪对象仅限于计算机信息系统,要求所提供的程序或工具具有"侵入性",而帮助信息网络犯罪活动罪的特殊性在于以被帮助对象即下游人员所实施的行为符合刑法分则所规定的犯罪行为类型为前提,而不包括不符合构成要件行为类型的普通违法行为。因此,当动态IP"秒拨"服务提供行为的犯罪对象或被帮助对象符合提供侵入、非法控制计算机信息系统程序、工具罪和帮助信息网络犯罪活动罪的特殊要件时,该行为同时构成以上三个罪名,按照法条竞合从一重处断原则定罪处罚即可。例如,在"米某祥案"案中,米某祥开发的软件,不仅具有通过重新拨号更换IP地址的方式绕过支付宝安全防火墙以及发送非常规的网络请求的功能,关键还具有扫描他人支付宝账号实名认证状态的功能。而"扫描他人支付宝账号实名认证状态"属于典型的侵入他人计算机信息系统、非法获取他人信息的行为。此时,米某祥的行为在客观上同时符合以上三罪的行为要件,假设其主观上也具备"明知"要件时,则同时成立以上三个罪名,最终应当以提供侵入、非法控制计算机信息系统程序、工具罪定罪处罚。

相反,如果不符合其他犯罪的构成要件,则只能成立非法利用信息网络犯罪。同时,当下游行为人实施的行为形式上不属于社会危害性层面的不法类型时,软件提供者则不构成非法利用信息网络罪。成立非法利用信息网络罪,以"为实施……违法犯罪活动发布信息"为要件。这里的"违法犯罪活动”如何理解存在争议,一种观点采文义解释方法,认为既包括犯罪活动,也包括普通违法活动;另一种观点采取限制解释方法,认为仅限于犯罪活动,“为实施一般违法活动而发布信息的,不应当以犯罪论处。否则,就破坏了法秩序的统一性”。⑬ 本文认为,从本罪乃“预备行为正犯化”的立法背景来看,这里的“违法犯罪活动”,既包括犯罪活动,也包括虽不构成犯罪但形式上符合犯罪构成要件的普通违法活动。换言之,这里的“违法”并不是泛指所有的违法行为,而只限定于虽不构成犯罪但形式上符合犯罪构成要件的行为。例如,通过信息网络为自己或他人发布招嫖信息的,“招嫖”形式上符合介绍卖淫罪的构成要件,当不满足相关司法解释或规定所要求的数量或情节要求而不构成介绍卖淫罪时,信息发布者也可能构成非法利用信息网络罪。

相反,诸如为以下违法行为发布信息的行为,不构成非法利用信息网络罪:

1.“翻墙”浏览域外网站的。以“郑某霞案”为例,被告人郑某霞通过网络从上游“总代理”处购买 IP 代理账户(翻墙软件账户 vpn),该软件让客户使用后可以切换、改变计算机或移动终端的 IP 地址,实现翻墙目的,自由访问我国大陆地区 IP 地址无法访问的网站。法院认为,被告人郑某霞违反国家有关规定,提供专门用于侵入、非法控制计算机信息系统的程序,情节特别严重,其行为已构成提供侵入、非法控制计算机信息系统的程序、工具罪。⑭ 这一判决结论值得商榷。国务院《计算机信息网络国际联网管理暂行规定》(1997 年)第 6 条规定:“计算机信息网络直接进行国际联网,必须使用邮电部国家公用电信网提供的国际出入口信道。任何单位和个人不得自行建立或者使用其他信道进行国际联网。”同时,第 14 条规定:“违反本规定第六条、第八条和第十条的规定的,由公安机关责令停止联网,给予警告,可以并处15,000 元以下的罚款;有违法所得的,没收违法所得。”据此,客户使用“翻墙”软件浏览域外网站本身只违反了上述行政法规,刑法对此类行为并无作出规制。因此,为他人“翻墙”浏览域外网站提供动态 IP 秒“拨付”服务的,不构成非法利用信息网络罪。不过,如果“客户”在浏览域外网站之余,还利用域外网站实施发布诸如虚假暴恐信息或其他虚假信息等行为的,由于其已经

---

⑬ 张明楷:《刑法学》(第 6 版),法律出版社 2021 年版,第 1381 页。

⑭ 参见福建省大田县人民法院刑事判决书,(2019)闽 0425 刑初 150 号。

触犯我国《刑法》第291条之一的规定,构成编造、故意传播虚假恐怖信息罪或编造、故意传播虚假信息罪,因此软件提供者通过网络发布软件销售或服务信息的行为,则例外成立非法利用信息网络罪。

2. 网络"抢购"的。以"任某平、张某制作、销售抢购软件案"为例。[15] 被告人任某平、张某开发针对天猫网的"黑米天猫抢购软件",并在其设立的"黑米抢购软件官方网站"出售;通过出售该软件,赚取买家抢购成功商品部分差价的方式非法获利11万元。经鉴定,该软件为恶意程序,具有"……通过重新拨号更换TP地址以绕过淘宝安全防火墙对同一TP地址不能频繁发送网络请求的限制"的功能。法院最终以提供专门用于侵入、非法控制计算机信息系统的程序、工具罪,对被告人任某平、张某定罪处罚。根据本文立场,这一判决结论同样存在疑问。形式上,正如鉴定所显示,其功能在于"绕过防火墙",而无须"侵入、控制计算机信息系统",不符合提供专门用于侵入、非法控制计算机信息系统的程序、工具罪的构成要件。实质上,买家通过抢购软件线上抢购商品,其本质在于利用卖家制定的抢购规则,通过频繁切换IP地址,达到重复使用自己账号抢购,挤占、剥夺其他买家购买机会的目的。故而,其本质上只是"规则用尽"行为,不属于刑法规制的对象,因此被告人任某平、张某提供软件的行为,并不成立提供专门用于侵入、非法控制计算机信息系统的程序、工具罪。

四、结语

信息网络时代,网络黑灰产违法犯罪态势令人担忧,其中动态IP"秒拨"技术服务发挥了重要作用。为了有效遏制黑灰产业发展,在打击信息网络犯罪过程中,必须贯彻"打早打小"的治理策略,强调源头治理,提早介入,对无法或难以查实下游黑灰产人员违法犯罪行为时,充分运用非法利用信息网络罪的"微罪"属性和预备行为正犯化的"兜底"功能,扩大其罪名适用比例,唯有如此,才能严密刑事法网,有效打击和震慑此类帮助信息网络违法犯罪的行为。

---

[15] 参见山西省太原市迎泽区人民法院刑事判决书,(2017)晋0106刑初583号。

Inspecting the Nature of Dynamic IP“Second Dial” Service Provision Technology with the Legal Dogmatic Theory

Abstract: In practice, the dynamic IP “second dialing” service provision behavior is identified as “the crime of providing intrusion, illegally controlling computer information system programs and tools”, “the crime of illegal operation” and “the crime of helping information network criminal activities”, which have serious defects and are not desirable. The mode of accomplice has certain rationality, but also has obvious limitations. The dynamic IP “second dialing” service provision behavior is essentially to help the provided information network crime preparation behavior. Its service information release through the information network can be evaluated as the behavior of releasing technical support information for “implementing information network crime preparation activities for others”, which is in line with the behavior type of illegal use of information network crime, and also conforms to the “petty misdemeanor” attribute of the crime of illegal use of information network and the characteristics of “perpetration of preparatory acts”, and establishes the crime of illegal use of information network in principle. When it meets the constitutive requirements of the above other charges exceptionally, establish the corresponding crime according to the principle of imaginative concurrence.

Key words: Dynamic IP “Second Dialing”; Illegal Business; Illegal Use of Information Network Crime Petty Misdemeanor

清华法律评论(第十一卷第一辑)
第232~255页

美国长臂管辖对中国涉外企业的影响与应对研究

——以TikTok为例

李佳凝　韩　璐*

目　次

摘　要　中美经贸摩擦以来,美国长臂管辖政策受到越来越多的关注。随着法律实践的发展,长臂管辖的研究范畴已经从法学扩展至国际政治领域,更有与经济、金融等学科交叉的趋势。法学研究和国际政治研究为长臂管辖提供了不同的路径,这在影响与应对研究中是相辅相成

* 李佳凝(1994~),女,北京大学国际关系学院博士生,研究方向:中美关系,Institute of the Americas University College London。

通讯作者:韩璐(1990~),女,讲师,硕士生导师,研究方向:全球数字治理、数字经济法律规制,北京工商大学国际经管学院国际商务管理系,100048。

的，但仍有进一步融合的空间。在 TikTok 案例中，禁止令存在违反美国法的问题，长臂法规的合法性也不能完全保证。这一案例显示出长臂管辖聚焦负面认知、指向性明显和政治化加剧的特征，其影响涉及企业、国家等多个层面。在长臂管辖的应对上，当前的应对措施已经涵盖了不同主体，但目前的应对策略仍有较大提升空间。据此，本文提出了一个提高各方对长臂管辖问题的认识和应对能力、强化各主体之间应对长臂管辖问题的合作机制的多层次、多主体、多角度的立体解决途径的初步方案。

关键词 长臂管辖 经济制裁 中美关系 贸易摩擦

长臂管辖是美国服务其国家利益的有力工具，美国多次利用这一政策制裁中国涉外企业。2020 年 8 月，美国总统行政办公室（Executive Office of the President）发布第 13942 号行政令，①禁止受美国司法管辖的任何人或企业与 TikTok 母公司字节跳动及有利益关联的公司进行任何交易。这是美国继制裁中兴、②要求引渡孟晚舟③之后，再一次开展针对中国高新技术行业企业的长臂管辖行动。截至目前，有关 TikTok 的一系列法律行动已暂告一段落，但中国涉外企业面临的制裁风险仍然存在，研究此种风险及其应对是当前维护国家利益、保护企业权利的重要课题。

一、长臂管辖的研究分野——法学与国际政治的视角

长臂管辖（Long-arm Jurisdiction）是美国法中域外管辖的一种，按照《法

① See Executive Office of the President, *Addressing the Threat Posed by TikTok, and Taking Additional Steps to Address the National Emergency with Respect to the Information and Communications Technology and Services Supply Chain*, Accessed April 27, 2021. https://www.federalregister.gov/documents/2020/08/11 /2020 – 17699/addressing-the-threat-posed-by-tiktok-and-taking-additional-steps-to-address-the-national-emergency.

② See U. S. Department of Commerce, *Secretary Ross Announces Activation of ZTE Denial Order in Response to Repeated False Statements to the U. S. Government*, Accessed January 18, 2021. https://www.commerce.gov/news/press-releases/2018/04/secretary-ross-announces-activation-zte-denial-order-response-repeated.

③ See Department of Justice Canada, *Extradition in Canada*, Accessed January 18, 2021. https://www.canada.ca/en/department-justice/news/2018/12/extradition-in-canada.html.

学大词典》中的解释:"如果被告有意地在法院地作出产生责任的行为,并有权依据法院地法律取得权利或利益时,法院就对由该行为引起的诉讼拥有管辖权。开始时,用于法院对人的管辖权可以及于本州以外的外州人,主要用于交易行为和侵权行为。后来,不仅适用于美国州际之间诉讼,也扩大到国际上,包括对外国国民的长臂管辖。"从定义中可知,长臂管辖既是法律制度,也是一项可以在国家战略中加以运用的法律政策。随着法律实践的发展,其研究范畴已从法学扩展至国际政治领域,并有涉及经济、金融等学科研究的趋势。

(一)长臂管辖的研究发展

长臂管辖发源于美国复杂的司法系统所带来的管辖问题。在联邦制的框架下,各州独立的司法系统是其州主权的体现,美国最高法院在 Pennoyer v. Neff 案中确立了各州的专属管辖权。④ 随着各州经贸交流的增多,专属管辖权带来的诉讼成本等问题逐渐阻碍了跨州商业行为的发展,在 International Shoe Co. v. Washington 案中,这一原则被最低限度联系原则取代,⑤美国国内法中的长臂管辖自此诞生。这一创举被称为法律现实主义的巨大成就,其背后是管辖权理论的变迁。⑥《反海外腐败法》(Foreign Corrupt Practices Act)标志着长臂管辖概念的扩张,其争议在于赋予了国内法域外适用的效力,而不像《1974 年贸易法》,⑦在立法时已具有多边贸易和域外适用的背景,尽管二者都具有国际政治动机。⑧ 自此,有关长臂管辖的研究从法学范畴扩展到了国际政治范畴。在美国频繁使用长臂管辖的情况下,欧洲各国面对相当数量的长臂管辖的要求,着力研究了其法律条文和可能的应对措施。⑨

---

④ See 95 U. S. 714 (1878), See Wiecek, William M, *Pennoyer v. Neff.*, in the Oxford Guide to United States Supreme Court Decisions, New York, Oxford University Press, 2009.

⑤ See 326 U. S. 310 (1945), See Brannen, Daniel E., Jr., Richard Clay Hanes & Rebecca Valentine, *International Shoe Co. v. State of Washington* (1945), In Business and Government Law, 2nd ed., edited by Lawrence W. Baker, p. 1115 – 1119. Vol. 5 of *Supreme Court Drama*: *Cases That Changed America*. Detroit, MI: UXL, 2011.

⑥ See Rutherglen George, *International Shoe and the Legacy of Legal Realism*, *Supreme Court Review* 2001, 2001, p. 347 – 374.

⑦ See 19 USC Ch. 12: TRADE ACT OF 1974, 301 条款即属该法。

⑧ See Grzybowski Kazimierz et al., *Towards Integrated Management of International Trade—the U. S. Trade Act of* 1974, *International and Comparative Law Quarterly* 26, no. 2, 1977, p. 283 – 323.

⑨ See Vaughan Lowe, *Us Extraterritorial Jurisdiction*: *The Helms-Burton and D'Amato Acts*, International and Comparative Law Quarterly 46, no. 2, 1997, p. 378 – 390.

随着案例的累积，长臂管辖的研究逐渐理论化，长臂管辖的特征、执行、影响和应对等方面的研究得到重视。一方面，学者们认识到长臂管辖的重要作用，例如 FCPA 的行动与贿赂程度正相关；⑩监管机构促进了跨大西洋竞争政策中的合作。⑪ 另一方面，学者们反思长臂管辖执行中存在的问题，例如，司法体系常常将长臂管辖的案件交由下级法院处理，其裁判水平不一定足以应对所涉利益的价值；⑫政治因素的参与使得许多案例中的程序公平受损。⑬随着长臂管辖涉及的范围越来越广，从反腐败扩张到以知识产权⑭为代表的新兴领域，其在国际政治上的影响研究逐渐受到重视，学者们探讨的议题包括大国的国内法对全球合作产生的重要影响⑮和司法环节对本国和外国公司的区别对待。⑯ 与此同时，长臂管辖的跨学科研究也有了进一步的发展，有学者将其置于政治经济学中考虑。⑰ 近年来，随着中国企业和个人受制裁的案例增多，中国学者的研究快速累积，其中以中资企业的特征研究⑱和法律风险与应对措施⑲为代表的经济领域文献为长臂管辖的研究提供了新视角。

当前研究的不足在于缺少以中国视角出发的国际政治与法律结合的分析。一方面，中国的长臂管辖研究起步较晚，目前仍有许多研究侧重法律制度的理论构建，对策研究稍显不足。另一方面，长臂管辖的早期研究以欧洲

---

⑩ See Stephen J. Choi & Kevin E Davis, *Foreign Affairs and Enforcement of the Foreign Corrupt Practices Act*, Journal of Empirical Legal Studies 11, 2014, p. 409 - 445.

⑪ See Chad Damro, *Transatlantic Competition Policy: Domestic and International Sources of Eu-Us Cooperation*, European Journal of International Relations 12, no. 2, 2006, p. 171 - 196.

⑫ 参见[美]霍夫鲍尔：《反思经济制裁》，杜涛译，上海人民出版社 2019 年版，第 165 页。

⑬ See Danielle Ireland-Piper, *Extraterritorial Criminal Jurisdiction: Does the Long Arm of The Law Undermine the Rule of Law?*, Melbourne Journal of International Law 13, no. 1, 2012, p. 122.

⑭ 参见丁文严：《跨国知识产权诉讼中的长臂管辖及应对》，载《知识产权》2018 年第 11 期。

⑮ See Sarah C. Kaczmarek & Abraham L. Newman, *The Long Arm of the Law: Extraterritoriality and the National Implementation of Foreign Bribery Legislation*, International Organization 65, no. 4, 2011, p. 745 - 770.

⑯ See Stephen J. Choi & Kevin E. Davis, *Foreign Affairs and Enforcement of the Foreign Corrupt Practices Act*, Journal of Empirical Legal Studies 11, 2014, p. 409 - 445.

⑰ See Abraham L. Newman & Elliot Posner, *International Interdependence and Regulatory Power: Authority, Mobility, and Markets*, European Journal of International Relations 17, no. 4, 2011, p. 589 - 610.

⑱ 参见李婧、李世恒：《美国长臂管辖下受制裁中资企业的特征研究》，载《国际贸易》2019 年第 11 期。

⑲ 参见钟燕慧、王一栋：《美国“长臂管辖”制度下中国企业面临的新型法律风险与应对措施》，载《国际贸易》2019 年第 3 期。

为主,其战略地位与对外关系与当代中国有根本差别,许多应对措施的研究成果需要本土化的研究验证。

(二)长臂管辖的研究路径

在法学研究中,长臂管辖是与域外管辖、域外适用相区分的法律制度,有关研究主要包括构建理论体系和探索司法实践两种路径。在理论构建的路径中,美国法下的长臂管辖的内涵限定于民事诉讼中的对人管辖权,⑳这一路径虽然厘清了条文上的长臂管辖与域外管辖的定义区别,但也舍弃了当下美国法律活动中长臂管辖为人诟病的部分:制裁 TikTok 的行政令不属于民事范畴,因而被排除出长臂管辖的范围。有学者指出,长臂管辖应区分立法管辖与司法管辖的概念,㉑这一路径虽然明晰了长臂管辖过程中各法律机制的差异,但忽视了美国对华长臂管辖各案例中的国家意志:涉及制裁 TikTok 的多项总统行政令与地方法院的初步禁令等一系列法律行动涵盖了各类管辖,随着案件进展,包括美国外国投资委员会(CFIUS)在内的多个部门参与其中,各主体集体行动的机制难以得到全面阐释。在司法实践的路径中,长臂管辖的概念已不囿于以上概念限制,演进至国际法的范畴,㉒这一路径虽然解释了长臂管辖的发展历程,但侧重于特定制度的演化:无论是制裁 TikTok 还是引渡孟晚舟,对制度演化的解释无法满足当前应对美国将法律工具应用于对外政策乃至"以逐案审查的方式确立扩张性的管辖权"的现状。㉓

在国际政治研究中,长臂管辖的概念囊括了宏观层面的内涵。有学者指出,长臂管辖涉及域外管辖权(Extraterritorial Jurisdiction),因其超出一国领土主权的范畴而属于国际法问题。㉔ 首先,在 2018 年发布的《关于中美经贸摩擦的事实与中方立场》白皮书中,长臂管辖被定义为"依托国内法规的触角延

⑳ 参见李庆明:《论美国域外管辖:概念、实践及中国因应》,载《国际法研究》2019 年第 3 期。

㉑ 参见宋晓:《域外管辖的体系构造:立法管辖与司法管辖之界分》,载《法学研究》2021 年第 3 期。

㉒ 参见黄芳:《美国引渡制度研究》,载《法律适用》2019 年第 15 期。

㉓ 参见沈伟:《中美贸易摩擦中的法律战——从不可靠实体清单制度到阻断办法》,载《比较法研究》2021 年第 1 期。

㉔ 参见戚凯:《美国"长臂管辖"与中美经贸摩擦》,载《外交评论(外交学院学报)》2020 年第 2 期。

伸到境外，管辖境外实体的做法。”㉕可见，在国际政治领域的讨论中，长臂管辖的范畴不仅限于民事领域，相比法学研究更加关注现实案例中的法律行动的目的性，在法学范式之外提出的应对措施更针对案例的发生原因；同时，将金融投资、反垄断、出口管制、网络安全等重点领域纳入探讨，得以全面认识长臂管辖的政策效果。其次，在国际政治研究领域，尽管现代资本主义国家一直主张“去政治化”，即市场经济不受政治约束自我循环，社会秩序可以脱离政治自我维系的一种理想国家模型，并在此基础上衍生出互联网自由与科技无国界等口号。但“去政治化”本身就是一种政治宣传口径，从“去政治化”的角度来看长臂管辖，无非也是利用自身在经济金融领域的优势拓展势力范围以达政治目的。综上，本文将采用这一视角展开讨论，在分析法律机制的基础上探究其政治特征，以此为基础提出应对建议。

（三）长臂管辖的研究内涵

制裁 TikTok 事件再一次显示了企业应对长臂管辖的乏力，研究长臂管辖的影响与应对显得格外重要，而法学和国际政治学科的研究在这一问题上是相辅相成的。在影响方面，有学者研究长臂管辖的宏观作用，梳理其可能在经济效益、产业升级乃至国家战略上造成的影响，㉖分析部分政策的有效性；㉗有学者研究长臂管辖对企业的影响，例如，商业竞争中的成本问题㉘和风险问题。㉙ 在应对方面，有学者探讨制度保障，例如，系统回应㉚和本国法律制度的完善，㉛强调企业合规的必要性；㉜有学者关注法律应对，指出在现

㉕ 参见《中华人民共和国国务院新闻办公室：关于中美经贸摩擦的事实与中方立场：四、美国政府的贸易霸凌主义行为》，载中华人民共和国国务院新闻办公室官网 2021 年 3 月 1 日，http://www.scio.gov.cn/ztk/dtzt/37868/39004/39015/Document/1638348/1638348.htm。

㉖ 参见张家铭：《“霸权长臂”：美国单边域外制裁的目的与实施》，载《太平洋学报》2020 年第 2 期。

㉗ See Golden N., *Conspicuous Prosecution in the Shadows: Rethinking the Relationship between the FCPA's Accounting and Anti-Bribery Provisions*, Iowa Law Review 104(2), 2018, p. 891 – 926.

㉘ See Rebecca L. Perlman & Alan O. Sykes, *The Political Economy of the Foreign Corrupt Practices Act: An Exploratory Analysis*, Journal of Legal Analysis 9(2), 2017, p. 153 – 182.

㉙ 参见钟燕慧、王一栋：《美国“长臂管辖”制度下中国企业面临的新型法律风险与应对措施》，载《国际贸易》2019 年第 3 期。

㉚ See ZIAEE SY., *Jurisdictional Countermeasures Versus Extraterritoriality in International Law*, Russian Law Journal 4(4), 2016, p. 27 – 45.

㉛ 参见刘敬东：《大国司法：中国国际民事诉讼制度之重构》，载《法学》2016 年第 7 期。

㉜ 参见赵骏、吕成龙：《〈反海外腐败法〉管辖权扩张的启示——兼论渐进主义视域下的中国路径》，载《浙江大学学报（人文社会科学版）》2013 年第 2 期。

行框架内反击的可行性,[33]强调利用国际救济应对的可能。[34] 可见,无论是法学研究还是国际政治研究,一个公认的前提是长臂管辖影响的广泛性和应对的复杂性。在 TikTok 事件中,其影响范围包括但不限于以数据安全为代表的中美两国的国家安全,受行政令制裁的 TikTok 的合法权利,TikTok 的合作商与客户的合法权益,在特朗普影响下作为 TikTok 潜在买家的沃尔玛、微软、甲骨文等公司的商业利益,受制裁影响的个人权利(如初步禁令诉讼中提到的宪法权利和经济权利)等。在应对上,TikTok 事件提供了在中美关系面临考验的情况下不同利益主体出于各自考量所作决策相互交织的复杂博弈图景:字节跳动创始人内部信中强调自身的"全球公司"属性与 13942 号行政令中对字节跳动"中国公司"定位的矛盾,要求字节跳动剥离 TikTok 业务的总统令[35]和美国各级法院作出的初步禁令判决的冲突,特朗普任内构成制裁的措辞严厉的行政令在拜登任上被撤销。[36] 这一系列问题显示出长臂管辖涉及的国际社会中国家利益的博弈、制裁发起国国家权力和政治势力之间的博弈以及国家权力与企业之间的博弈等需要多层次应对的复杂面貌。

当前的研究和各国政策提供了一个应对长臂管辖的宏观图景:在政治上强化竞争力、重塑多边主义,[37]在经济上打破垄断、建立新的机制,[38]在法律上

---

[33] See Marisa Anne Pagnattaro & Stephen Park, *The Long Arm of Section* 337: *International Trade Law as A Global Business Remedy*, American Business Law Journal 52, 2015, p. 621 – 671.

[34] 参见廖诗评:《国内法域外适用及其应对——以美国法域外适用措施为例》,载《环球法律评论》2019 年第 3 期。

[35] See Executive Office of the President, *Regarding the Acquisition of Musical. ly by ByteDance Ltd*, Accessed May 1, 2022. https://www. federalregister. gov/documents/2020/08/19/2020 – 18360/regarding-the-acquisition-of-musically-by-bytedance-ltd.

[36] See Executive Office of the President, *Protecting Americans' Sensitive Data From Foreign Adversaries*, Accessed May 1, 2022. https://www. federalregister. gov/documents/2021/06/11/2021 – 12506/protecting-americans-sensitive-data-from-foreign-adversaries.

[37] 参见杨成玉:《反制美国"长臂管辖"之道——基于法国重塑经济主权的视角》,载《欧洲研究》2020 年第 3 期。

[38] 参见郑昊宁:《伊朗呼吁欧洲尽快启动特别结算机制　绕过美制裁》,载新华网:http://www. xinhuanet. com/world/2019 – 04/16/c_1210109067. htm。

设定限制、[38]强调企业合规。[39] 早在冷战结束以前，欧共体就意识到了长臂管辖的危害，[41]其他国家也相继采取了类似的应对措施，例如，我国新近颁布的阻断法[42]等。可见，各学科的研究都为长臂管辖的应对政策提供了有针对性的建议，其中的许多措施也已经付诸实践，但仍然不能完全避免具有重要战略价值的公司受到域外长臂管辖的影响。现有的应对方法的局限在于，国家和企业的应对措施难以形成合力。一方面，正如 TikTok 事件中所显示的，许多跨国公司有应对一般风险的强大能力，但对国际政治变动及其所造成的风险认知不足，应对乏力，需要国家的强力支持；另一方面，国家所能提供的支持在宏观图景上多是注重长期结果的，如强化竞争力、打破垄断、建立新机制等都需要相当长时间的磋商和合作才有可能实现，直接帮助被制裁的企业又有可能为制裁国提供新的制裁借口，企业在制裁中受损在所难免。从阿尔斯通、TikTok 等案例中可以看出，现有的应对方法实际上相当有限，妥善应对长臂管辖需要多学科研究的融合，构建一个多层次、多主体、多角度的立体解决途径。

二、长臂管辖的实践分析——以 TikTok 为例

制裁 TikTok 是否合法有待商榷，但其无疑符合长臂管辖的制裁倾向。在制裁之后，长臂管辖对 TikTok 产生的影响和受影响各方的应对措施值得关注。

（一）长臂管辖的合法判断

在 TikTok 事件中，长臂管辖的合法性有两层含义。其一，制裁 TikTok 的

㊴ See Pettit P. C. F. & Styles C. J. D., *The International Response to the Extraterritorial Application of United States Antitrust Laws*, The Business Lawyer 37 (2), 1982, p. 699 – 704 + 713 – 714.

㊵ 参见杨成玉：《反制美国“长臂管辖”之道——基于法国重塑经济主权的视角》，载《欧洲研究》2020 年第 3 期。

㊶ See European Communities, *Comments on the U. S. Regulations Concerning Trade with the U. S. S. R.*, International Legal Materials 21(4), 1982, p. 901.

㊷ 中华人民共和国商务部：《阻断外国法律与措施不当域外适用办法》(商务部〔2021〕1 号)，2021 – 01 – 09。

禁止令是否违反美国法。TikTok 事件缘起第 13873 号行政令,[43]该行政令在 2020 年 5 月续期,[44]2020 年 8 月,总统据此动用其紧急状态下的权力命令商务部列出针对 TikTok 及其有关公司的禁止交易清单。在 TikTok Inc. v. Trump[45] 的判决中,TikTok 认为公司的业务实际上是新闻推送,用户上传其他内容的行为是应用的附带功能,因而行政令限制了个人通信;禁止令对 TikTok 造成了严重损害;TikTok 的内部程序足以保证政府不受损害。法院起初支持了前两项论点,在随后的上诉[46]中支持了全部论点,同意了 TikTok 的禁止令申请。至少从美国法院的判决来看,制裁 TikTok 的合法性不能得到完全的保证。

此外,行政令也引起了侵权的争议。这主要体现在 TikTok 员工诉讼 Ryan v. Trump[47] 和 TikTok 用户诉讼 Marland v. Trump[48] 上。在员工诉讼案中,员工质疑行政令对 TikTok 的交易限制会影响员工工资的支付,请求法院豁免员工薪水的支付及阻止起诉收到薪水的员工。法院驳回了这一请求,原因有二:一是此请求尚不具备成为案件或争议(case or controversy)的条件。此请求涉及一系列不确定的条件:禁令针对的是"外国实体(foreign-owned entity)",而 TikTok 有可能通过正在进行的谈判改变其所有权结构,进而导致行政命令的不执行;商务部可能不会将向雇员支付的款项列入禁止交易的名单,且商务部声明不打算以禁止支付薪金的方式执行行政令中的制裁条款。二是员工无法证明,如果没有法院的命令,其将遭受无法弥补的伤害。法院特别提到了一份法庭之友文书,[49]指出行政令可能对言论自由造成影响,但被

[43] See Executive Office of the President, *Securing the Information and Communications Technology and Services Supply Chain*, Accessed April 29, 2021. https://www.federalregister.gov/documents/2019/05/17/2019 - 10538/securing-the-information-and-communications-technology-and-services-supply-chain.

[44] See Executive Office of the President, *Continuation of the National Emergency With Respect to Securing the Information and Communications Technology and Services Supply Chain*, Accessed April 29, 2021. https://www.federalregister.gov/documents/2020/05/14/2020 - 10594/continuation-of-the-national-emergency-with-respect-to-securing-the-information-and-communications.

[45] See TikTok Inc. v. Trump, 490 F. Supp. 3d 73 (D. D. C. 2020).

[46] See TikTok Inc. v. Trump, No. 1:20 - CV - 02658 (CJN), 2020 WL 7233557 (D. D. C. Dec. 7, 2020).

[47] See Ryan v. Trump, No. 20 - CV - 05948 - VC (N. D. Cal. Sep. 15, 2020).

[48] See Marland v. Trump, 498 F. Supp. 3d 624(3th Cir. 2020).

[49] See Ryan v. Trump EFF amicus brief.

告并没有援引第一修正案提出这项主张。在用户诉讼案中,原告诉称行政令违反了第一和第五宪法修正案及国际紧急经济权力法(International Emergency Economic Powers Act, IEEPA),[50]请求法院颁布临时限制令(Temporary Restraining Order)。法院起初驳回了这一请求。针对宪法修正案,法院认为原告混淆了有关 TikTok 的各项监管命令,行政令的限制范围与原告的描述有差异;即使无法更新和下载 TikTok,发布内容的功能不受影响;获取信息的权利不是不受限制的,而是会让位于可对抗的重大利益(significant countervailing interests);和微信案[51]不能适用同一判决逻辑,微信是华裔社区唯一有效的多人交流平台,且没有其他可靠的替代品,TikTok 并不具有这一属性。针对 IEEPA,法院认为在禁令没有生效之前,原告没有受到损害;未来可能发生的损害不属于可以申请临时限制令的不可弥补的损害的范畴;无法更新不会显著影响 TikTok 的使用,因此颁布临时限制令的前提不存在。一个月后,法院转而支持了原告的请求。法院认为政府对于遵守程序的抗辩是没有说服力的:根据行政程序法(Administrative Procedures Act, APA),[52]法院没有被提前排除,同时也有权再次审查原告的诉求。法院同时指出,即使本案不可复审(not reviewable),原告也提出了非法定诉因。针对 IEEPA,政府辩称禁令的实际影响未知的论点与其在听证会上的表述矛盾,其对信息材料的交换已经构成了间接规范,且绝非无关紧要的间接规范,因而违反了 IEEPA 的要求。这表明原告关于政府的行为在 IEEPA 信息材料例外规定下构成越权的论证是有可能成功的。在损害上,由于诉讼依据的 APA 没有提供金钱救济(monetary relief),原告因行政令造成的重大且不可挽回的经济损失是不可弥补的损害可以得到确定,因而无须再在第一修正案的规定下讨论损害问题。在公益衡平(Balance of the Equities and Public Interest)上,法院认为政府对 TikTok 构成的国家安全威胁的描述是假设性的,而原告已经明确论证了行政令违反 IEEPA 的可能性,法院不认为政府行为防止的风险所带来的公共利益没有超过防止政府越权所带来的公共利益。加之违反 APA 的行为具有全国性质,且原告及其 TikTok 订阅者分布在各个州,一个全国范围临时限制令是

---

[50] See 50 U. S. C. § 1701 - 07.

[51] See U. S. Wechat Users All. V. Trump, No. 20 - CV - 05910 - LB (N. D. Cal. Sep. 10, 2020).

[52] See 5 U. S. C. § 701 et seq.

有必要的。可见,在行政令是否越权、是否造成损害的问题上,法院并不完全支持政府的立场。

其二,长臂法规(Long-arm Statute)本身的合法性判断。支持的论点主要从法的价值和法的客观作用两个角度进行解释。鉴于作为长臂管辖基础的“最低限度联系原则”标准繁杂,多数美国学者和法官持公平论立场,即这种对人管辖通过正当程序认可和保护个人自由利益,因而是正当的。[53] 从长臂管辖的作用来看,有学者认为这是在国际经济领域体现大国国际责任的行动,[54]而外国公司缴纳的罚款可被视为维护当下体系的营业税。[55] 但是,以上论述对长臂管辖合法性的论述仍面临质疑。这些质疑主要有从法学角度出发的探讨法确定性、民事法律关系的稳定[56]等论点,以及从国际政治角度出发的司法主权角度,论述长臂管辖损害了他国主权,同时违反了国际礼让原则与不干涉他国国内管辖原则[57]等论点。可见,长臂管辖法规的合法性在学界并无定论。长臂管辖固然存在其积极作用,这是无法否认的,但以积极作用肯定其合法性是不恰当的。第一,所谓“认可和保护个人自由利益”是极其模糊的概念,无论是在私法领域还是公法领域,包括商业利益和国家安全在内的权益冲突是无处不在的。因此,保护何者的利益、保护何种利益的问题均是在一定法律制度的基础上通过自由裁量实现的,而这一自由裁量的稳定性是存疑的:以美国法院的判例情况为例,在适用长臂管辖的案件中,往往是下级法院处理这些利益攸关的问题,[58]其裁判水平并不一定与所裁决的利益相匹配。美国制裁体系的灵活性加剧了这一不稳定性,导致法律的射程不断扩张。[59] 第二,尽管美国存在所谓分权的制度设计,但法院的独立性是存疑的。美国的总统们逐渐发现自己的权力并没有明确的边界,特别是自小罗斯福总

---

[53] 参见肖永平:《“长臂管辖权”的法理分析与对策研究》,载《中国法学》2019 年第 6 期。

[54] 参见刘敬东:《大国司法:中国国际民事诉讼制度之重构》,载《法学》2016 年第 7 期。

[55] 参见陈宇:《从 Petrobras 案看美国〈反海外腐败法〉的域外管辖问题》,载《河北法学》2020 年第 5 期。

[56] 参见霍政欣、金博恒:《美国长臂管辖权研究——兼论中国的因应与借鉴》,载《安徽大学学报(哲学社会科学版)》2020 年第 2 期。

[57] See Banna M A., *The Long Arm US Jurisdiction and International Law: Extraterritoriality against Sovereignty*, Journal of Law, Policy and Globalization 60, 2017, p. 60 – 61.

[58] 参见[美]霍夫鲍尔:《反思经济制裁》,杜涛译,上海人民出版社 2019 年版,第 165 页。

[59] 参见沈伟:《中美贸易摩擦中的法律战——从不可靠实体清单制度到阻断办法》,载《比较法研究》2021 年第 1 期。

统以来,总统的权力持续扩张,在特朗普总统任内这一趋势没有扭转,反而已经扩展至干预司法进程的领域:后来成为美国最高法院大法官的卡瓦诺在2018年将之描述为“总统是首席执法长官”,特朗普团队更是认为“总统采取的任何行动都具有完全的宪法权力”。[60] 在经济制裁领域,总统权力也早已背离法治精神,被国内政治的需要左右。[61] 因此,美国法院实践过程中的独立性并不确定:法院在司法过程中常受到总统意志、党派斗争等国内政治因素的制约和干扰,为了避免判决造成法院所不能掌控的后果,法院判决时不得不考虑现实因素,[62]而非仅从法律角度进行裁决。可见,一个以正当程序为依据却不独立,以积极因素为依据却不稳定的制度的合法性有待进一步探究。第三,相比具有普遍管辖权的罪名,长臂管辖缺乏国际社会所公认的管辖基础。以战争罪为例,其普遍管辖获得了各国一致同意,而在国际经济领域并不存在这种同意。自1928年《国际私法法典》(The Bustamante Code)诞生以来,尽管国际社会多次尝试,但尚未有某一协议成为广为接受的国际公约。[63]

(二)长臂管辖的制裁倾向

长臂管辖是重要的政策工具。从成本角度看,相比军事打击,经济制裁成本更低;[64]在无法协商的情况下,美国可以利用其与其他国家不对称的经济能力对被制裁对象形成一种心理压力。[65] 从政治影响看,美国通过长臂管辖扮演着世界警察的形象。美国利用其在国际经济领域其他国家所不能达到的优势垄断了解释权,以提供公共产品为名义,维护其国家利益。长臂管辖制裁基础源于其国家利益的需求:其一,维护国际地位。长臂管辖的演变有着鲜明的时代特征,美国的霸权地位越稳定,长臂管辖就越少;反之,其霸权

---

[60] 高海龙:《“单一行政官”理论与美国总统权力的扩张》,载《美国研究》2020年第1期。

[61] 参见薛天赐:《论美国经济制裁中的总统权力边界》,载《政法论丛》2020年第2期。

[62] 参见张杰:《美国司法系统独立性与政治性的悖论》,载《南昌大学学报(人文社会科学版)》2009年第3期。

[63] 参见黄进、宋连斌:《国际民商事争议解决机制的几个重要问题》,载《政法论坛》2009年第4期。

[64] 参见柳剑平、郑绪涛:《美国对外经济制裁发展趋势及其对我国的启示》,载《太平洋学报》2005年第5期。

[65] 参见张家铭:《“霸权长臂”:美国单边域外制裁的目的与实施》,载《太平洋学报》2020年第2期。

地位面临的威胁越多,长臂管辖就越频繁。[66] 在当今中美相对实力不断变化的情况下,美国霸权地位面临冲击的现状使长臂管辖进入了频发期;自金融危机以来,美国的对外政策越来越受国内政治的掣肘,特别是特朗普任内,虽然美国国内的政治分裂越来越明显,但两党的对华态度却日趋一致,只是存在路线之争;随着拜登政府重点倾向内政,[67]美国国家战略进入调整期,长臂管辖这一简单高效的政策是决策工具箱中的重要选择。其二,寻求影响别国。对美国而言,尽管其综合国力在国际社会中难有敌手,但在国际组织中并不能如臂使指般发挥影响:其实施长臂管辖的"权力"并非来自国际法的授权,而是其霸权的体现。[68] 与之相对,长臂管辖的立法权、司法权、执法权完全掌握在美国的政治机制中,这是发挥本国国力最为直接的手段。以伊核问题为例,美国的制裁[69]使欧盟理事会亦步亦趋地制裁伊朗,[70]禁止对伊朗的能源行业提供投资、技术支持及转让的行为。其三,表明本国立场。长臂管辖除了直接打击被制裁实体和有关国家,还能强化国际社会对本国立场的认知,间接促进国家利益的实现。这不仅表明了制裁国政府对特定行为的立场(特别是在其可置信性强于外交声明的前提下),更能促进本国战略目标的实现。[71]

在此背景下,长臂管辖政策呈现聚焦负面认知、指向性明显和政治化加剧的趋势。其一,美国对华负面认知增强。随着中国经济的发展,美国认为其领先的经济实力受到了中国的威胁,其中贸易逆差、对美投资和高新技术行业问题是美国负面认知的主要来源。[72] 就贸易逆差而言,2021 年进出口贸

---

[66] 参见戚凯:《美国"长臂管辖"与中美经贸摩擦》,载《外交评论(外交学院学报)》2020 年第 2 期。

[67] 参见王湘穗:《共同塑造未来 4 年的中美关系》,载《经济导刊》2020 年第 12 期。

[68] 参见王震:《对新形势下美国对华"长臂管辖"政策的再认识》,载《上海对外经贸大学学报》2020 年第 6 期。

[69] See *H. R.* 2194 – *Comprehensive Iran Sanctions, Accountability, and Divestment Act of* 2010, Accessed March 2, 2021. https://www.congress.gov/bill/111th-congress/house-bill/2194?q=%7B%22search%22%3A%5B%22Iran%22%5D%7D&s=2&r=51.

[70] See *Council Decision* 2010/413/*CFSP*, Accessed March 2, 2021. https://eur-lex.europa.eu/LexUriServ/LexUriServ.do?uri=CONSLEG:2010D0413:20120803:EN:PDF.

[71] 参见柳剑平、郑绪涛:《美国对外经济制裁发展趋势及其对我国的启示》,载《太平洋学报》2005 年第 5 期。

[72] 参见戚凯:《美国"长臂管辖"与中美经贸摩擦》,载《外交评论(外交学院学报)》2020 年第 2 期。

易统计中,中国对美贸易顺差达 3078 亿美元,同比增长 28.8% 。[73] 就对美投资而言,受中美贸易摩擦等不利因素影响,2019 年中国对美投资流量 38.1 亿美元,同比下降 49.1% 。[74] 在此背景下,美国民众的对华印象在特朗普任内逐年提高,2020 年高达 66% 。[75] 中国高新技术行业的高速发展更是给美国带来了危机感,长臂管辖被“刻意化、定制化、专门化”,瞄准中国高新技术行业进行重点打击。[76] 其二,指向性明显。制裁 TikTok 体现了长臂管辖对高新技术行业的指向性。整体而言,美国对华贸易在高新技术领域处于逆差状态,其中通信领域逆差最严重,[77]电子、计算机、通信及信息安全、材料、化学和微生物及毒素领域企业占受限企业总数的 90% 以上。[78] 知识产权是美国最常使用的制裁理由,美国以此为由针对中国提起了四次“301 调查”;[79]在 2000 ~ 2019 年的 20 个年度里,进入法院司法程序的 417 件涉华长臂管辖案件中,知识产权纠纷占总数的 38% 。[80] 其三,政治化趋势加剧。一方面,制裁原因扩展至国家安全等定义模糊的领域,长臂管辖成为灵活度极高的法律武器。在 TikTok 事件中,特朗普政府认为 TikTok 有可能向中国泄露美国用户的信息,同时审查中国认为政治敏感的内容。在 TikTok 软件运营之外,其对 Musical.ly 的收购被认为有可能存在国家安全风险。[81] 另一方面,长臂管辖业已调动

---

[73] 参见中华人民共和国海关总署:《2021 年 12 月进出口商品主要国别(地区)总值表(美元值)》,载中华人民共和国海关总署官网 2022 年 5 月 3 日,http://www. customs. gov. cn/customs/302249/zfxxgk/2799825/302274/302275/4122070/index. html。

[74] 参见中国对外投资合作发展报告编写组:《中国对外投资合作发展报告 2020》,中华人民共和国商务部。

[75] See Pew Research Center, *U. S. Views of China Increasingly Negative Amid Coronavirus Outbreak*, Accessed May 2, 2022. https://www. pewresearch. org/global/2020/04/21/u-s-views-of-china-increasingly-negative-amid-coronavirus-outbreak/.

[76] 参见戚凯:《美国“长臂管辖”与中美经贸摩擦》,载《外交评论(外交学院学报)》2020 年第 2 期。

[77] 参见刘斌、李秋静:《特朗普时期美国对华出口管制的最新趋势与应对策略》,载《国际贸易》2019 年第 3 期。

[78] 参见周磊等:《美国对华技术出口管制的实体清单分析及其启示》,载《情报杂志》2020 年第 7 期。

[79] 参见孟祺:《美国“301”调查:演变、影响及对策》,载《新疆社会科学》2018 年第 3 期。

[80] 参见肖永平:《“长臂管辖权”的法理分析与对策研究》,载《中国法学》2019 年第 6 期。

[81] See Executive Office of the President, *Regarding the Acquisition of Musical. ly by ByteDance Ltd.*, Accessed April 29, 2021. https://www. federalregister. gov/documents/2020/08/19/2020 - 18360/regarding-the-acquisition-of-musically-by-bytedance-ltd.

美国政府多个部门的参与,突破了一般经济政策的范畴。除商务部执行一般的制裁以外,司法部已经发起专项执法活动。[82] 当任何商业行为都有可能落入"国家安全"的陷阱,当经济"去政治化"成为一种政治口号时,在各部门都参与制裁打击的情况下,制裁很可能是避无可避的。

(三)长臂管辖的影响分析

长臂管辖造成的影响是多方面的,包括企业、国家等多个层面。就TikTok而言,其冲击主要在经济效益和企业形象两方面。首先,长臂管辖提高了非市场性风险,TikTok在应对制裁的过程中付出了额外的经济成本。在个人信息泄露的诉讼中,TikTok先通过多个管辖权诉讼将涉及各州的关联案件集中至伊利诺伊北区法院,[83]此后又以9200万美元的价格与用户和解。[84]受行政令的影响,TikTok的母公司字节跳动与美国甲骨文和沃尔玛两家公司达成原则性共识,将拟定符合中美两国法律规定的合作协议以解决公司未来在美国运营和发展的问题。[85] 从上述实践中可以发现TikTok在面临法律风险的同时,其运营也受到管制;因此面对长臂管辖,法律成本和运营成本的提高首当其冲。其次,长臂管辖对企业形象的影响较为复杂。在应对同一项制裁的过程中,国内和国外的舆论情况可能截然不同。国内舆论主要关注TikTok的应对策略,从前期消息显示TikTok可能将部分海外业务出售给微软,到后期TikTok发布起诉特朗普政府的消息,TikTok的企业形象起伏巨大。国外舆论对TikTok的讨论重点很大程度上是特朗普政府,而非TikTok造成的国家安全风险。在与制裁关联程度较低的国家,有学者指出,企业形象主要仍受企业行为的影响,同样也与国家形象紧密相关。[86] 在企业面对长

---

[82] See U. S. Department of Justice, *Attorney General Jeff Sessions Announces New Initiative to Combat Chinese Economic Espionage*, Accessed March 3, 2021. https://www.justice.gov/opa/speech/attorney-general-jeff-sessions-announces-new-initiative-combat-chinese-economic-espionage.

[83] See In re TikTok, Inc., Consumer Priv. Litig., 481 F. Supp. 3d 1331 (U. S. Jud. Pan. Mult. Lit. 2020).

[84] See Bobby Allyn, *TikTok to Pay $92 Million to Settle Class-Action Suit over "Theft" of Personal Data*, Accessed April 30, 2021. https://www.npr.org/2021/02/25/971460327/tiktok-to-pay-92-million-to-settle-class-action-suit-over-theft-of-personal-data.

[85] 参见韩亚栋:《TikTok是否真正危及美国的国家安全 甲骨文为什么败走中国市场 中国企业出海经风雨见世面》,载中央纪委国家监委网站:http://www.ccdi.gov.cn/toutiao/202009/t20200921_225883.html。

[86] 参见龚韵洁:《中美贸易争端背景下拉美媒体上的中国企业形象:以华为为例》,载《拉丁美洲研究》2020年第6期。

臂管辖的过程中，其自身的应对方式和企业背后的国家形象都可能在相当程度上改变公众对企业的认知。

事实上，法律在如今军事行动成本巨大的情况下已经越来越成为受到青睐的对外政策工具。美国国防大学发布的报告中指出，法律战已经是21世纪冲突中不可或缺的因素；[87]在特朗普上任之初，美国之声发文认为特朗普极有可能使用法律武器对抗对手；[88]美国的法律学者也已经将法律战的概念引入国家战略之中。[89] 结合中美两国舆论可以看出，无论是政府、媒体抑或一般民众，TikTok 事件已是事关国家利益的国际政治话题。早在行政令颁布之前，有关出售 TikTok 的内容就已经在舆论场上掀起风浪。在新浪科技发布消息称字节跳动同意剥离 TikTok 美国业务时，该条新闻下的最热评论均在谴责美国政府和字节跳动公司，[90]特别是将字节跳动与华为进行比较，显示出受制裁的公司之间的行动差异显著影响其企业形象。外交部则表示，“美方在拿不出任何证据的情况下，泛化国家安全概念，滥用国家力量，无理打压特定的非美国企业，这违背市场经济原则，也违反世贸组织开放、透明、非歧视原则”。[91] 美国的舆论情况则更为复杂，以当年的总统大选为代表的一系列国内政治问题也影响了各方对事件的评论。在国家安全上，政府强调 TikTok 潜在的风险，而国内舆论并不赞成：美国有线电视新闻网（Cable News Network，CNN）报道称，问题在于美国监管政策的匮乏，而不是 TikTok。[92] 美国智库信息技术与创新基金会（Information Tecnology and Innovation Foundation，ITIF）

---

[87] See Charles J. Dunlap Jr., *Lawfare: A Decisive Element of 21st-Century Conflicts?*, Joint Force Quarterly (Report), 2009, p. 34 – 39.

[88] See Steve Herman, "*Lawfare*" *Could Become Trump Tool against Adversaries.*, Accessed February 5, 2023, https://www.voanews.com/a/lawfare-possible-trump-tool-against-adversaries/3690167.html.

[89] See Jill I. Goldenziel, *Law as a Battlefield: The U. S., China, and the Global Escalation of Lawfare.*, Cornell Law Review 106, no. 5, 2021, p. 1085 – 1172.

[90] 参见新浪科技：《消息称字节跳动同意剥离 TIKTOK 美国业务》，载新浪科技网：https://tech.sina.com.cn/i/2020 – 08 – 01/doc-iivhuipn6306655.shtml。

[91] 外交部：《2020 年 8 月 4 日外交部发言人汪文斌主持例行记者会》，载中华人民共和国外交部官网：https://www.mfa.gov.cn/web/wjdt_674879/fyrbt_674889/202008/t20200804_7816501.shtml。

[92] See CNN, *TikTok is a National Security Threat, US Politicians Say. Here's What Experts Think*, Accessed July 9, 2020. https://edition.cnn.com/2020/07/09/tech/tiktok-security-threat/index.html.

副总裁声明,TikTok 事件中受损最大的是美国人,没有证据证明 TikTok 对国家安全构成威胁;[93]纽约时报报道称,归因于中国应用程序的大部分风险都是理论上的,行政令中也使用未来时以谨慎表述可能性。[94] 行政令派生的问题也在美国国内引起了激烈的讨论。美国公民自由联盟(American Civil Liberties Union,ACLU)认为,此举违反了第一修正案,而所谓隐私问题并不是行政令的动机:TikTok 收集的数据与 Facebook 等美国公司并无显著区别,而政府没有试图解决这些公司的权力侵犯问题。[95] 与此同时,许多 TikTok 用户表示此举影响了他们的生活,并且有可能促使较常使用 TikTok 年轻人投票反对特朗普。[96] 与此同时,以霍利和卢比奥为代表的共和党议员则表达了对 TikTok 的担忧,特别是在 TikTok 上传播的大量预定特朗普集会的门票而不参加的行为对特朗普造成了负面影响的情况下。[97] 在考察 TikTok 事件的舆论时,国内外舆论体现出了案件本身的重要性以及长臂管辖问题在当今法律和政治活动中的复杂性:其影响已经超出了一般法律案件的范围并拓展至国际政治领域。

就国家而言,长臂管辖涉及利益的维护和国家战略的实现。其一,影响国内产业升级和经济发展。长臂管辖针对特定行业、企业进行制裁,在全球产业分工、各国嵌入全球产业链的背景下,以制裁将特定实体排除出国家经济领域的特定环节中,对产业和经济的影响是不能忽视的。在美国的一系列长臂管辖制裁下,中美之间相当多数量的企业面临技术交流和商业交易被迫停止,无法获得美国产品的替代品,产品生产和研发均受到影响的局面,这显

---

[93] See Information Technology and Innovation Foundation, *TikTok Ban Would Hurt Americans Most*, Accessed August 1, 2020. https://itif.org/publications/2020/08/01/tiktok-ban-would-hurt-americans-most.

[94] See Sanger, D. E. & Barnes, J. E. (2020, Aug 08). It's Distracting But Is TikTok Really a Risk?: [Foreign Desk]. *New York Times.*

[95] See American Civil Liberties Union, *Don't Ban TikTok and WeChat*, Accessed August 14, 2020. https://www.aclu.org/news/free-speech/dont-ban-tiktok-and-wechat.

[96] See Kalhan Rosenblatt, *Trump's Threatened TikTok Ban Could Motivate Young Users to Vote, Some Say*, Accessed August 1, 2020. https://www.nbcnews.com/news/us-news/trump-s-threatened-tiktok-ban-could-motivate-young-users-vote-n1235587.

[97] See Abram Brown, *Is This the Real Reason Why Trump Wants to Ban TikTok?*, Accessed August 1, 2020. https://www.forbes.com/sites/abrambrown/2020/08/01/is-this-the-real-reason-why-trump-wants-to-ban-tiktok/?sh=6b24af734aed.

着延缓了国内产业引进高科技零部件、提高技术水平的速度,[98]在制造业升级的背景下其作用尤为突出。其二,影响国家长期战略。在“一带一路”倡议中,高新技术企业是数字基础设施建设的重要参与者,[99]美国对高新技术企业的针对性制裁将削弱这些企业参与国家战略的能力,提高国家战略的执行难度。其三,影响国际经济环境。一方面,长臂管辖破坏了产业供应链和产品链,对国际经济秩序造成了损害,进而影响国际经济的平稳运行。[100] 另一方面,长臂管辖不公平地妨碍了国际贸易的运转。美国企业借助长臂管辖获得了其他企业不具有的优势,也不需要面对长臂管辖的风险,在借助长臂管辖的力量收购他国核心企业的同时,[101]也以此逃避着别国的管辖:美国司法部会在大型企业被他国法院起诉之后再提起诉讼,以此收回调查权,让企业“回家受审”。[102]

三、长臂管辖的应对建议

长臂管辖的应对是世界各国都须面对的问题。本章将在当前域内外主要应对建议的基础上,结合上文对 TikTok 案例的实践分析,适当延伸并试图建立一个多层次、多主体、多角度的立体应对途径,最终为中国政府和企业应对长臂管辖的实践提供有用的建议。

(一)当前域内外主要应对措施

长臂管辖所涉及的主体涵盖个人、企业和国家,在 TikTok 事件中,这些主体均有应对。关联个人的应对主要通过诉讼途径完成,其中包括企业员工就

---

[98] 参见张家铭:《“霸权长臂”:美国单边域外制裁的目的与实施》,载《太平洋学报》2020 年第 2 期。

[99] 参见田晓军:《数字经济已成保加利亚增长新引擎》,载中国经济网:http://views.ce.cn/view/ent/201907/26/t20190726_32722473.shtml。

[100] 参见肖永平:《“长臂管辖权”的法理分析与对策研究》,载《中国法学》2019 年第 6 期。

[101] 参见杜希萌、柴华:《法国阿尔斯通的前车之鉴:一场“长臂管辖”之下的巧取豪夺》,载央广网:http://china.cnr.cn/news/20190527/t20190527_524627096.shtml。

[102] [法]皮耶鲁齐、阿伦:《美国陷阱:如何通过非经济手段瓦解他国商业巨头》,法意译,中信出版集团 2019 年版,第 135 页。

薪水诉请员工豁免[103]和平台用户事关权益受损的诉讼。[104] 法院起初没有就国家安全问题进行判断,随后在用户诉讼的上诉审理中认为政府对国家安全受威胁的描述是“假设的”。两起诉讼中,个人主要利用国内法的解决框架进行救济,其效果是积极的:员工诉讼的裁判中,法院驳回的理由之一是没有管辖权;用户诉讼的上诉取得了成功。在另一起微信用户的诉讼[105]中,用户同样胜诉。可见,个人以自身为主体应对长臂管辖虽有受限但有一定的效果。

企业层面的应对采取救济与预防相结合的策略。TikTok 的诉讼经历了一番波折:其母公司字节跳动先是提议完全退出 TikTok 在美业务,又于一周后发布声明称或将起诉美国政府。至 2020 年 8 月 24 日 TikTok 决定正式起诉,在政府上诉后于当年 12 月成功申请禁止令。从法院公布的判决书中可知,法院的审理重点是行政令对原告造成的损害救济,而非国家安全。首先,法院确认了原告的论据是可能证成的(Likelihood of Success on the Merits)。TikTok 指出行政令间接规范了个人通信(Personal Communication[s])和信息材料(Informational Materials)的交流,法院支持了这一观点,认为行政令涉及的内容超出了总统的权力范围。其次,法院确认了行政令造成了无法修复的损害(Irreparable Harm)。行政令导致了 TikTok 未来可用性的不确定性,这可能导致用户流失,并损害原告的竞争地位;在原告的业务依赖于商业合作伙伴和广告商的情况下,行政令导致其吸引力受到侵蚀;如果没有救济,TikTok 甚至不能维持其业务。最后,法院考量公共利益上的平衡因素,认为颁布禁令是正当的。法院认为 TikTok 有重大的国家安全威胁,但 TikTok 构成威胁的证据并不充分,也不能肯定行政令是唯一有效的应对方法;法院强调政府越权的行为本身就是对公共利益的冲击,尽管不支持 TikTok 提出的政府不会受损的论点,但这不影响公共利益平衡的判定。TikTok 的应对同样首先选择了在国内法框架下寻求救济,保住在美业务的结果证明这一策略一定程度上取得了效果。在制裁的预防上,通过完善合规工作、规制代理人和子公司等方式[106]降低风险是可取的途径,尽管这些方式对一般风险以外的制裁可能劳

---

[103] See Ryan v. Trump, No. 20 – CV – 05948 – VC (N. D. Cal. Sep. 15, 2020).

[104] See Marland v. Trump, 498 F. Supp. 3d 624(3th Cir. 2020).

[105] See U. S. WeChat Users All. v. Trump, 488 F. Supp. 3d 912 (N. D. Cal. 2020).

[106] 参见赵骏、吕成龙:《〈反海外腐败法〉管辖权扩张的启示——兼论渐进主义视域下的中国路径》,载《浙江大学学报(人文社会科学版)》2013 年第 2 期。

而无功。在行政令颁布之前，TikTok 已经获得了应对美国法律部门的经验。TikTok 报告显示其在 2019 年收到了 179 件美国的法律请求(legal request)，回复率近 84%。[107] 与此同时，TikTok 在数据安全方面与中国做了彻底的切割。此外，TikTok 申明自己的领导团队分布在美国和新加坡，其数据的访问控制由美国总部的领导团队监督。[108] 可见，其准备不可谓不充分，但应对超常规的突发事件时仍然捉襟见肘，这体现了企业在应对上的窘境。

国家层面的应对更倾向于制度保障。在这一方面国际上的应对有较多先例可循，如澳大利亚、英国、墨西哥、加拿大和欧盟均已通过了反制美国诉讼和调查的法律。[109] 中国在这一方面亦逐渐由防御向制衡发展。首先商务部和科技部在 2020 年 8 月 28 日发布的调整公告中将“基于数据分析的个性化信息推送服务技术”列入《中国禁止出口限制出口技术目录》，[110]间接阻止了美国公司针对 TikTok 技术潜在的收购。其次，商务部又先后出台了《不可靠实体清单规定》[111]和《阻断外国法律与措施不当域外适用办法》[112](以下简称《适用办法》)。《适用办法》虽然只有 16 条但字字千钧，但引起的舆论反响远超《不可靠实体清单规定》。即使这仅仅是一项由商务部负责起草立法的部门法，但其对政治、法律及现实都影响重大，亦表明中国已经与欧盟的《阻断方案》一样，初步建立起了应对美国“长臂管辖”的反经济制裁体系，具有里程碑式的意义。

(二)本文提供的应对建议

综上所述，本文认为在理论与实践上，其一，目前学者提供的建议主要集中在法律领域，过于看重对抽象的长臂管辖的应对，而忽视了在具体案件中受制裁企业的实际需求。其二，当前对于应对方案的研究过于孤立，并未形成一个多层次、多主体、多角度的立体解决途径。其三，在实践中尽管许多建

---

[107] See TikTok, *Information Requests Report*, Accessed April 10, 2022. https://www.tiktok.com/transparency/en-gb/information-requests-2019-2/.

[108] See TikTok, *Data and Security*, Accessed April 10, 2022. https://www.tiktokus.info/faqs/#data-and-security.

[109] 参见李庆明:《论美国域外管辖:概念、实践及中国因应》，载《国际法研究》2019 年第 3 期。

[110] 商务部　科技部:《关于调整发布〈中国禁止出口限制出口技术目录〉的公告》(商务部 科技部〔2020〕38 号),2020-08-28。

[111] 中华人民共和国商务部:《不可靠实体清单规定》(商务部〔2020〕4 号),2021-09-19。

[112] 中华人民共和国商务部:《阻断外国法律与措施不当域外适用办法》(商务部〔2021〕1 号),2021-01-09。

议从长期来看确实能够帮助中国反制长臂管辖,但在短期内仍对受冲击的企业保护不足,国家层面的反应机制有限,仍有较大的提升空间。因此,从国际政治研究的视角,立足于中国当前国情、政治和经济政策、战略目标与国际影响力的理论与实践出发,本文认为有以下建议可供参考:

在国家层面,从国家、政府到企业都应当要认识到美国利用长臂管辖原则制裁跨国企业的经济目的与政治目的。其一,在经济目的上与其说长臂管辖权是一项法律措施,不如说其实际上是宣扬经济"去政治化"的一种政治表现。通过所谓的长臂管辖权,打击美国企业的商业竞争对手,从而"保障"了美国的经济权益。迄今为止,落入长臂管辖原则陷阱的欧盟企业支付的罚款总额即将超过 60 亿美元,比同期美国企业支付的罚款总额高 3 倍。同时,在"孟晚舟"事件上演前的 2013 年,同样的事情发生在阿尔斯通的全球副总裁皮耶鲁齐身上。其刚抵达美国纽约肯尼迪机场即被美国司法部门以商业贿赂的罪名强行带走,最终的结果是美国通用公司成功收购阿尔斯通,导致法国丧失了在该能源领域的领衔地位。在皮耶齐鲁事后出版的《美国陷阱》一书中清楚阐释了美国这种"通过非经济手段瓦解他国商业巨头"的做法。其二,长臂管辖实际上服务于美国政府的战略意图与战略利益。纵观每一次在跨国企业案件中长臂管辖的运用,背后无不体现着美国政府的霸权主义思想,强行将其政治主张、政策与目标附加在跨国企业之上,跨国企业唯有在符合美国战略利益的同时,才能实现本身的利益追求而不至于落入长臂管辖的陷阱之中。精准识别美国的上述目的,在一定程度上符合其利益需求,的确有可能可以避免遭受制裁抑或是中止正在进行的制裁。

在政府层面,在国际上要继续给予中国的跨国企业强大且稳定的支撑,使制裁的有效性与持久性降低。以充足的国内市场和资源保障在经济上给予支撑,以积极应对的态度帮助企业与美国政府谈判与斡旋,为其争取更大的立足空间。应当加强国际合作,积极利用多边框架对美国达到制裁进行反制。在奉行独立自主的和平外交以及改革开放政策的前提下,承担大国责任,加强与国际组织的交流合作,尊重各国际平台组织发挥斡旋和协调主渠道作用,同时继续完善和加强建设"一带一路"、亚洲基础设施投资银行和金砖国家开发银行等由中国主导的国际合作新平台,同时在二十国集团(G20)和亚太经合组织(APEC)等全球和地区治理框架中加深影响力和话语权,通过多种形式的载体着力推动以"合作共赢"为目的的国际贸易和国际投资,让中国企业安心“走出去”。更为重要的是,绕道“美元体系”加快推进人民币国际化,减少对美元体系的依赖,如加快支付系统 INSTEX 建设,与“人民币跨境支付系统”(CIPS)建设,以国际的互联互通回击长臂管辖下的霸权主义。面向国内,其一,继续完善应对美国“长臂管辖”的反经济制裁法律体系,《适用办法》的出台虽然尽可能地采取了不同于欧盟《阻断方案》的严苛立法标准,并依据第 5 条的规定确立了具有中国特色的“报告披露加遵守禁令”的中国阻断法律体系。但具体的实施办法与规则的细化,如救济补偿机制的实现,仍然需要长期不断的努力与完善,使之成为反制裁的法律依据与利器。其二,大力培养涉外法律人才,特别是熟悉两国法律和制度的跨国执业律师,保障中国企业在遇到纠纷时不必受制于外国律所,也有利于企业在谈判中取得更有利的地位与优势。其三,增加对等制裁的频率,以表明中国捍卫自身权益与尊严的决心。为使反制裁达到一定的成效,中国政府不仅可以考虑增加反制裁的力度,同时探索如何主动利用制裁来维护国家和本国跨国企业的合法权益。其四,提高我国涉外法律机制同企业一道“走出去”的能力,保障国际社会法律公共产品的稳定提供。应当认识到,域外管辖在客观上确实加大了对不法行为的打击力度,是国际社会需要的公共产品。但是,当前美国法下长臂管辖的政策工具属性已经越来越强,公共属性越来越弱,这与世界政治格局的变动紧密相关。FCPA 在签署早期的应用远不如近年频繁,无论是行动数量、被告数量还是涉案金额,法案签署前二十年的总量都难与近五年的数据相提并论。[113] 特别是近十五年来,被罚款的外国实体数量显著提高,单笔罚款总额前十名的实体中,只有高盛一个美国境内实体;[114]自 2013 年以来,涉及中国境内活动的案例达 41 起,是排在第二位的巴西的两倍有余。[115]实际上,国际社会对反腐败等公共产品的需求并未减弱,联合国 2021 年的反腐败宣言也指出了当今反腐败的困难和挑战。[116] 在此情况下,中国可以更加积极地参与国际社会反腐败行动,在提高本国法治化水平的同时,一方面可

[113] See Stanford Law School Foreign Corrupt Practices Act Clearinghouse, *Statistics & Analytics*, Accessed May 1, 2022. https://fcpa.stanford.edu/statistics-analytics.html.

[114] See Stanford Law School Foreign Corrupt Practices Act Clearinghouse, *Largest U.S. Monetary Sanctions by Entity Group*, Accessed May 1, 2022. https://fcpa.stanford.edu/statistics-top-ten.html.

[115] See Stanford Law School Foreign Corrupt Practices Act Clearinghouse, *Location of Improper Payments*, 2013 - 2022, Accessed May 1, 2022. https://fcpa.stanford.edu/index.html.

[116] 参见联合国文件 A/RES/S - 32/1,第 3 页。

以约束本国企业行为、保护本国企业合法权益;另一方面也为国际社会提供重要的公共产品,填补美国因政策工具化带来的国际社会治理真空。

在企业层面,应首先转变自身思想和角色,树立“家园”意识确保在当地法律的框架内行动,规避触及美国政府敏感政策,规避制裁。其一,积极开展合规性审查,审视自身经营行为,判断自身交易是否受美国出口管制等法律的域外适用效力,同时避免影响企业正常的经营交易。其二,努力打破对美国的非对称性在金融、技术和制度的依赖,坚持自主研发,尽可能确保企业供应链的可靠性,特别是在关键领域和关键岗位的自主性。要更善于利用美国国内法的救济途径,积极寻求救济,争取谈判筹码与时间。其三,积极利用美国国内其他非政府组织、利益集团及普通民众的力量,如 TikTok 能够在短时间内超越美国本土娱乐社交软件的很大成功因素在于市场下沉与获得青年群体用户的偏好,在美国政府出台制裁措施之后,许多 TikTok 美国本土“网红”都纷纷利用其影响力为 TikTok 发声。其四,应提高对国家政策保障与支撑的信心,特别是在商务部的有关反制措施出台后,如企业因为受到美国出口管制等单边制裁影响继续交易的,应当积极履行向中国商务部及时报告的义务,并寻求国家与政府的帮助。

四、结语

法律是治理的基石,但人的使用让其成为有攻击性的武器。在鼓励中国涉外企业“走出去”的背景下,进一步加深对长臂管辖的研究至关重要。本文从国际政治角度出发,梳理了 TikTok 事件中长臂管辖的合法性问题、制裁倾向和潜在影响,分析了 TikTok 这一典型案例,提供了长臂管辖政策的应对建议。长臂管辖的研究仍有许多可供深入的话题,例如,应对现状分析、政企合作方法、国际协同机制和反制措施评价等都有进一步讨论的空间。在未来一段时间内,长臂管辖仍将是需要重点关注的话题,在当今国际政治局势和中美关系发展的条件下,这一问题需要更多更为深入的研究。

图书在版编目(CIP)数据

清华法律评论. 第十一卷. 第一辑 /《清华法律评论》编委会编. -- 北京 : 法律出版社, 2024
(清华法律评论)
ISBN 978 -7 -5197 -8695 -3

Ⅰ. ①清… Ⅱ. ①清… Ⅲ. ①法律 - 文集 Ⅳ. ①D9 -53

中国国家版本馆 CIP 数据核字(2024)第 014478 号

清华法律评论(第十一卷第一辑)
QINGHUA FALÜ PINGLUN (DI-SHIYI JUAN DI-YI JI)

《清华法律评论》编委会 编

策划编辑 孙东育 曲 杰
责任编辑 曲 杰
装帧设计 臧晓飞

出版发行 法律出版社
编辑统筹 学术 · 对外出版分社
责任校对 晁明慧
责任印制 陶 松
经 销 新华书店

开本 710 毫米 × 1000 毫米 1/16
印张 16.5 **字数** 247 千
版本 2024 年 1 月第 1 版
印次 2024 年 1 月第 1 次印刷
印刷 天津嘉恒印务有限公司

地址:北京市丰台区莲花池西里 7 号(100073)
网址:www.lawpress.com.cn
投稿邮箱:info@lawpress.com.cn
举报盗版邮箱:jbwq@lawpress.com.cn
销售电话:010 - 83938349
客服电话:010 - 83938350
咨询电话:010 - 63939796

书号:ISBN 978 -7 -5197 -8695 -3 **定价**:88.00 元

Research on the Influence and Response of US Long-arm Jurisdiction for Chinese Foreign-related Enterprises

——A Case Study of TikTok

Abstract: Since the Sino-US economic and trade frictions, the US long-arm jurisdiction policy has received more and more attention. With the development of legal practice, the research scope of long-arm jurisdiction has expanded from law to international politics, and has a tendency to intersect with economics, finance and other disciplines. Law studies and international political studies offer different paths for long-arm jurisdiction, which complement each other in influence and response studies, but there is still spaces for further integration. In the case of TikTok, there is a problem that the injunction violates U. S. law, and the legality of the long-arm statute cannot be fully guaranteed. This case shows the characteristics of long-arm jurisdiction focusing on negative perception, has obvious directivity and intensifies politicization, and its influence involves multiple levels such as enterprises and countries. Regarding the response to long-arm jurisdiction, the current strategy have covered different subjects, but it still has much spaces for improvement. Based on that, this paper proposes a preliminary three-dimensional solution including a multi-level, multi-subject and multi-angle to improve the understanding and coping ability of all parties to the long-arm jurisdiction issue, and strengthen the cooperation mechanism among various subjects to deal with the long-arm jurisdiction issue.

Key words: Long-arm Jurisdiction; Economic Sanctions; China-US Relations; Trade Friction